Uwe Pörksen
Camelot in Grunewald

Wallotstraße 19.
Der repräsentative Sitz des Wissenschaftskollegs zu Berlin

UWE PÖRKSEN

Camelot in Grunewald

*Szenen aus dem intellektuellen Leben
der achtziger Jahre*

C.H.BECK

© Verlag C.H.Beck oHG, München 2014
Satz: Fotosatz Amann, Memmingen
Druck und Bindung: CPI – Ebner&Spiegel, Ulm
Umschlaggestaltung: Kunst oder Reklame, München
Umschlagabbildungen: vorne: Wissenschaftskolleg in der Wallotstraße,
© Peter Kuley; hinten: Gemeinsames Essen im Wissenschaftskolleg,
© Klaus Mehner / BerlinPress Services.de
Gedruckt auf säurefreiem, alterungsbeständigem Papier
(hergestellt aus chlorfrei gebleichtem Zellstoff)
Printed in Germany
ISBN 978 3 406 66958 3

www.beck.de

Inhalt

I. TEIL
Stapellauf bei Gegenwind

Die Anreise

Ankunft im Wissenschaftskolleg –
Erste Begegnung mit Mazzino Montinari

Donnerstag, 15. Oktober 1981. – Gunhild und die Kinder verabschieden mich auf Bahnsteig 1 in Freiburg kurz, ehe ihre Schule anfängt. Sibylla weint und lehnt sich an mich, auch Gunhild weint. Bernhard ist blass. «Kann man in Berlin angeln?», fragt er. Erst auf der langen Bahnfahrt wird mir ganz bewusst, was das bedeutet: fast ein Jahr fern von «den Meinen».

Lese im «Schüdderump», wie der Erzähler diesen schauderhaften Pestkarren eingehend besichtigt, mit dem man noch im 17. Jahrhundert die Pesttoten in eine Grube schüttete. – Im Abteil sitzt eine dem Roman entlaufene vornehme alte Dame, die mit hartem ostdeutschen Akzent sagt: «Das ist mein Platz. Und wohin, meine Herren, soll ich meine Tasche legen? Jeder hat doch seinen Platz für sein Gepäck, ich habe meine Koffer aufgegeben! Es zieht, ich bin ja so empfindlich!» Ich denke, wie liebenswürdig Raabe sie durch das Gestrüpp der Worte inszeniert hätte.

Vor etwas mehr als einem Jahr, noch während der Ferien an der Ostsee, erhielt ich die Voranfrage: «Diesen Brief schreibe ich in der Absicht, mich zu vergewissern, ob Sie in näherer Zukunft interessiert sein könnten, für die Dauer eines Jahres dem Wissenschaftskolleg zu Berlin als ‹Fellow› anzugehören und hier zu arbeiten. Sie haben keine andere Aufgabe, als die Sie sich selbst stellen.»

Von einem Gebäude am Halensee war die Rede ...

Ich hatte mich angemeldet, und man wollte mich abholen; es ist aber niemand da. Ein Taxi fährt mich zur Wallotstraße. Das Haus ist nur teilweise beleuchtet; beim Klingeln meldet sich keiner. Ich finde heraus, dass man mit der Hand durch die Pforte langen kann, öffne, gehe zur Haustür. Der Garten ist teilweise noch Baustelle. An der Tür hängt, mit Tesafilm befestigt, ein Schild: «VORSICHT!» – Ich gehe mit den schweren Koffern die Straße zurück zu einer Telefonzelle; da meldet sich Frau Schwarz, läuft mir kurz darauf entgegen. Herr Montinari steht draußen und nimmt gegen Widerspruch meinen unmäßig schweren Bücherkoffer: «Eine Manie! Die Unmengen Bücher, die wir überall hinschleppen!»

Der holzgetäfelte Eingang. Im oberen Stockwerk treffe ich Joachim Nettelbeck. Ich hatte seinen Namen schon gelesen und war sehr neugierig. Kein Zweifel, er war es. Schmal, nicht groß, elegant gekleidet wie seinerzeit. Der junge Sekretär des Kollegs.

«Waren Sie einmal in Louisenlund?», frage ich. Er stockt. «Ja», sagt er, «da habe ich mein Abitur hinter mich gebracht.»

«Und ich meine Referendarzeit», sage ich. «Erinnern Sie sich? Wir haben uns kaum gekannt, aber ich habe einmal länger mit Ihnen gesprochen, habe Sie ausgefragt nach den Regeln und Gesetzen in dieser Schule. Ich schrieb damals meine Assessorenarbeit über das Landerziehungsheim.»

Er erinnerte sich nicht. «Meinen Sie vielleicht meinen Bruder Uwe?» Wir reden noch etwas über den ‹Alten›, den Leiter dieser Schule.

Dann steigen wir im Haus herum, finden ein vorläufiges Zimmer für mich. Es ist kahl, schwarz und weiß, noch unvollständig möbliert. Eine Wand mit drei breiten Fenstern sieht auf den Garten. Schöne Proportion. Lange Vorhänge. – «Alles noch provisorisch, unvollständig.»

Abends nimmt Thea Schwarz mich mit zu «Schulz», einer Pfälzer Stube, Nähe Adenauerplatz. Sie ist sehr offen, wir unterhalten uns recht persönlich. Wohltuend, hier jetzt zu sitzen mit dieser erfrischenden jungen Frau, die ihr badisches Heimatdorf Rust bei Lahr verlassen hat und seit sechs Jahren in Berlin lebt. Hier könne sie Rentnerin werden. Zuhause staunen die Verwandten und Nachbarn: «Noch nicht verheiratet? Hast wenigstens einen Schatz? Bist lesbisch?» – «Sag mal, woher kennt Ihr das Wort?»

Die Einrichtung des Kolleghauses, der Umzug und Einzug – so wie jetzt gehe es schon seit Monaten. «Wir sitzen mitten im Chaos, zwischen lauter Terminen. Die supervornehmen Ideen der einrichtenden Architektin, die zuerst viel zu viel ausgegeben hat», sagt sie. «Unten steht ein Halbmondsitz mit Holzgitter als Lehne: ‹Ein Beichtstuhl?›, haben die Arbeiter gefragt. Er kostete viereinhalbtausend Mark! Völlig sinnlos! Sogar die Kleiderbügel sollten etwas Besonderes sein und sind deshalb noch nicht da. – Vor abends um zwölf bin ich nicht zuhause.»

Freitag, 16. Oktober 1981. – Heute Abend findet die vorläufige Eröffnung statt. Mittags treffe ich in einem spanischen Lokal, wo der Ku'damm anfängt, Herrn Montinari, und es kommt sofort zu einer Unterhaltung. Er erzählt von seiner Arbeit in Weimar, dem Weimar in der DDR, das für mich Westler lange Zeit nur eine ferne Stadt des frühen 19. Jahrhunderts gewesen ist. Er hat dort Jahre in Nietzsches Nachlass verbracht.

Ich sage ihm, dass ich ihn einmal dort gesehen habe, im Jahr 1973. Ich saß damals an dem Thema «Erkenntnis und Sprache in Goethes naturwissenschaftlichen Schriften» und hatte den Antrag gestellt, in Goethes naturwissenschaftlichem Nachlass zu arbeiten. Das war zu allgemein und wurde abgelehnt. Da gab mir Dorothea Kuhn, die abwechselnd in Marbach und Weimar lebte und Goethes Naturwissenschaftliche Schriften herausgab, den Rat, ich solle beantragen, in Riemers Nachlass zu arbeiten. Friedrich Wilhelm Riemer war lange Jahre der Zerberus in Goethes Vorzimmer und sein Berater und Zuträger in sprachlichen Fragen. Der Antrag wurde bewilligt. Nach sechs Wochen konnte ich reisen.

«Ja, sechs Wochen waren die Regel.»

«Es gab 23 ungeordnete Kästen Riemer, eingestaubt. Riemer wurde unser Tor zu Weimar. Meine Frau fand noch einen Ballen Riemer in Jena.»

Montinari lachte. «Und damals haben Sie mich gesehen?»

«Sehr kurz. Ich saß im Goethe- und Schiller-Archiv neben der Bibliothekarin Frau Clauss an ihrem Schreibtisch. Sie half mir, die unleserlichsten, oft sehr interessanten Notizen des ‹ollen mauligen Riemer mit der furchtbaren Klaue› zu entziffern, da standen Sie auf einmal in der Tür, in voller Lebensgröße, und haben etwas mit ihr besprochen. Unser Italiener, sagte sie. Als Ausländer hat er Zugang zum Nietzsche-Nachlass.»

«Nicht nur als Ausländer», sagte er. «Ich war auch Mitglied der Kommunistischen Partei Italiens, was allerdings etwas anderes ist als hier; aus einem Jahr wurden viele Jahre, dazu tendiert es bei mir. Mit meinem Lehrer Colli habe ich die Nietzsche-Ausgabe gemacht, die hier jetzt in 14 Taschenbuchbänden zu haben ist. Kennen Sie die?»

«Ich habe sie zum Geburtstag bekommen.»

Er sah mich strahlend an.

«Sie haben, als ich in Weimar war, im Nietzsche-Haus gewohnt, nicht wahr?»

«Das wissen Sie auch?»

«Ich habe das Haus auf dem Stadtplan gesucht und fand es nicht, fragte die Assistentin des Generaldirektors der NFG (der Nationalen Forschungs- und Gedenkstätten), warum es nicht drinstehe. – ‹Das ist so›, sagte sie. Aber sie könne mir die Räume zeigen, sie wohne im Nietzsche-Haus, Humboldtstraße 36. Nur dürfe ich in Weimar nicht darüber sprechen. Ich habe sie dort besucht. Ein Schild ‹NFG-Wohnheim› stand im Vorgarten. Sie zeigte mir das große untere Zimmer mit silbergrau bezogenen Stühlen und langem Tisch, auf dem Flügel stand eine Nietzsche-Büste, bei der ich mich fragte: Bahnwärter oder Philosoph?»

«Das Konferenzzimmer des ‹VEB-Goethe!›, wie dort die Mitarbeiter sagen», lachte Montinari. Er habe in Weimar geheiratet, seine Frau sei Weimarerin.

Wir brachen auf.

«Wie war Ihre Fischsuppe?»

Vorläufige Eröffnung

Empfang der ersten Fellows – «Islands of Excellency» (Dror) –
Erinnerung an Peter Wapnewski (Gedenkrede)

Abends um sechs stehen wir im lockeren Halbkreis im großen Gesprächszimmer. Peter Wapnewski begrüßt James S. Coleman aus Chicago, Michal Ginsburg aus Evanston, Hartmut von Hentig aus Bielefeld, Hans Egon Holthusen aus München, Ivan Illich aus Cuernavaca und Göttingen, Mazzino Montinari aus Florenz, Helga Nowotny aus Wien, Uwe Pörksen aus Freiburg und dann Krzysztof Zielnica aus Wrocław. Drei seiner polnischen Kollegen haben bisher Einreiseschwierigkeiten. Hans-Martin Gauger und Dietz Bering haben noch Pflichten in Freiburg und Köln. Der Gründungsrektor sagt:

«Nur mit einer Demutsgebärde werden wir Ihnen in den nächsten 14 Tagen gegenübertreten, weil alles noch so provisorisch ist. So viele haben bei der Herstellung und Einrichtung des Hauses ihr Wort gebrochen. Das Kolleg ist in seiner Fortexistenz noch nicht auf drei Jahre gesichert. Gershom Scholem, der greiseste und jugendlichste von uns allen, wird heute Abend später kommen, vorerst hält ihn sein Temperament in der FU, der Freien Universität, bei einem Vortrag über Wilamowitz. Er wird sprechen bei der feierlichen Eröffnung am 6. November. Die Selbstdarstellung ist nötig, das Institut wird infrage gestellt und auch angefeindet.

Aber hin zu dem, worüber wir uns zu freuen haben! Es ist geglückt. 18 Fellows werden ein Jahr lang zusammen leben, arbeiten. Sie haben keine andere Verpflichtung als die, die Sie selbst wählen, keine Pflicht zu einer bestimmten Leistung. Es gibt keine Evaluation. Wir erwarten die Selbstverpflichtung, an der Mittagsmahlzeit teilzunehmen. Mittwochs soll es abwechselnd öffentliche Vorträge geben.»

Abends kommen noch Gäste. Es gibt ein Buffet. Frau Wapnewski erscheint und gibt uns die Hand.

Ich höre Frau Nowotny und Wolf Lepenies zu und schrecke zusammen, weil hinter ihnen ein kleiner Büchertisch auftaucht mit lauter einschlägigen Werken, die ich nicht kenne.

Gershom Scholem, der seine Ohren mit aufgesperrter Hand vergrößert, spricht mit einem Gast, von dem er gerade gehört hat, Gnosis im Judentum – wie Scholem annehme – gebe es nicht. Scholem zieht vom Leder; wenn er bei der Tagung in Messina dabei gewesen wäre, hätte es eine Reihe Skandälchen gegeben. Er habe nicht den richtigen Begriff von Gnosis? – dann hätten Harnack und Bauer ihn auch nicht gehabt. Ein Streit um Worte sei das Ganze, nicht um Sachen. Ja, er werde kommen, wenn man ihn zu einem Seminar wolle, aber ein Gespräch darüber, davon verspreche er sich nichts. Sein Gesprächspartner ist ganz still geworden.

Ich gehe zu Scholem und nenne meinen Namen, er bestellt mir Grüße von Werner und Erna Kraft aus Jerusalem. «Auch ich soll Sie grüßen von Werner Kraft», sage ich, «er hat mir geschrieben, ich würde Sie hier treffen.» – «Ich war am vergangenen Sabbath in der Alfasi Street 31», sagt er. «Wenn ich erfahren möchte, was sich in Deutschland tut, gehe ich in Jerusalem zu Krafts.»

Hans Egon Holthusen ist neben seiner Frau ein Riese. «Sie haben etwas Unschuldiges», sagt er zu mir. «Hans Castorp im ‹Zauberberg›?» – «Eher Joachim Ziemßen», sagt mit dunkler, rauchiger Stimme seine kleine Frau. Sie meint Castorps Vetter, den etwas abrupten, redlichen Mann aus dem Flachland, der dorthin zurückgeht und den Beruf des Soldaten ergreift.

«Wer ist denn der Herr da drüben im schmalen schwarzen Anzug?», fragt sie. Hans Egon sagt es ihr.

«Das ist Ivan Illich? Der Mann sieht ja fantastisch aus!», bricht es aus ihr hervor.

Ein langer Abend. Der Halbmond mit der durchbrochenen Holzlehne, den die Arbeiter als Beichtstuhl infrage stellten, erweist sich als hochgradig brauchbar. Gershom Scholem sitzt auf ihm, links und rechts neben ihm knien Ivan Illich und Hartmut von Hentig. Sie führen zu dritt in Augenhöhe ein offenbar vergnügliches Gespräch.

Als ich im Januar 2013 der Einladung des Rektors Luca Giuliani folgte, meine Erinnerungen an den ersten Jahrgang des Wissenschaftskollegs zu Papier zu bringen, wurden die Anfänge doppelt lebendig. Der Gründungsrektor Peter Wapnewski war gestorben und wurde am 15. Januar 2013 auf dem Bergfriedhof beigesetzt.

Der Friedhof ist ein hügeliges Waldgelände, verschneit, die Kapelle fast ganz besetzt, obwohl nur der engste Kreis eingeladen wurde. Ein schöner Raum, golden und vielfarbig mit einem Engel im Torbogen und einem Spruch darüber – kaum zu lesen. Der Verstorbene hat seit Langem bestimmt, was geschehen soll. Es ist so verhalten wie sprechend:

Ein Streichquartett spielt aus Mozarts «Dissonanzen-Quartett» den zweiten Satz, das Andante cantabile. Nike Wagner liest Bert Brecht, «Die Liebenden». Die Freunde Eberhard Lämmert, Wolf Lepenies und Norbert Miller lesen Nietzsches Gedicht «Die Sonne sinkt», Alexander Lernet-Holenias «Die Weissagung des Teiresias» und Christine Lavant, «Das Perlhuhn».

Danach vom Band: Charles Ives, «The unanswered question for Trumpet, Flute Quartet and Strings», eine Aufnahme Leonard Bernsteins.

Die Freunde Conrad Wiedemann, Peter Raue und Peter Stolzenberg lesen von Rudolf Alexander Schröder «Die Ballade vom Wandersmann» und sein Gedicht «Lasst's mich immer leiser sagen», zuletzt Robert Walsers «Ich wanderte und wandre noch» – auf der Anzeige hatte gestanden:

«Er zeigte weinend auf sein Herz

Und ging, heißt es vom armen Mann.»

Zum Schluss: Beethovens Streichquartett in a-Moll, op. 132, der dritte Satz. «Heilige Danksagung eines Genesenen an die Gottheit, in der lydischen Tonart.» – Stille.

Der Sarg wurde ohne ein Wort in die Erde gesenkt.

Auf der Gedenkfeier des Kollegs am 28. Januar 2013, zu der Luca Giuliani eingeladen hatte, sprach Wolf Lepenies über die Prägung dieser in Deutschland neuen Einrichtung durch ihren Gründungsrektor Peter Wapnewski und beleuchtete die Impulse, die weitergewirkt hatten. Ich war gebeten worden, den ersten Jahrgang aus dem Blickwinkel eines damaligen Fellows zu schildern, begann mit Wapnewskis Begrüßungsrede («Nur mit einer Demutsgebärde ...») und fuhr fort:

«Die damalige Auswahl der Fellows war weitgehend Wapnewskis Vorschlag und lässt Richtungen erkennen, Schwerpunkte einer Agenda, die sich als haltbar erwiesen haben. Es ist in der Tat merkwürdig, dass fast ein Viertel der Fellows Polen waren – und wirkt wie eine Vorwegnahme der Zukunft. Die Polen rückten in jenen Monaten eng zusammen – im Dezember 1981 begann die Jaruzelski-Diktatur. Alle vier waren Historiker, und sie unterschieden sich deutlich von den Westlern: Zur Geschichtswissenschaft gehörte für sie eine grundsätzlich andere Methode und ihr stärkster Impuls war ein anderer. Auch sonst fielen sie gelegentlich aus dem Rahmen. Marian Biskup erzählte mir damals, er habe gerade den Brief eines Freundes erhalten, der sich heftig gegen die neue Entwicklung in Polen wandte. Darunter stand von anderer Hand: ‹Ich bin mit dem Brief vollinhaltlich einverstanden – der Zensor.›

Die zweite größere Gruppe kam aus Israel, waren Israelis, die Berlin (wie Scholem in den zwanziger Jahren), Wien (wie Dror in den dreißiger Jahren) verlassen hatten. Ivan Illich war der Sohn einer Wiener Jüdin, Michal Ginsburg in Israel geboren. Dietz Bering war eingeladen, weil er das bekannt gewordene Buch ‹Die Intellektuellen. Geschichte eines Schimpfwortes› geschrieben hatte und sich mit dem Namen als Stigma und Ausgrenzung zu beschäftigen begann. ‹Isidor ...›

Einige von uns wussten, wie entschieden Scholem dem ‹Mythos vom deutsch-jüdischen Gespräch› widersprochen hat, wie er so gar nicht davon überzeugt war, dass es jemals eine deutsch-jüdische Symbiose gegeben habe. Sein Eröffnungsvortrag am 6. November 1981 ließ erkennen, was er meinte. Genau dies – das Bild Israels und dann auch das des Islam, von dort her gesehen und von hier aus – wurde ein konstantes, erweitertes Thema des Kollegs.

Was die deutsche Hälfte der Fellows betrifft, so war vermutlich ein Gedanke bei der Auswahl, dass die vor allem an Literatur Interessierten oder die Sprachwissenschaftler oder auch die auf dem Feld der Sozialsysteme und Schule, Arbeit und der Geschlechterrollen Forschenden sich häufig treffen und zusammenarbeiten würden. Das war nicht der Fall. Sie gingen andere Wege, man gluckte anders zusammen, es bildeten sich unerwartete Freundschaften.

Meine Erfahrung war, dass die Kollegen, die nicht vom Fach sind, die nützlicheren, weiterführenden Fragen stellen, einen eher etwas sehen lassen, was man nicht sieht, und auf die allgemeine oder auch öffentliche Seite der Sache aufmerksam machen, mit der man sich befasst. Je entfernter der Frager, umso lebhafter sprangen die Funken.

Den ersten Mittwochsvortrag hielt Yehezkel Dror im Clubzimmer der Fellows, als Einziger auf Englisch und nach meiner Erinnerung ohne Gäste aus der Stadt. Er war nicht nur in Israel, sondern weltweit ein bekannter Politikberater. Sein Thema hieß ‹Islands of Excellency›. Es gibt keine guten Ideen, sagte er, indem er auffällig zu Illich hinübersah. Seine Frage war: Wie wird eine Systemtransformation möglich? Er gebrauchte den Ausdruck ‹selektiver Radikalismus›. Wie ist es möglich, einen selektiven Radikalismus ins Werk zu setzen, der bereit ist, eine kleine Anzahl von Schlüsselfaktoren der Entwicklung in der Wurzel zu verändern und sie in einem langfristigen Transformationsvorgang einzubauen? Eine Strategie könnte sein, ‹Islands of Excellency› zu schaffen, erstklassige kleine Einheiten, die das Modell einer solchen Transformation mit der Autorität der Exzellenz entwickeln und in die Politik einspeisen. Es war der von heute her gesehen vielleicht aktuellste Vortrag, formulierte allerdings das Wissenschaftskolleg um in ein politisches Instrument. – Er sagte: ‹Neue Tabus der Angst oder sogar des Abscheus vor dem Begriff der Elite dürfen solche notwendigen Inseln und Enklaven der Exzellenzen nicht bremsen.›

Das bezog sich auf den Gegenwind, den Peter Wapnewskis mehrfach und in wechselnder Form vorgetragene These herausgefordert hatte: Die seit den sechziger Jahren entstandene Massenuniversität sei nicht mehr in der Lage, freie Forschung zu ermöglichen. – Man kann sich heute den Aufruhr, den das Wort Elite erzeugte, kaum mehr vorstellen. Der Rektor wurde zu einer Debatte in die Rostlaube der FU eingeladen, vorgeladen, man musste ihn überreden, hinzugehen. Es entstand eine Debatte, der Wapnewski in einer Weise gewachsen war, die erklärte, warum man ihn gewählt hatte, um das Kolleg in der Öffentlichkeit zu verankern und es durchzusetzen. Er verbesserte zunehmend sein zunächst altmodisches Rüstzeug.

Zu einer zweiten sachlich und sprachlich durchgefeilten Rede und gründlichen Auseinandersetzung mit Angehörigen der Universität und der Stadt kam es im Aspen Institute des Amerikaners Shepard Stone. Sie war intensiv vorbereitet und hinterließ Eindruck. Ein höflicher, aus der Schweiz stammender Botanikprofessor der FU unterstützte das Kolleg. ‹Wir Biologen wissen: wenn eine neue Art sich einnischen will, muss sie eine Spezialität entwickeln, eine erkennbare Andersartigkeit. Die Besonderheit erzeugt Widerstand, aber nur so behauptet sie sich.›

Ein nächstes heikles Thema wurde die Auswahl der Fellows. Man hatte vereinbart, die Einladung von Berlinern auszuschließen. Ein angesehenes Mitglied der FU erklärte, er könne aus dem Stegreif zwanzig Mitglieder der Berliner Freien Universität nennen, die als Fellows des Wissenschaftskollegs nicht weniger infrage kämen. Niemand wollte das bezweifeln.

Hier wurde aber eine vielleicht weitsichtige Grundregel des Kollegs erkennbar: Nirgends sind Rivalitäten erbitterter als in der unmittelbaren Umgebung.

Man meinte aber auch die objektiven Kriterien der Auswahl. Es gebe doch z. B. den *Quotation Index*. Von dem halte er in diesem Zusammenhang gar nichts, war Wapnewskis Antwort. Objektivität? Er habe doch Berater, die Vorschläge würden besprochen. Er selbst habe einen ausgeprägten Sinn für Qualität.

Es muss ein gelegentlich zweifelhaftes Vergnügen gewesen sein, für diese Einrichtung geradezustehen, die Peter Glotz angeregt und Peter

Wapnewski ganz zu seiner Sache gemacht hatte. Eberhard Diepgen, damals noch nicht der Bürgermeister der Stadt, sondern im Kulturbereich wirksam, verkündete, Berlin habe jetzt auch ein Sanatorium für alternde Wissenschaftler.

Wenn die Frage ist, wie diese Anfangszeit aussah, ist es unausweichlich, von den Spiel- und Stilregeln zu sprechen, die zunächst weitgehend von Peter Wapnewski ausgingen oder von ihm vertreten wurden. – Die einzige Selbstverpflichtung nämlich, zum Mittagessen zu erscheinen, war nicht unumstritten.

Es ist keine Legende, dass wir – ohne unsere Partner – am langen gemeinsamen Tisch saßen und Peter Wapnewski präsidierte. Aber es ist ein Gespinst, dass wir dabei, wie ich noch vor ein paar Tagen gehört habe, ein gemeinsames Gewand trugen, eine Tracht. Wir saßen da weder als Mönche noch als Gralsritter. Es gab auch keine Lesung an der Tafel, eher ein schnelles Hin und Her. Der Rektor hatte gerade am Bahnhof Zoo einen Gast abgeholt. Auf dem Rücksitz lag Flauberts ‹Madame Bovary›. Der Gast sagte: ‹Ach, Sie beschäftigen sich auch gerade …› – ‹Das liest bei uns der Fahrer›, sagte Wapnewski.

Ich erinnere mich an die Märztage, als die Illich-Gruppe, der ich angehörte, ihren Gender-Fasching feierte. Es gab zunächst ein Seminar mit dem Thema ‹Genus›, dem historischen Verhältnis der Geschlechter, aber der Historiker Kuchenbuch hatte sein Saxophon mitgebracht, führte eine Polonaise durchs ganze Haus an und Wapnewski ging mit, tanzte mit, obwohl er sich zunächst geärgert hatte, weil die Tagung nicht einmal angemeldet worden war.

Ein guter Teil seiner Durchsetzungsfähigkeit beruhte auf seinem Sprachwitz. Ein Mann der Form und in Fragen der Kleidung sehr irritierbar. Bekümmert sah er auf die nachlässigen Kleidersitten der nachwachsenden Generation und brachte es auf die gequälte Formel: ‹Bei jedem Anlass Adidas›.

Wenn von Peter Wapnewski die Rede ist, kann man seinen Hauptberuf nicht übergehen. Er war in seinem Fach, der deutschen Dichtung des

Mittelalters, bekannt und gelesen, nicht in dem Grad wie sein nächster Freund Joachim Bumke, aber sein Buch über Wolfram von Eschenbachs ‹Parzival›, seine Darstellung Hartmanns von Aue, seine Studien zu den Liebesliedern des Mittelalters, der erotisch erregenden Tagelieder Wolframs, gehörten zum Lesekanon und haben viele für die Literatur des Mittelalters gewonnen. Seine Heidelberger Vorlesungen waren berühmt. Im Kolleg sagte er sehr bald: ‹Wer einmal die Droge Vorlesung genossen hat, kann sie nicht mehr absetzen›, und meldete sich bei der FU, um hier wieder Vorlesungen zu halten. Seine Übersetzung der politischen und der Liebeslieder Walthers von der Vogelweide, genau kommentiert, gewann eine breite Öffentlichkeit. Rühmkorfs Buch ‹Walther von der Vogelweide, Klopstock und ich› ist von ihm inspiriert.

‹Waz ist ein man äne vreude›, steht irgendwo bei Herrn Walther. Wapnewski war kein Mann ohne Freude, im Gegenteil, ich vermute, die Freude war sein Hauptmotiv.

Den Nachruf Walthers von der Vogelweide auf seinen Lehrer Reinmar von Hagenau hat er sehr geschätzt, er beginnt verblüffend offen. In seiner Übersetzung:

> Wahrlich, Reinmar, ich traure um dich
> viel tiefer als du um mich trauern würdest,
> wenn du lebtest und ich wär gestorben.
> Ich will es ganz ehrlich gestehn,
> dich als Person würde ich schwerlich beklagen.

Aber dann fährt er fort:

> Ich klage din edelen kunst, daz sist verdorben.
> Du kundest al der werlte fröide mēren,
> so duz ze guoten dingen woltes kēren.

Wapnewski übersetzt:

> Ich beklage die hohe Kunst, die mit dir dahingeht.
> Du verstandest es, das Glücksgefühl aller Welt zu erhöhen
> wenn es dir gefiel, dich der guten Sache zuzuwenden.

Der Welt Freude mehren – Peter Wapnewski verlor bei seinen mediä-
vistischen Kollegen sehr an Ansehen, an Sympathie, als er mit der Literatur des Mittelalters auf ein sehr erweitertes Publikum zuging.

‹Pö, können Sie mir erklären, was einen Ihrer Kollegen veranlasst,
die Fehler, die in meinen Schriften auftauchen, zu sammeln und zu
veröffentlichen?›, schrieb er mir nach Freiburg. Und ein anderer sagte:
‹Er soll doch gleich ans Theater gehen›, als Hans-Martin Gauger ihn für
einen Freiburger Ehrendoktor vorschlug – was Jahre später zu Wapnewskis Freude zum Erfolg führte. Er hatte in Freiburg 1944, als verwunde-
ter Soldat, studiert.

Die Sache ist von grundsätzlichem Interesse. Thomas Mann sagte in
seiner bekannten Schiller-Rede einen Satz, der berühmt wurde, weil er
sich verlas und versprach. Er erwähnte die ‹Gebirge kundiger Erörterun-
gen, welche die gelehrte *Forsehung* aufgetürmt› habe, statt Forschung
Vorsehung. Gebirge war das treffende Wort, die Autoren Kafka, Celan,
Mann lugen manchmal kaum noch unter ihnen hervor. Aber auch über
Wolframs ‹Parzival› sind zwischen 1945 und 1973 etwa 950 Arbeiten,
Bücher oder Aufsätze, erschienen.

Ist es da nicht eine interessante Entscheidung, den Werken selbst
durch ihre Darstellung, ihre Lesung eine Stimme zu geben, sie der Gegenwart per Funk als gemeinsames Kulturgut erfahrbar zu machen?
Hartmanns ‹Gregorius›, Gottfrieds ‹Tristan›, Wolframs ‹Parzival› und
‹Willehalm›, das Nibelungenlied – die Literatur um 1200 ist eine Ge-
birgskette, die dem Massiv um 1800 – Wieland, Klopstock, Schiller,
Goethe – nicht nachsteht. Wapnewskis Entscheidung war sehr begründet, zumal der Vortrag seine vielleicht stärkste Begabung war.

Ich habe ihn zum ersten Mal auf einem Salzburger Symposium gehört,
das sich mit dem Nachleben, der Rezeption des Mittelalters beschäftigte und auf dem er den Einführungsvortrag hielt. Er sprach über Richard
Wagner, hatte selbst sein bekanntestes wissenschaftliches Buch über
Wolframs ‹Parzival› geschrieben – das über den ‹traurigen Gott› war
wohl erst im Entstehen. Er war sehr erkältet, die Stimme zunächst hei-
ser und schwach, so dass er fürchtete, abbrechen zu müssen. Er sagte, er

*Peter Wapnewski, der Gründungsrektor und
begnadete Vortragsredner*

verkenne gar nicht das Lächerliche seiner Erscheinung, setzte hinzu,
jeder von uns, von den Zuhörern, hätte diesen Vortrag genauso gut
übernehmen können, was eine maßlose Übertreibung war, und nahm
einen dann, indem er Wagner als Streitobjekt zwischen seinen heftigs-
ten Gegnern, dem Kritiker Eduard Hanslick und Friedrich Nietzsche,
aufleben ließ, vom ersten bis zum letzten Satz gefangen; von Heiserkeit
war schon bald keine Rede mehr, sie war vergessen, seine Stimme war
kraftvoll und nuancenreich, warm, in einer tiefen Tonlage zitternd beteiligt, als er zum Schluss das Beste zitierte, das über Wagner überhaupt
gesagt worden sei – und zwar von Nietzsche: ‹Er hat den scheuen Blick
des verhehlten Schmerzes, des Verstehens ohne Trost, des Abschiednehmens ohne Geständnis; ja als Orpheus alles heimlichen Elends ist er
größer als irgendeiner.› (Nietzsche contra Wagner, ‹Wo ich bewundere›)

Der Mann ist ja eine ganze Orgel, sagten wir uns. Der Eindruck wiederholt sich, als ich am 24. November 1981 mit einigen Fellows seinen
Vortrag über ‹Tristan› höre, die Dichtung Gottfrieds von Straßburg, die
das wohl musikalischste Werk unserer Sprache ist, und Wagners Mu-

sik: Die knisternde Wagner'sche Oberfläche. Er spricht ganz frei und strukturiert völlig klar, setzt die Pointen. Schmal, groß, die Jacke gibt die Weste frei. Er geht um den Tisch. Lässt einen keine Minute aus den Händen. Viele Register. Eine Orgel. Ein Artist, der nachher ganz erschöpft signiert und liebenswürdig erfreut ist, dass einige von uns gekommen sind. Das habe ihn herausgefordert.

Viele Berliner haben ihn gehört, wie er im Rundfunk die Nibelungen, den ‹Parzival›, die Erzählungen von Tristan und Isolde nicht einfach vorlas, sondern vorstellte, einzelne Partien vorbereitete, las, erklärte, sie zum lebendigen Kulturgut der Gegenwart nicht nur ernannte, sondern machte. Es gibt dazu eine sehr interessante Beobachtung von Korinna Janz-Peschke. Sie schreibt, Peter Wapnewski gehöre zu den Pionieren des Hörbuchs. Als Autor wie als Sprecher habe er das Potenzial dieses Mediums erkannt. Und sie zitiert Bemerkungen von ihm zum Metrum und Rhythmus des Tristanverses, die zeigen, wie genau er sich über dessen akustische Möglichkeiten im Klaren war, die sogenannte beschwerte Hebung in der Versmitte, die ‹stumpfe oder klingende Kadenz› am Ende …

Das Beste am Kolleg war das Vertrauen. Ich meine den Satz: ‹Sie haben keine andere Aufgabe, als die Sie sich selbst stellen.› Der Verzicht auf einen definierten Forschungsauftrag und die abschließende Evaluation war nicht nur eine Erleichterung, er war ein Gewinn an Zeit, der Zeit, in der man nichts will, muss, Augen und Ohren offenhält und einem manchmal etwas Neues einfällt. Der Verzicht, die Entlastung war nicht nur angenehm, sie war ein wirksamer Impuls. – Und es war der größte Fehler der Universitätsreform des letzten Jahrzehnts, dass sie diesen Impuls in Fächern, die von ihm leben, abgeschafft hat.

Vertrauen sprach sich bereits in der Einladung aus, im Nu war man exzellent, falls das nicht schon vorher bekannt war. Der Briefkopf bestätigte es. Auch das Vertrauen in Exzellenz kann ein enormer Stimulus sein; er formuliert eine Erwartung, die man nicht gern enttäuschen würde, verpflichtet, das Beste aus sich herauszuholen, wohl auch, mehr zu wagen als bisher.

Die Verwandlung, wie man damals lesen konnte, in ‹Heroen der Gelehrtenwelt›, in ‹Berlins Olymp›, in auf der Leinwand brüllende königliche Löwen der Wissenschaft, war aber eine grausige, entstellende Verzerrung und Belastung. Ich habe sehr bald aufgehört, noch irgendetwas über unser Institut zu lesen. Dass einige öffentliche Vortragsabende in Berlin eher peinlich verliefen, hatte vermutlich mit dieser Vorgabe, dieser irritierend aufgedonnerten öffentlichen Erwartung zu tun.

Die Binnenseite war davon kaum berührt. Der Rektor hatte sich entschlossen, die von ihm vorgeschlagenen Fellows, ohne nervös zu werden, für die richtige Wahl zu halten – diese Spielregel stand fest –, er verteidigte sie, wenn's drauf ankam, er führte sie ein, wie man es absolut nicht gewohnt war.

Wenn wir uns für einen Augenblick an einen Jahrhunderte entfernten, auch räumlich fernen Ort begeben können: Peter Wapnewski hatte einen Vorfahren an der Westküste Schleswig-Holsteins, auf der Insel Föhr, der ein Walfischfänger war. Sein Name: Mathias Petersen, er lebte von 1632 bis 1706, und hieß Felicis Matthias, der glückliche Matthias. Peter Wapnewski hat einmal über diese Herkunft geschrieben. Matthias' prächtiger Epitaph, mit lateinischer Inschrift, steht auf dem Föhringer Friedhof der Kirche St. Laurentii. Er überliefert, dass Matthias in Sachen Seefahrt vor Grönland *peritissimus* gewesen sei, hochgradig erfahren, und dass er, *incredibili successu*, mit unglaublichem Erfolg, 373 *balenas*, Walfische, gefangen hat und daher mit Unterstützung aller den Namen Felicis verdiente.

Peter Wapnewski hat nicht vor Grönland gefischt, sondern am Halensee. Und auch er hatte Glück. Es gibt viele, die ihm dankbar sind, und sehr viel Grund, ihm zu danken.

Er hat nicht gesagt, dass er in sich glücklich sei, aber er kannte große Glücksmomente. Vielleicht wäre er es ganz gewesen, wenn er sie selbst geschaffen hätte? Aber er konnte sie, was sein Gebiet, die Poesie des Mittelalters anging, vermitteln, als habe er sie erzeugt. Aus der Freude, dem Glücksgefühl rührte vermutlich die besondere Treue, die ihn auszeichnete. Sie galt den Erfahrungen, die ihn einmal zutiefst berührt und überzeugt hatten, sei es mit Menschen, einem Gedicht, einer musikalischen Szene oder Worten, wie Nietzsche sie fand, wo er Wagner ohne Einschränkung bewundert: ‹den scheuen Blick des verhehlten Schmerzes, des Verstehens ohne Trost, des Abschiednehmens ohne Geständnis; ja als Orpheus alles heimlichen Elends …›»

Erste Tage

Zielnica auf dem Ku'damm – Die Bonner Friedens-
demonstration – Erstes Gespräch mit Illich –
Stadtrundfahrt

Samstag, 17. Oktober 1981. – Ein sonniger, schöner Herbsttag. Inzwischen habe ich ein Zimmer zur Straße und gehe mit meinem Zimmernachbarn Zielnica stadteinwärts. «Kollege», sagt er, «lieber Kollege». Wir schlendern den langen Ku'damm entlang bis zum Tiergarten. – Er sieht die Lage in Polen als dramatisch an; es stehe ein Putsch der moskauhörigen Generäle bevor. Dann werde es einen Volksaufstand geben. Er sei eigentlich ein Liberaler, sei für die Entwicklung der Eigeninitiative von unten. Die Solidarność entwickle das richtige Gegenkonzept gegen den bürokratischen Kommunismus.

«Wie ruhig es hier ist!» Was er in Polen vom Ku'damm gehört habe, war: Da liefen Scharen von Huren herum und 1000 Gammler, die von der Polizei in den Griff genommen würden. Man sieht aber keine Polizei, die Leute sind nett angezogen und freundlich. Alles so sauber. Er steht vor einem Laden mit den verschiedensten Schokoladewaren, Tische sind bis auf die Straße gestellt. «Wenn meine Leute das sehen würden! Sie hungern.» Er hat einen zehnjährigen Sohn, eine fünfzehnjährige Tochter. Der Hund, ein Mischling, bekommt die besten Sachen. Er erzählt mir, wie viel er, umgerechnet, im Monat verdient. Es ist der gleiche Betrag, den ich vorgestern mit Thea Schwarz in der Pfälzer Weinstube bezahlt habe. Ich mag es mir nicht vorstellen. – Zielnicas Thema ist seit einiger Zeit Alexander von Humboldt. Dessen in Briefen dokumentierte unbekannte Beziehung zu Polen will er hier darstellen. – Abends um sechs sind wir wieder zuhause.

Sonntag, 18. Oktober 1981. – Bei meinem Bruder Claus, dem Deutsch- und Griechischlehrer im Grauen Kloster, und seiner Frau Mady. Wir erzählen einander von der Friedensdemonstration in Bonn am 10. Oktober. 100 000 Menschen waren im Hofgarten vor der Bühne. Ich hatte mich kurzfristig entschlossen hinzufahren, bekam mehrmals Platzangst in der Menschenmenge, ging an den Rand und kehrte zurück. Wir hatten uns nicht gesehen und erzählen einander, was uns gefiel: Heinrich Albertz. Erhard Epplers Rede! Auch Uta Heinemann. «Albertz hat mir am besten gefallen», sagte Claus. «Überzeugend wie noch nie. Wir haben ihn ja auch am 2. Juni 1967 erlebt, als hier Benno Ohnesorg von einem Polizisten erschossen wurde. Damals hat OB Heinrich Albertz sich per Lautsprecher auf die Seite der Polizei gestellt, der Leute, die unsere Demo gegen den Besuch des persischen Schahs niedergeknüppelt hatten.»

Der Tag war auch für Claus zum Einschnitt geworden, hatte ihn aus der bisherigen Bahn geworfen. Er hatte damals im Berliner Konvoi an der Sternfahrt nach Hannover teilgenommen, der Beerdigung Ohnesorgs, besaß seither eine Aktentasche voller Zeitungen, Resolutionen, Erklärungen und hielt Vorträge. Es waren die Jahre, in denen seine geliebten Lehrer, Joachim Bumke, der Freund Peter Wapnewskis, und Eberhard Lämmert, mit dem er eine Magisterarbeit über die Wirkungsgeschichte des «Untertan» von Heinrich Mann verabredet hatte, der politischen Szene Berlins den Rücken kehrten und sich an den westlichen Rand der Bundesrepublik zurückzogen: Joachim Bumke nach Köln, Eberhard Lämmert nach Heidelberg und Peter Wapnewski nach Karlsruhe.

«Heinrich Böll habt ihr in Bonn nicht mehr gehört?», fragte ich und erzählte, er habe nur gesagt: Er hoffe, die jetzt auch sichtbare, von Holland ausgegangene Krankheit, die Hollanditis, werde sich weiter ausbreiten. Und er habe dann gefragt, ob alle wissen, was «Agents Provocateurs» sind; es seien manche auf dem Platz. Man bitte sie auf die Hinterbühne, sie würden dort reichlich entlohnt. Sie brauchten dann nachher ihre Arbeit gar nicht mehr zu tun. – Die Leute lachten. Der Heimweg ging still vor sich, ohne Randale. Keine Scheibe ging zu Bruch, kein Auto brannte.

Montag, 19. Oktober 1981. – Morgens Post. In meinem Zimmer versammeln sich auf der Fensterbank Marienkäfer, auch eine Wespe sucht Quartier. Draußen arbeitet der Bagger.

Mittags saß ich gegenüber Herrn Illich. Ein aufregendes Gespräch, das mir nachgeht. Ihn beschäftigen gewisse Grundbegriffe, von denen er meint, dass sie in dieser Bedeutung seit 1860 aufgekommen seien. Er will sich da näher orientieren: «Arbeitskraft», «Energie», «Sexualität», «Kapital». Zum neuen Begriff der Sexualität gehöre, dass die Geschlechterrolle fehlt. Dieser Begriff der «Rolle», die Verwandlung des Theaterbegriffs in eine soziologische Kategorie, interessiere ihn zunächst.

«Hat nicht schon Marx den Begriff der ‹Sexualität› ohne die Geschlechterrolle?», frage ich. Ich denke an das «Manifest». Wir kommen sehr intensiv aufs Mittelalter, sprechen zuerst von der neuartigen Liebeslyrik im 12. Jahrhundert, dem ganz und gar geschlechtergebundenen Minnedienst. Der verliebte Sänger wirbt um die Liebe seiner Dame wie der Dienstmann sich um das «Lehen» seines Herrn, um einen festen Platz und ein Anwesen bemüht. Der Verliebte weiß dabei, dass er von der Höhergestellten vielleicht nie erhört werden wird, aber er hofft – sonst fände das Lied nicht statt.

Illich fragt sich, ob es zu der Zeit Homosexualität bereits als soziale Kategorie gegeben habe. Wenn man den sozialen Begriff, die soziale Realität nicht hat, was macht man dann mit ihr?

Ich erzähle von der These eines Kollegen, der kürzlich über das Tristan-Epos Gottfrieds von Straßburg gesprochen hat: das Verhältnis des König Marke und seines Brautwerbers Tristan sei homoerotisch gewesen. Sie stehen in der Fensternische und halten einander, in ein inniges Gespräch vertieft, bei der Hand. Die These ist weder zu beweisen noch zu widerlegen. Dass Männer sich bei der Hand hielten, war normal. Goethe und Schiller konnten sich beim Abschied weinend umarmen. Als es bei uns auf den Bahnsteigen begann, dass sich Männer beim Abschied umarmten, entstand zunächst ein Verdacht.

Illich meint, die Geschichte der Pastoraltheologie, deren Dienstauffassung habe überhaupt den Wandel gebracht, dass man von «Sexualität» sprechen konnte. Seit wann konnte man es?

Am Ende sagt er: «Ich freue mich, dass Sie hier sind!» – was mich so verlegen macht, dass ich etwas halb Dummes zu meiner Nachbarin Helga Nowotny sage.

Herr Tomaszewski ist gekommen, für den mein erstes Zimmer vorgesehen war. Ein interessanter, angenehmer Mensch. Abends unten im Essraum erzählt er eine Geschichte, die er von dem Dichter Zbigniew Herbert gehört hat. – Der hatte als Junge mit dem Sohn eines Rabbiners gespielt, dort, wo er ursprünglich herkommt und wohin er jetzt wieder gezogen ist: in Krakau. Sie spielten Verstecken in einem Gartengelände, und der andere fand Zbigniew nicht. So gut hatte er sich versteckt. Der Rabbinersohn verließ enttäuscht das Gelände, ging zu seinem Vater und erzählte ihm das. Der Rabbiner sagte: «Siehst du, so ist es auch mit Gott. Er hat sich versteckt, und keiner sucht ihn.»

22. Oktober 1981. – Die erste Woche endet mit einer Stadtrundfahrt, zu der die Fellows eingeladen sind. Nur sehr wenige nehmen teil, beide Colemans und die charmante Frau Ginsburg, Zielnica und ich. Der große Bus holt uns in der Wallotstraße ab und wir hören: Die Stadt Berlin besteht zu vierzig Prozent aus Forst und Seen. Der Ku'damm, den wir hinauffahren, ist eine drei Kilometer lange, von Bismarck analog zu den Pariser Boulevards gebaute Straße. Wir kommen an der Gedächtniskirche vorbei, der alten Kriegsruine und dem oktogonen Neubau, den es noch nicht gab, als ich 1961/62 in Berlin an der Ecke Lutherstraße/ Kleiststraße wohnte. Damals in einem Hinterhaus, vom Vorderhaus stand nur noch als eine Art Toreingang eine Fassadenruine, war man umgeben von einem Ruinenfeld, sah gerade hindurch zur Gedächtniskirche, dem «Hohlen Zahn». Ich wollte einen Roman schreiben und erlebte den Mauerbau. Jetzt steht hier, breit und zwölf Stockwerke hoch, eine Bank.

Wir fahren zum Schloss des Alliierten Kontrollrats, wo links jeweils die Fahne des Landes hängt, das in dieser Woche das Sagen hat, jetzt ist es die englische.

Kreuzberg. Als Erstes ein Haus, aus dem weiße Fahnen heraushängen. Auf der Wand ein Spruch: «Den reißenden Strom nennt jeder gewalttätig, aber das Flussbett, das ihn einengt, nennt keiner gewalttätig.» Alte, löchrige Fassaden und Durchblick in eine Flucht von Hinterhöfen. Häuser, aus denen immer wieder Fahnen hängen. Sie sind besetzt, erfahren wir. Die sanierten Häuser, wie der Senat sie plant, kann hier keiner bezahlen. «Scheiben klirren, und ihr schreit, Menschen sterben, und ihr schweigt.» Der junge Mann, der uns fährt, und die hübsche Studentin, die uns führt, sind aus Uruguay, später erfahren wir, Nachkommen emigrierter Juden.

Das jetzige Kreuzberg erinnert mich an den Häuserkampf in Freiburg vor einem Jahr, nur wirkt die Auseinandersetzung viel harmloser, fast wie ein Dauerzustand. In Freiburg gab es Anfang Juni 1980 über Nacht 1200 Polizisten in der Stadt und Stacheldrahtrollen. Das «Dreisameck», vier Häuser, die an die Schweizer «Versicherung Vita» verkauft und zum Abriss freigegeben worden waren, war von 300 jüngeren Leuten besetzt gewesen und wurde robust «geräumt». Berlin ist entschieden offener und enorm abwechslungsreich.

Ein unendlich langes Finanzamt. Das weiße Ullstein-Hochhaus. Kurz danach Springer und dahinter die Mauer. Dessauerstraße. Wir steigen auf ein Gerüst, schauen hinüber in die andere Welt, sehen die Sperrkreuze aus Beton.

Vorbei am Gropiusbau, der zu einer großen «Preußenausstellung» einlädt, zum Reichstag. Er ist von Gustav Wallot gebaut, dem Namensgeber der Straße, in der unser Kolleg liegt.

Die Spree hinterm Reichstag ist bereits Staatsgebiet der DDR, das Ufer, auf dem wir stehen, gehört Westberlin. Deshalb musste die Mauer *drüben* errichtet werden, am anderen Ufer. Einige Leute, die es anfangs – 1961 – über die Mauer schafften, wurden beim Durchschwimmen der Spree erschossen, hören wir.

Pappeln im Dunst. Wir halten in Plötzensee neben der Hinrichtungsstätte. Ich will sie nicht sehen, die Fleischerhaken, von denen mein Bruder gesprochen hat. «Tot in sieben Sekunden?», sagt Zielnica, als er zurückkommt: «diese erbärmliche Genauigkeit.»

Und die Zahlen: Berlin ist Westdeutschlands größte Industriestadt, von dort wird es zu 40 Prozent unterstützt. Jede dritte Zigarette Westdeutschlands kommt aus Berlin. Ein neues Kongresszentrum ist gebaut, sodass man das wegen «Materialermüdung» eingestürzte Haus der Kulturen – zuletzt «Jimmy Carter's Smile» genannt; vor zwanzig Jahren, 1961, hieß es im Volksmund «Die schwangere Auster» – nicht mehr braucht. 900 Millionen DM kostete das neue Ding, es gibt Räume, die 5000 Leute fassen, kombiniert man sie: 20 000. Zuletzt halten wir vor dem monumentalen Olympiastadion.

«Also muss man sagen», sagt nach dem Aussteigen Zielnica, der immer Schlips und Weste trägt, ein Ziegenbärtchen, die Haare gerade gescheitelt: «Also muss man sagen, ist Berlin riesig große Stadt.»

Gershom Scholem

1981 beim Frühstück im Kolleg –
1978 bei Werner Kraft in Jerusalem

Sitze Scholem beim Frühstück gegenüber.

Was haben Sie hier vor? Was interessiert Sie im Augenblick? Woran sitzen Sie zurzeit? So ähnlich lauten unsere Eingangsfragen, die sind nicht nur erlaubt, sondern gehören zum Spiel. Auch Scholem hat mich gefragt.

Ich erzähle, dass mich gerade jetzt der Übergang vom Lateinischen zum Deutschen in den Wissenschaften interessiere, nenne Paracelsus, der als erster Gelehrter deutschsprachige Vorlesungen in Basel gehalten hat: wie mir auffiel, dass seine so hellweg schweizerisch wirkende Mundart vom in den europäischen Wissenschaften üblichen Latein geprägt ist, spreche von seiner Alchemie, die noch 1900 bei Heidelberg im Stift Neuburg wieder aufgelebt ist, bei Alexander von Bernus, der dort in seinem Labor 29 alchemistische Medikamente entwickelt hat. «Die gibt es noch», sage ich.

Er ist überrascht.

«Ja», sage ich und hole aus, «er hat Stift Neuburg 1926 an die Benediktiner zurückgegeben und ist mit dem Labor und seiner dritten, viel jüngeren Frau an die Donau gewandert, ins Schloss Donaumünster. Von dort werden immer noch die Präparate von ‹Soluna› an deutsche Apotheken, nach Südfrankreich oder Jugoslawien geschickt. Isa von Bernus hat uns Freiburger dort einmal in ihrer sagenhaften Bibliothek ein Seminar über die Alchemistensprache machen lassen, wir Dozenten und die Studierenden waren ein wenig außerhalb des Jahrhunderts. Die ursprüngliche Alchemistenbibliothek, die Bernus für 250 Goldmark von Meyrink erworben hatte, ist 1980 für 250000 DM an die

Landesbibliothek Karlsruhe gewandert, steht da in einem Schrank und ist dort noch im vergangenen Jahr an Bernus' 100. Geburtstag gefeiert worden.»

«Bernus, der Alchemist?» Er schüttelte den Kopf. «Ja, es gibt nichts, was Bernus nicht gemacht hat. In der Zeitschrift *Das Reich*, jenen drei Jahrgängen des Weltkriegs, hat er sonderbare Gedichte veröffentlicht, u. a. die Apokalypse in Versen. Aber dass er auch als Alchemist praktiziert hat ... eine Firma gründete ... Ich war damals wohl schon in Jerusalem? Übrigens würde ich nicht sagen, dass Sie bei den Alchemisten außerhalb des Jahrhunderts waren.»

Er spricht gedämpft, wendet die entgegengestreckte Hand beim Gespräch, wie Werner Kraft, als wenn es um etwas Heikles geht, erwähnt seinen Aufsatz über Felix Noeggerath im vorletzten *Merkur*-Heft, diesen seltenen Vogel, den Walter Benjamin als ein Genie erlebt hat. «Kein Zweifel, dass es auch bei ihm solche Beziehungen gab. – Es gibt viel mehr Spiritisten als bekannt ist. Die meisten, die übersinnliche Erlebnisse haben, sprechen nicht darüber. Aber warum sollen sie auch etwas, das sie erlebt haben – so denken sie – dem Zweifel aussetzen! Nicht nur in den zwanziger Jahren, auch heute gibt es viele. Damals kannte ich jemanden, der über Alchemie schrieb. Vollkommen sachlich, informierend. Er hieß Dr. Ernst Darmstaedter und hat unter dem Titel ‹Die Alchemie des Geber› lateinische Texte der alchemistischen Tradition übersetzt und erklärt. Ihm habe ich einmal bekannt, was ich nirgends geschrieben habe: Die Leute hatten recht!»

Das Gespräch kommt aufs Jiddische, seine Dialekte, in Odessa zum Beispiel, auf seinen Ursprung im Alemannischen der mittelalterlichen Schweiz.

«Also so ungefähr in dem Mittelhochdeutschen», frage ich, «in dem Hartmann von Aue den ‹Gregorius› geschrieben hat?»

«Ja, aber schweizerisch. Krakau war, wie für so vieles, auch hier ein früher Druckort. 1638 erschien da eine jiddisch geschriebene Schrift gegen den Chassidismus.»

Scholem weiß nicht nur schlechterdings alles, er weiß es genauer: Alles mit nüchterner Selbstverständlichkeit.

Er unterhält uns gelegentlich beim Frühstück mit einem kleinen Vortrag, gespickt mit Bonmots, kleinen Geschichten:

«Das Fach, für das ich stehe, gab es vor mir gar nicht.»

«Herbert Marcuse, dessen Buch ‹Der eindimensionale Mensch› damals jeder kannte, hat mich einmal in die USA zu seinen Studenten eingeladen. Ein heller Junge! Wir saßen in seiner Wohnung, es war ein intensives Gespräch, er ließ das Telefon läuten. Aber einer seiner Leute stellte die damals häufigste Frage: ‹Mister Scholem, what is the relevance of what you are doing?›

Ich habe gesagt: ‹I despise your question!›

Scholem sah uns an, lächelte: ‹Ich bin gut damit gefahren.›»

Er sagt: «Wir tragen keine Blumen aufs Grab. Wir legen einen Feldstein auf die Grabplatte. Das ist unsere Visitenkarte. Sie bedeutet: ich war hier.»

Er spricht über einen deutschen gegenwärtigen Judaisten, einen Kenner des Judentums: «Sein Hebräisch allerdings ist –», und er dreht wieder einmal ein wenig die rechte Hand. Sagt: «Die Juden haben bis zur Selbstaufgabe versucht, sich den Deutschen zu erklären, nie wurde im Gegenzug einmal zur Hauptsache, was sie, die Juden, zu geben haben – bevor es sie hier nicht mehr gab.»

Er geht charmant mit Frau Schwarz um, nennt sie nur «Gnädigste». «Manchmal nervt er mich», sagt sie, «wenn er bei Kleinigkeiten so genau ist: die kürzeste Busverbindung sucht oder meint, es müsse sich doch noch ein Weg finden, mit der El Al in die Schweiz zu fliegen. Gnädigste!»

Gunhild und ich waren Scholem schon einmal begegnet, vor drei Jahren in Jerusalem, Alfasi Street 31, bei Werner und Erna Kraft. Es war der Ostersamstag. Krafts hatten jeden Sabbat ihren «Jour fixe» mit einem kleinen Kreis deutschsprachiger Freunde. Kraft war die ruhende

Mitte, obwohl oder eher weil er der Einzige war, der das Hebräische in den Jahrzehnten, die er seit 1934 in Jerusalem lebte, nicht gelernt hatte. Hier wurde erzählt, ausgetauscht, beobachtet und kritisch verhandelt, was in Deutschland geistig vor sich ging. Scholem kam alle vierzehn Tage.

25. März 1978 – Jerusalem, Alfasi Street 31

Zu Krafts. Ich bin aufgeregt wie vor einem Examen, weil Scholem da sein wird.

Rauchen sollen wir heute nicht – falls Ernst Simon komme. Juden zünden am Sabbat kein Feuer an, sondern am Abend vorher und dann nicht mehr bis zum Ende des Sabbat. Es ist wegen des Feueranzündens, erklärt Werner Kraft, nicht wegen Gesundheit oder Genuss, dass wir nicht rauchen sollen.

Zunächst ist die Frau Ernst Simons da, die lebhaft erzählt. Ihr Deutsch hat einen rauen russischen Akzent. Dann kommt ihr Mann, der auch in Deutschland bekannte Pädagoge, und beginnt mit uns ein Gespräch. Der Dichterfreund, Musiker und Archivar Harry Timar erscheint – und Blumenthal, bei dem Werner Kraft in Schweden zuerst unterkam, als er im Juni 1933 Deutschland fluchtartig den Rücken kehrte.

Dann – man hört ein weiches «Schalom» auf dem Hausflur. Scholem spricht zuerst sehr leise, nimmt den Gesprächsfaden in die Hand und verliert ihn nicht, bis er sich verabschiedet. Ein gestenreiches Gesicht.

«Warum sind Sie hergekommen, was haben Sie hier vor?»

Ich stutze.

«Fragen kann man stellen, so viel man will, Antworten kann man verweigern, das ist mein Prinzip.»

«Ich möchte Israel kennenlernen.»

«Da haben Sie sich viel vorgenommen.»

Er ist ganz aufmerksam. Seine riesigen aufgesperrten Ohren und der intensive Blick. – Er sucht nach der Bedeutung eines Wortes – alle folgen der Spur eine Zeitlang. «Eidorzhann» heißt das Wort. Walter Benjamin verwendete es wohl in einem Abschiedsbrief an Gustav Wyneken, seinen Lehrer (den Leiter des Landerziehungsheims Wickersdorf): «Sie haben uns das Tal des ‹Eidorzhann› gezeigt.» – Und Benjamin hat in einem feierlichen Augenblick von seinem Verhältnis zu Gershom Scholem gemeint, dass sie einmal zu zweien «ins Tal Eidorzhann, in die Welt der Ideen» geblickt hätten. Scholem sagt, er habe einen Spezialisten gefragt, ob das Wort im «Parzival» vorkomme. Der habe verneint. Die andere Möglichkeit sei Spitteler. Der könne das Wort erfunden haben. Er wolle einem Schweizer Germanisten schreiben – in der Schweiz müsse es doch einen Menschen geben, der noch Spitteler lese. Er könne sich das aus psychophysischen Gründen nicht zumuten.

«Nein», sagt Kraft. «Darüber stirbt man.»

Werner Kraft ist zu einem Vortrag in Weimar eingeladen worden und zögert. «Wie ist es für einen Israeli, dorthin zu kommen und in der DDR zu reisen?»

«Die toben dort ihren Antisemitismus aus», sagt Scholem.

Krafts bringen das Gespräch auf unseren Freund Ingo, einen jungen Mitarbeiter des Goethe-Hauses in Weimar, mit dem ich mich dort im Sommer vor fünf Jahren angefreundet hatte und der im Januar diesen Jahres, 1978, als Häftling des Zuchthauses in Cottbus für 70 000 oder 90 000 DM freigekauft worden war. Er hatte mit anderen heimlich, aber verwanzt, eine Demonstration vorbereitet, die auf der Straße von Rudolstadt die Ausreisevereinbarungen von Helsinki ausrufen und einfordern wollte. Im Januar rief er aus Gießen mit zitternder Stimme an: «Uwe, ich bin in Deutschland.» Ich fuhr hin und erkannte ihn kaum wieder, so kahl, ernst und straff angespannt sah er aus. Seine Zelle hatte zuletzt eine Schneenacht lang im Gefängnishof gestanden, weil sie den brutalen Wärter gemeinsam verprügelt hatten. Er wohnte seit einigen Wochen bei uns in Freiburg und versuchte, die Ausreise seiner Frau zu erreichen.

Scholem hörte auf eine so teilnehmende Weise zu, dass es uns auffiel, ohne dass wir den Grund ahnten. Erna Kraft bat, weiter von Ingo zu erzählen. Gunhild hatte ihm während der Haft geschrieben und manchmal ein Gedicht ans Ende des Briefes gesetzt. Einmal wird er vor den Gefängnisdirektor zitiert. «Das ist ja eine seltsame Dame, die Ihnen aus der BRD schreibt. Da steht doch das Egon-Franke-Ministerium [das Gesamtdeutsche Ministerium] dahinter. Hier! – Das soll ein Gedicht sein?»

Ingo bat um den Brief, der Direktor gab den Text nur sehr zögernd aus der Hand.

TRAUM UND ERWACHEN

Es war einmal ein Mann, der hiess Jean Paul.
Und lag in seines Lebens tiefstem Schlaf,
Als durch die weisse Leichengruft des Alls
Ihm scholl, es sei kein Gott, die grosse Klage.
Jesus wies auf die Kinder, die gestorben,
und alle riefen, alle: Es ist kein Gott!
Die Welt ging unter, und der Sommerabend
Zerriss den Traum ihm, und der Träumer dankte.
Dann aber lechzend stürmte die Entwicklung
Zum Ende, das beginnt und will nicht enden.
Die Kinder, heut, die sterben, sind getötet,
Und kein Jean Paul hebt an die grosse Klage,
Und Dichter gibt es wie den Schlamm am Meer.
Der Untergang der Welt ist so stabil,
Daß er im letzten Sturz zu Stein erstarrt.
Vor jedem Traum ist jeder Träumer wach
Zum vollen Schrecken dieser Ewigkeit,
Vor jeder Schwelle der Gedanke schwach,
Der holde Frühling birst, die Sonne schreit.

(Werner Kraft, Bewältigte Gegenwart. Alte und neue Gedichte. Darmstadt 1973)

«Es war einmal ein Mann, der hieß Jean Paul. Wer soll das sein! Das kann doch nur –», donnerte der Direktor. Ingo hat laut gelacht. «Es ist einer unserer großen Dichter vom Beginn des 19. Jahrhunderts.»

Er bekam den Brief für eine halbe Stunde ausgehändigt, sie schrieben ihn sich in der Zelle, wo 15 Mann zusammengepfercht waren, schnell ab, weil sie nicht wussten, ob der Brief nicht doch eine Botschaft enthalte.

Anders erging es einem kurzen Gedicht Werner Krafts:

ADAMANT
Ich bin schwach.
Ich gebe nicht nach.

Erna Kraft gab Scholem einen maschinenschriftlichen Brief, den Ingo uns für Krafts mitgegeben hatte. Darin stand, sie hätten «Ich bin schwach. Ich gebe nicht nach» in Cottbus von Zelle zu Zelle durch die Wand geklopft.

Scholem las den Brief – war ganz still. Sagte nur etwas wie «ja, ja» oder «so, so». Erschüttert.

Wir wussten damals nicht, was ihn so an Weimar band und bewegt haben muss: dass dort sein Bruder Werner, der schon im Ersten Weltkrieg den Aufstand geprobt hatte und seit den zwanziger Jahren den Kommunisten nahestand, im Juni 1940, nach sieben Jahren KZ, in Buchenwald erschossen worden war. –

Später erzählte Ernst Simon von der Beerdigung Max Wertheimers, von dessen Grablegung auch Scholem gekommen war. Sie sprachen mit großem Respekt von diesem Mediziner. –

Seine Söhne hatten sich tanzend um seinen Sarg bewegt – eine alte Sitte zur Abwehr der Geister, die auf dem Weg Onans nicht ins Leben getreten sind. Scholem spricht von einer Überlieferung dieses Gesetzes aus dem 15. Jahrhundert im deutschen Rheinland.

«Entschuldigen Sie», sagt Simon, «aber Wertheimer war ein Zaddik.»

«Da gibt es doch nichts zu entschuldigen, Sie haben ja vollkommen recht», antwortet Scholem.

Allgemeiner Aufbruch.

Werner Kraft schüttelt den Kopf: «Er weiß alles, einfach alles.»

Am Sonntag danach sei er wiedergekommen, schrieben uns Krafts. Er hoffte noch mehr von dem Weimarer Häftling zu erfahren.

Eröffnung des Wissenschaftskollegs zu Berlin
6. November 1981

Gershom Scholem: Jüdische Kabbala und
deutsche Aufklärung

Der Vortragssaal, von dem aus man in den Garten hinuntergehen kann und zum Halensee, ist überfüllt. Hundert Gäste sind erschienen, bekannte Namen. Das Pult, an dem Scholem den Festvortrag halten soll, steht vor der Fensterreihe, durch die man auf von der Sonne beschienene herbstfarbene Bäume sieht.

«Im Spätherbst hat Berlin gewöhnlich noch einige schöne Tage», zitiert Wapnewski Berlins E.T.A. Hoffmann und begrüßt den Wissenschaftssenator Herrn Kewenig und den Wissenschaftsminister Herrn von Bülow, Berlins Oberbürgermeister und den Sozialdemokraten und Vorgänger von Kewenig Peter Glotz, der unter manchen Rivalisierenden schon jetzt als der authentische Erfinder der Idee des Wissenschaftskollegs gilt. Er nennt nicht die wissenschaftlichen Granden, deren jahrelange Gespräche das Kolleg hervorgebracht haben, wie Shepard Stone und Hellmut Becker.

Scholem drängt zum Pult, er hat vor, noch bei Helligkeit, vor Anbruch des Sabbat, den Vortrag zu beenden. Fanja, seine Frau, hat gemeint, ein Vortrag ist doch nicht Arbeit, aber er hat ihr widersprochen und legt die Uhr aufs Pult.

«Vorsicht ist die Mutter der Porzellankiste», sagt er und beginnt ohne Vorrede mit der «Stellung der Kabbala in der deutschen Geistesgeschichte». Er erzählt die Geschichte einer Anschrägung, einer heilsamen Intoxikation und Bereicherung der deutschen Geistesentwicklung durch den Lichteinfall der Kabbala. Sie erscheint als eine nebenherlaufende Ketzergeschichte, die den Blick auf das neuzeitliche Christentum

Gershom Sholem in Aktion

und die ihm folgende Aufklärung verändert. Scholem beginnt im 15. Jahrhundert, mit Reuchlin und Pico della Mirandola. Reuchlins Hebräisch sei allerdings etwas – seine vorgestreckte Handfläche gerät in leicht drehende Bewegung ...

Wir erfahren, dass Knorr von Rosenroths großartiges Kirchenlied «Morgenglanz der Ewigkeit, Licht vom unerschöpften Lichte» in jener mystisch gnostischen Tradition stehe – und er gelangt über Goethes «Urfaust» bis zu Schelling und bei ihm zu einer Gottesvorstellung, die auf seltsamste Weise mit der Weltentstehungs- und Weltvergehensvorstellung jüngster Astronomen korrespondiert. –

«Bei Schelling kommt vor allem die von Isaak Luria entwickelte Idee des *Zimzum*, d. h. der Selbstbeschränkung Gottes, die aller Schöpfung vorausgeht, zu philosophischer Bedeutung. Diese Idee, die innerhalb der Kabbala eine lange und denkwürdige Geschichte hat, besagte, dass die Möglichkeit der Existenz von etwas, das nicht mehr Gott ist, nur gedacht werden kann, wenn solcher Existenz ein Akt der Konzentration und Kontraktion Gottes auf sich selbst vorausgeht. Gott muss sich in sich selbst zurückziehen, um eine Schöpfung aus sich zu entlassen, aus der zuvor seine Substanz verschwunden ist, in dem so entstandenen Vakuum aber eine Spur davon sich erhalten hat. Erst durch den Wiedereintritt eines sich dort entfaltenden Strahls der sich verbergenden Substanz, die in diesen, von Gott aus gesehenen nur punktförmigen, vom Geschöpf aus gesehenen unendlichen Raum der Schöpfung eintritt, entwickelt sich eine schöpferische Dialektik zwischen diesen beiden, dem formlosen und dem formenden Grund, aus der alle Welt entstand. Die naturalistische Symbolik, die hier benutzt wird, stellt den Kabbalisten zufolge ein für uns Sterbliche allein zugängliches Gleichnis eines an sich uns verborgenen Aktes der unendlichen Gottheit dar. Damit wurde der Folgerung ausgewichen, dass der so beschriebene Akt in offensichtlichem Widerspruch zu der vom monotheistischen Dogma verlangten Unveränderlichkeit Gottes stünde, ja ans Ketzerische grenze.»

Hans Egon Holthusen

Das gespaltene Bewusstsein

Holthusen hat mir seine Besprechung von Hans Dieter Schäfers Buch «Das gespaltene Bewusstsein» gegeben, das gerade bei Hanser erschienen ist und «Deutsche Kultur und Lebenswirklichkeit 1933–1945» zum Thema macht, genauer gesagt, die Spaltung zwischen Kultur und Wirklichkeit im Bewusstsein derjenigen Dichter, die in der Nazizeit veröffentlicht hatten. In vorausgehenden Aufsätzen hatte Schäfer, auf der Grundlage ungezählter Quellen, zweierlei sichtbar gemacht. Erstens: In der NS-Zeit hatte nicht nur eine unerwartet breite ausländische, amerikanische, englische, französische … Literatur einen deutschen Verleger gefunden, sondern auch zahlreiche deutsche Schriftsteller wie Günter Eich, Peter Huchel, Marie Luise Kaschnitz, Karl Krolow, Wolfgang Koeppen, Max Frisch, Wilhelm Lehmann hatten veröffentlicht. Das Jahr 1945 war keine Stunde Null, dieser Eindruck entstand durch Verschweigen. Und zweitens: 1945 war auch künstlerisch kein Neuanfang, es gibt eine auffallende Konstanz in der vergleichsweise konventionellen Sprache und Form von 1930 bis 1960. Auf der Grundlage der Studien Schäfers und ohne sie angemessen zur Geltung zu bringen, hatte Fritz Raddatz im Oktober 1979 einen vierseitigen Aufsatz in der *Zeit* veröffentlicht, der unter der Überschrift «Wir werden weiterschreiben, wenn alles in Scherben fällt … Der Beginn der deutschen Nachkriegsliteratur …» eine furiose Debatte auslöste, die bis heute nicht verstummt ist. Die Nachkriegsliteratur war nun auch öffentlich kein Neubeginn mehr auf der Grundlage von «Kahlschlag» und «Tabula rasa», sondern in vielen Personen und der künstlerischen Form nach eine Fortsetzung.

Inzwischen hatte Schäfer seine Quellengrundlage nochmals erweitert und mit der Formel «Gespaltenes Bewusstsein», «Schizophrenie»,

Hans Egon Holthusen mit Uwe Pörksen und James S. Coleman

ein weit über die bisherige Beschreibung hinausgehendes, diagnostisches Fazit gezogen. Holthusen deutete mir an, wie sehr ihn das Buch beeindruckt und – empört hatte.

Er war überhaupt emphatisch, ein lebhafter Tischnachbar, führte gern das Wort mit vorgewölbten, runden Handbewegungen. Lukullisch. Ein bisschen Schauspieler und Diva, dann wieder ganz Aufmerksamkeit, freundlich zugewandt. Er habe etwas Amerikanisches, fand Montinari. Holthusen lachte. «Ich bin von 1959 bis 1980 Professor für deutsche Literatur in den USA gewesen, fast durchgehend. Hier wollte man mich nicht. Zwischendurch war ich auch einmal Direktor des Goethe-Instituts in New York und von 1968 bis 1974 Präsident der Bayerischen Akademie der Künste. Aber etwas Amerikanisches, sicher, die längste Zeit war ich in Evanston, von dort ist meine begabteste Schülerin, Michal Ginsburg, hier unter uns.»

Er habe 17 Bücher geschrieben, darunter drei über Rilke – «seither darf ich manchmal in Rilkes letzter Bleibe, dem Turm von Muzot in der Schweiz, einige Ferienwochen verbringen.» Er zeigte sein letztes Buch über «Chicago, Metropolis am Michigansee», «noch nass vom Druck, darin ein groteskes Denkmal im Park: der muskulöse griechische Sportsmann Johann Wolfgang von Goethe. Wir sind hier wieder, nach der politischen Revolte, auf dem Weg in eine neue deutsche Innerlichkeit, nicht wahr? Nicolas Born» – «Born?», sage ich, melde Zweifel an, ob Born dahin gehöre. «Das wissen Sie besser», sagt er sofort. «Sie sind jung.» Er ist empfindlich, hat seine festen Punkte.

«Ich bin einer von den Dunkelmännern, ich schreibe für die *Welt*». Und: «Mein Buch über ‹Welt ohne Transzendenz›, damals, das werden Sie wissen; ich kann auch jetzt noch jedes Wort unterschreiben. Thomas Mann hat es missverstanden. Seine Äußerung darüber, abfälligst, fiel, bevor er es kannte. Morgen sprechen wir über meinen Aufsatz zu Schäfers Buch? Sie kennen ihn ja anscheinend.»

Tags darauf sage ich: «Wie Sie Schäfer verstehen, habe ich ihn auch verstanden, aber ist der Begriff der ‹Schizophrenie› nicht doch interessanter?» Erzähle ihm von Wilhelm Kütemeyers Buch «Die Krankheit Europas» – wo zwischen eine Reihe sehr zeitkritischer Aufsätze ein kurzgefasster Krankheitsfall eingeschoben ist. Kütemeyer redet als Psychiater von der «Schizophrenie» als vorherrschender Krankheit Europas.

Holthusen schüttelt den Kopf. Wir gehen auseinander. Kurz darauf klopft er an, kommt zu mir ins Zimmer. Erzählt vom Kriegsende, wo er einer Verschwörung der letzten Tage für die Freiheit Bayerns angehörte. «Die Nazis entsandten immer noch Leute an die Front. Gespalten? Wir? In 99 von 100 Fällen habe ich von diesem ‹Wanken› nichts wahrgenommen. Wir hungerten verzweifelt nach Frieden, lebten im Hass auf das braune Regime und die bis zuletzt unverminderte Angst vor ihm, eine Übermacht des Leidens und der unbedingte Wille zu überleben – das ging in uns vor. Wir haben einen vernichtenden Kampf um München verhindert.» Er nennt den Namen «Gerngroß». «Es gibt da eine Tafel», sagt er.

Nach dem Krieg habe es nur primitive Raster gegeben. Die Amerikaner wussten nichts, das dazu dienen konnte, die Leute zu unterscheiden.

Er spricht bitter über Franz Schonauer. Das sei ein Denunziant. Er habe ein Drama von Holthusen ausgegraben, das er nach dem Polen-feldzug geschrieben hatte. Danach war es gedruckt worden, aber ohne die Stelle, wo ein vierzehnjähriger polnischer Junge stirbt, auf die es Holthusen eigentlich ankam. Die sei gestrichen worden. Und nun kommt Schonauer und druckt daraus nur den euphorisch geschilderten Vormarsch nach Polen. Man rückte vor, die Euphorie, dies Gefühl – das stelle sich bei jedem Soldaten ein … – Aber, er habe mir eigentlich ant-worten wollen auf meinen Widerspruch gegen seine Meinung, Schäfers Charakteristik der Nazizeit als «Schizophrenie» sei völlig künstlich. In Bausch und Bogen lasse sich da gar nichts sagen, schon gar nicht von einem Amateurpsychiater. «Es war alles verschieden! Was nottut, ist die rückhaltlos wahrhaftige Autobiografie.»

Bis vor ein paar Tagen habe ich Holthusen nicht gekannt und von ihm nur seine Monografie über Mörike, ein kluges, einfühlsames, an-ziehendes Buch. Er kann vorzüglich schreiben, in klaren Linien über ein Zeitgefühl, einen Autor wie T. S. Eliot, und dann wieder brodelt es in ihm, er wittert Tretminen, teilt Schläge aus – «diese mit Soziologie vollgeschissenen Gehirne» (Merkur) – kämpft mit den langen, grauen Fangarmen seiner Vergangenheit.

Dietz Bering

Geselliger Abend. – Bernhard Weiß oder der Name
als Stigma – Benno Ohnesorg – Mazzino Montinari und
Arturo Paoli

«Wie viele Polen hier inzwischen sind!», bemerkt Montinari, dessen Zigarre leise glüht. «Frau Coleman ist Polin, sie war früher die Frau eines polnischen Liedersängers, der seit langem bekannt ist – und jetzt singt er in der Solidarność! Die Frau von Herrn Dror ist Polin, Scholems Frau Fanja eine polnische Jüdin. Und dann unsere vier Kollegen ... Wir müssen aufpassen, dass man uns nicht polnische Vorfahren erfindet – auch unser Oberhaupt im Petersdom ist ein Pole ...»

Frau Schwarz und Frau Koch, die Sekretärinnen, und Reinhard Praßer, der stellvertretende Sekretär, stehen zusammen und ziehen über die Planung her. Alles gehe mit langen Vorüberlegungen vor sich, mit feinen Prospekten, bis die Klobürste und die Halter der Ersatzrolle im Design miteinander in Übereinstimmung gebracht sind. «Die Teestube oben ist immer noch nicht brauchbar, von Heizkörpern ganz zugestellt. Sagen Sie das mal laut! Fragen Sie mal Hausmeister Riedel oder Frau Haupt! In Montinaris Zimmer stapeln sich die Nietzschebücher. Er hat bisher einen winzigen Schrank.»

Wir dagegen, die Fellows, finden nicht, dass wir Not leiden. Alles lässt sich gut an, vielmehr: Wir werden auf Händen getragen. Ich sage im Empfang, wir würden gern am Sonntag die «Orestie» von Aischylos in der Schaubühne sehen, die Mammutaufführung von 2 Uhr mittags bis abends um 11. Am nächsten Nachmittag liegt die Karte im Fach. Man besorgt uns Briefmarken und bringt die Briefe zur Post. Wir bestellen ein Buch, geben einen Aufsatz in Auftrag, von dem wir nicht wissen, wo wir ihn suchen sollen. Am nächsten Tag stellt die Bibliothekarin Gesine Bottomley beides bereit, es wurde abgeholt aus der Staatsbibliothek.

Ich komme mir manchmal vor wie Eichendorffs Müllersohn, der Taugenichts, den die Reise in einem Schloss landen lässt, wo er eine solche Unterkunft findet und so begrüßt und bedient wird, dass er glauben muss, für einen Prinzen gehalten zu werden, und der, im Gegensatz zum Taugenichts, sich nicht einmal zu täuschen scheint.

Eine «Weinprobe» ist dieser Abend nur insofern, als in den Clubräumen und unten im Restaurant verteilt die verschiedensten Weine stehen und das Haus sich dafür interessiert, welches die beliebtesten sind, welche man am besten in Reserve halten sollte.

Es ist ein geselliger Abend zwischen den Fellows und dem Stab. Unten in der Küche sitzen Peter und Monica Wapnewski und unterhalten sich mit Frau Kiesewetter, die der Küche vorsteht. Nahe der Gartentür des Restaurants sitzt der Fahrer des Rektors, Felix Volck. «Ich stehe hier nichts aus», sagt er, «mir geht's gold, ich kenn es auch anders. Ich war einige Jahre in der Fremdenlegion. Hier hab ich Wohnung und Garten, eine kleine Tiermenagerie, Enten, Gänse, eine Ziege.» Er lacht. «Für die säe ich gerade einen neuen Rasen ein, den werd' ich im Sommer sprengen. ... – Da kommt ja auch der ‹laufende Meter›, wie Hausmeister Riedel immer sagt, Herr stud. phil. Andreas Kurz, meine Hilfskraft bei den alltäglichen Bibliotheksfahrten. Und nun der Hausmeister selbst?»

Herr Riedel kommt, rauchend, und sagt als Erstes, er wolle das Rauchen aufgeben und schaffe es nicht. Er hat mich kürzlich im Auto mitgenommen und erzählt, er sei früher bei der Justiz gewesen, Vorarbeiter von sechzig Leuten im Strafvollzug. Da ging es allerdings zu sehr rund, es war Schichtarbeit unter lauter Schlossern, sehr früh oder bis in die Nacht. Als Vorarbeiter durfte er nicht fehlen, musste von zuhause fort, wenn gerade Besuch kam. Er habe da schönes Geld verdient, besser wie hier. Aber hier gefällt es ihm, mit all dem vielen Wechsel, nur nicht die Abhängigkeit. Und nicht Frau Dingsbums – er winkt hinüber zur Gegenecke – «wenn ich mit der noch dreißig Jahre am Arbeitsplatz wäre, käm ich ins Irrenhaus. Ich ändere nicht gerne meine Arbeit, in die ich eingelebt bin. Wenn ich mal wiederkomme auf die Erde, komm ich als Professor: Neid habe ich nicht; wenn einer sich raufgearbeitet hat und irgendwo Meister ist, dann ist das ganz in Ordnung. Ich bewundere das, wenn einer was Besonderes kann.»

Jetzt kommt eine Überraschung. Dietz Bering ist schon einige Zeit im Kolleg und hatte sich anfangs ganz zurückgezogen, hatte sich vieles mitgebracht, seine Tasse, das gute Kölner Schwarzbrot, kam mit dem Korb zum Frühstück. Heute Abend ist er, wenn auch etwas verspätet, heruntergekommen, lebendig und einprägsam und gut gelaunt, die ganz und gar eigene, dunkel grundierte hohe Stimme strahlt. Man glaubt, er lacht. An diesem Weinprüfungsabend – nein, er trinke seit vier Jahren keinen Tropfen Alkohol mehr! – ist er der Lustigste, zu Witzen aufgelegt. Und während er Mineralwasser trinkt, perlt und sprudelt er geistreiche Bemerkungen hervor. «Ich bin der Dietz Bering, der Weißforscher», sagt er lachend zu Scholem. «Ich glaube fast, ich bin der Einzige, der sich hier mit einem berlinrelevanten Thema beschäftigt.»

In seinem Zimmer hängt das Ölbild eines Vorfahren, ein sensibler Mann, fast könnte es eine Frau sein, ein wenig durchsichtig, geistig, mit schmalen Lippen, Bäffchen. Ein Pfarrer des 19. Jahrhunderts. Bering sieht ihm ähnlich. Auch er hat das eisgraue Haar und ein zartes, fast durchsichtiges kluges Gesicht.

Er kennt vieles auswendig, eine lange schwierige Parabel Kafkas von den «Gleichnissen». Ungezählte Gedichte. Geniert sich ein wenig, aber er liebt Agnes Miegels «Unsterblich duften die Linden». Singt gerne und nicht falsch. Wenn's drauf ankäme, könne er vielleicht den halben «Don Giovanni» singen. Er war aus vollem Herzen 68er, hat eine 68er-Ehe geführt, sie beide und die Freunde, ihre Clique, hatten ein Grundstück und ein Haus auf Korsika.

Und Weiß ist hier sein Thema, der Berliner Polizeipräsident Bernhard Weiß, den Joseph Goebbels, nachdem er von Hitler abgeordnet worden war, das noch unerschlossene Berlin zu erobern, in allen öffentlichen Zusammenhängen nur «Isidor» genannt hat: «Isidor» Weiß, bei jeder Versammlung, auf jedem Papierfetzen der neuen Partei. Ein grausiges Vorspiel. Der ausgrenzende Name wird zur Lachnummer Berlins.

Denn Bernhard Weiß wehrte sich, ging gegen Goebbels vor. Er hing seiner jüdischen Herkunft an und war zugleich ein durch den Weltkrieg geprägter, patriotischer, militärisch ausgebildeter Preuße, verfügte als Chef der Berliner Polizei über 20 000 Leute. Er erhob Anklage und verlor die Prozesse, indem er sie gewann. Denn Goebbels, der Verurteilte, suchte und fand eine immer neue Form, und sei es nur die lange Pause vor dem Nachnamen, um ihn zu brandmarken. Die Akten haben sich erhalten, Bering hat sie aufgespürt und plant ein Buch.

Er hat eine zweite Geschichte. Wir sitzen jetzt im Clubraum, dem Tisch, an dem Mazzino Montinaris Zigarre zu glühen pflegt. Es ist sein Stammplatz, links an der Wand, und Bering – weil man ihn fragt – erzählt jene andere Geschichte, von der einige wissen, dass er sie erlebt und darüber gesprochen hat, auch im Fernsehen, den 2. Juni 1967, an dem Benno Ohnesorg erschossen wurde. Dieser harmlose, kluge Student, der nichts von einem Revoluzzer hatte, nachdenklich, Mitglied der evangelischen Studentengemeinde – wie Bering erzählt: Er war am Vorabend bei Benno und Christa Ohnesorg zum Abendessen eingeladen. Eine neue, geerbte Freundschaft, sagt er. Sie war im dritten Monat schwanger, und die beiden hatten vor wenigen Wochen geheiratet. Man sprach von der Ankunft des persischen Schahs Reza Pahlevi, dessen Unterdrückungspolitik Bahman Nirumand in einem rororo-Band offengelegt hatte. Sie verabredeten sich für eine Demonstration am kommenden Morgen vor dem Schöneberger Rathaus.

Was sie da erlebten, war der erste Schock. Die Studenten waren im weiten Kreis ausgesperrt. Als der Schah eintraf und sie ihre Kampfparolen riefen, stürmten plötzlich Perser in Zivil, eine große Gruppe Leibwächter, auf die Demonstranten zu und schlugen mit mannslangen Vierkanthölzern auf sie ein. Die Berliner Polizei sah zu. – Eine kleinere Schar setzte sich auf die Schienen, als der Schah im Rathaus verschwunden war, Benno etwas linkisch unter ihnen.

Die Katastrophe passierte am Nachmittag vor der Deutschen Oper. Jetzt stand auf der Bismarckstraße die dicht gedrängte Demonstrantenmenge einer unmittelbar vor ihnen stehenden Doppelreihe von Polizisten gegenüber. Bering und Christa Ohnesorg standen direkt gegenüber dem Operneingang, an der Stelle, wo die Polizei, wie es später hieß, in die Leberwurst von Demonstrierenden stechen und diese auseinanderdrücken wollte.

Bering ahnte etwas. Er fragte den vor ihnen stehenden Polizisten: «Könnten Sie mir und dieser Frau – sie ist schwanger – wohl über die Absperrung helfen?» Der Mann tat es sofort, sehr höflich, die beiden gingen ein Stück weit auf der leeren Bismarckstraße ins Abseits, wohin aber nach kurzer Zeit die aus der Mitte herausgequetschten, vertriebenen Leute nachkamen, liefen, von Wasserwerfern gefolgt. Hand in Hand flohen sie über damals noch unbebaute Grundstücke, Geröll, bis hin in die Krumme Straße, in der das Furchtbare geschah. Benno kam auf sie zugelaufen, sagte kurz, «da vorne» sei etwas los, eilte dorthin und verlor sich in der Masse.

«Wir warteten», sagte Bering, der das Ganze ohne Unterbrechung erzählte, «wir warteten lange – ehe wir aufgaben. Es war schon Nacht, als wir am Haus von Christa und Benno eintrafen. Seltsame Gestalten erwarteten uns: Reporter der Springer-Presse. Auf roheste Manier fragten sie Christa aus, insistierten, wo sie nichts wusste, konfrontierten die Ahnungslose mit dem entsetzlichen Geschehen und verlangten sofort Äußerungen zur gerade erst geschlossenen Ehe. Wir drängten sie zur Seite, kamen in der Wohnung an und zu mehreren verbrachten wir schlaflos die ganze Nacht am Bett der zusammengebrochenen Christa sitzend. Es fiel mir zu, die Verwandten in Westdeutschland in mehreren Telefongesprächen zu informieren.

Am folgenden Morgen um 10 Uhr klingelte es. Bildzeitungsreporter standen vor der Tür. Sie verlangten sofort ein Hochzeitsfoto und weitere Informationen. Als wir das ablehnten und sie fortschicken wollten, stellten die einen Fuß in die Tür und sagten: ‹Wenn Sie uns das jetzt nicht geben, dann werden wir eben nur das schreiben, was die Polizei sagt.› Wie es weiterging, wisst ihr», sagte Bering.

Es veränderte die Landschaft. Ohnesorgs Beerdigung in Hannover – die Sternfahrt dorthin – der ohne Kontrolle durch die DDR gelassene lange Autokonvoi aus Berlin – Habermas' Warnung vor «linkem Faschismus» …

So konkret hatten wir's noch nicht gehört.

Die Bundesrepublik hat sich seither verändert, «zuerst die Universität», sagte jemand.

«Nicht nur hier», meinte Montinari: «Paris, Berkeley ... Bei uns in Italien hat es ziemlich verrückte Revolten gegeben. Sie öffneten plötzlich die geschlossenen Anstalten der Psychiatrie – fast ohne Übergang.

Das Abschütteln von Grenzen hatte abenteuerliche Folgen. Ich habe viele Jahre als Privatgelehrter an Nietzsche gearbeitet, auf eigene Faust, begann damit in meiner Heimatstadt Lucca. Das war gar nicht selten, mit 42 Jahren bekam ich eine erste Dozentur, als Gast, und erst danach ein Ordinariat. So muss es nicht sein. Aber dann gab es in Florenz eine Universitätsreform, eine Demokratisierung des Lehrkörpers. Ich bin zurzeit in einer Kommission, die über die Lebenszeitanstellung von 50 Leuten entscheidet; etliche haben nur einen Aufsatz geschrieben. Die Demokratisierung beschert uns das Problem des Niveauschwunds. Wir müssen strenger sein», sagt er mit einer Miene, zu der das Wort Strenge am wenigsten passen würde ...

«Wollen wir nicht noch ein paar Schritte in Richtung Ku'damm gehen?» Zu fünft brechen wir auf, zwei junge Mitarbeiterinnen schließen sich an.

«Ich wollte Sie längst fragen», sage ich, «kannten Sie in Lucca einen jungen Mönch oder Priester Arturo?»

«Arturo Paoli? Den kannte ich nicht nur, das war ein bewunderter älterer Freund von so manchen, auch von mir.»

«Er hat Ludwig Greve in seinem Kloster am Botanischen Garten untergebracht», sage ich, «ihn versteckt – Greve hat darüber geschrieben und in Freiburg, bevor er einiges vorlas, davon gesprochen ...»

Wir waren im Lokal, der Abend wurde lustig, ausgelassen, offenherzig. Spott über unseren «Olymp».

Auf dem Rückweg hakt Montinari mich auf einmal ein, schwer atmend, und bleibt stehen. «Es bedrückt mich hier», sagt er, «das Kolleg».

«Ja», sage ich, «warum hat man uns auch so groß – als Elite – auf die Bühne gestellt. Jetzt kommen die Angriffe.»

«Nein», sagt er, «das meine ich nicht. Die Indiskretion. Unsere Damen sind so indiskret. Ich will doch gar nicht wissen, wie Er und Sie leben. Es belastet mich.»

Auf dem Flur im oberen Stock des Kollegs bleiben wir stehen.

«Was war das mit Greve und Paoli?», fragte Montinari.

«Greve hat mich gebeten, Sie zu fragen, ob Sie etwas von Arturo Paoli wissen, er hat die Verbindung verloren.»

«Arturo Paoli haben wir Jüngeren damals in Lucca bewundert; einer der Mutigsten in der Resistenz. Er ist jetzt bei den Brüdern Jesu in Argentinien, soviel ich weiß. – Er hat Greve versteckt?»

«Ludwig Greve und seine Mutter, Januar 1944. Den Vater und die jüngere Tochter hatten sie auf der Flucht über die Alpen verloren. Spurlos. Sie waren aus einer Berghütte aufgebrochen, um für die bei einer Schießerei verwundete Mutter Hilfe zu holen, und gerieten in falsche Hände. Ihr Sohn hat sie noch einmal gesehen und versucht, als scheinbar Fremder, sie zu befreien – aussichtslos – und ist mit der Mutter nach Lucca entkommen. Arturo hat das Versteck der beiden im Kloster am Botanischen Garten überwacht, den 19-jährigen Greve in der Kluft eines Priesterzöglings. Der hat in seiner Zelle zu schreiben angefangen.»

«Und er schreibt noch? Ich weiß nur von ihm als dem Bibliothekar in Marbach.»

«Darf ich Ihnen etwas vor die Tür legen?»

«Bringen Sie es mir doch gleich. Lesen Sie mir etwas vor, wenn Sie mögen. Ich bin noch hellwach.»

Wir saßen in seinem Zimmer. Ich las:

LUDWIG GREVE

Mein Vater

Spät komme ich zu dir.
Wenn Staub mich riefe – aber ich höre nur
    im Spiel der feuchten, meiner Lippen
        diese gehorsame Stimme rufen.

Wo niemand wartet, Vater, im Schweigen, wo
in Salz und Asche kenne ich deinen Mund,

der nach den Kindern ruft und ächzend
bittet um Gnade die Menschensöhne.

Die ehmals gute Jacke verriet den Herrn.
Du ohne Mantel, war auch kein Tier dabei
noch Gott: wie sorgsam führtest du in
Zwiefacher Kälte dein Kind zur Grube.

Dein Aug, die Stirne, Tafel vom Sinai,
der Nase starker Bogen: ich sehe nichts
und halte Nase, Stirn und deine
Bitternis doch in den hohlen Händen.

Ja, diese Hand, die unschlüssig Wort auf Wort
hier fügt, sie ahmte lange die Bögen nach
Von deinem Namen, übte heimlich
Strenge und Mut des gerechten Mannes,

dem ich nie sagen konnte: ich bin dein Sohn.
Man hieß uns Fremde. Unsere Sprache war
Ein Blick, ein Händetausch, und später
Auflehnung, bleiche Gewalt des Zornes.

Genügt die Trauer? Atem, Begeisterung,
die Liebesnächte danke ich deinem Tod
und auch die Kinder: unerschöpflich
höre sie lachen ... Ich komme, Vater.

Montinari sah mich an.

«Eine Ode. – Wann ist das Gedicht entstanden?»

«Es stand am 12. März 1966 in der *NZZ*. Greve ist kaum einmal öffentlich aufgetreten, aber einmal hat er bei uns in Freiburg vor Studierenden gelesen und eine Vorrede vorausgeschickt: ‹Warum schreibe ich anders?› Es ist erst zwei Jahre her. Da sagte er:

‹Ich hatte lange, mehr oder minder bewusst, in sogenannten freien Versen nach einer Regel gesucht, ... ‹qui corrige l'émotion›, wie der Maler Braque notierte. Wie eine Zeile steigt oder fällt, wurde bedeutsamer als ihr Inhalt, ja, es verlieh ihm erst, wonach ihn verlangte: Musikalität.

Andere suchen Halt in einer Gruppe oder Überzeugung, ich fand ihn in der alten, immer neu zu gewinnenden Form der Ode. Anfangs scheute ich noch davor zurück, weniger aus Angst, einem Schulmuster zu erliegen oder es zu parodieren, als aus dem Gefühl des Ungenügens; erst, als ich mich stellen musste, in dem Gedicht an meinen Vater, fasste ich Mut zu ihr, weil sie der bald stockenden Anrede Widerstand bot.›»

Montinari hatte begeistert zugehört. «In Ketten tanzen», sagte er, griff fast lachend nach seiner und Collis Nietzsche-Ausgabe, Band II (2, «Der Wanderer und sein Schatten»). «Dann muss ich Ihnen auch etwas vorlesen. Das Wort ist von Voltaire:

‹*In Ketten tanzen*. – Bei jedem griechischen Künstler, Dichter und Schriftsteller ist zu fragen: welches ist der *neue Zwang*, den er sich auferlegt und den er seinen Zeitgenossen reizvoll macht (sodass er Nachahmer findet)? Denn was man ‹Erfindung› (im Metrischen zum Beispiel) nennt, ist immer eine solche selbstgelegte Fessel. ‹In Ketten tanzen›, es sich schwer machen und dann die Täuschung der Leichtigkeit darüber breiten, – das ist das Kunststück, welches sie uns zeigen wollen.›»

Zur Martinsgans bei Familie Lepenies

Wolf Lepenies – Das Drehbuch «Linné und Falun»
(Lepenies und Hanns Zischler)

Im Herbst 1980, ein Jahr vor der Gründung, hatte mich Peter Wapnewski gefragt, ob ich ihm jemanden nennen möchte, mit dem ich in Berlin besonders gern zusammenarbeiten wolle. Ich nannte Wolf Lepenies, da ich auf sein Buch «Das Ende der Naturgeschichte» gestoßen und in verschiedener Hinsicht fündig geworden war. Schon der Ausgangsbegriff der alten «Naturgeschichte» als Historia von der Natur, in der das von Ewigkeit zu Ewigkeit Gegebene ordnend festgehalten wurde, und dann, seit dem 18. Jahrhundert, in die sich verzeitlichende, zeitlich zu verstehende Geschichte der Natur hinüberwanderte, hatte es mir angetan: die Klarheit dieses von ihm dargestellten Rahmens.

Nach meiner Habilitationsschrift über «Erkenntnis und Sprache in Goethes naturwissenschaftlichen Schriften» hatte ich mich weiter mit der naturwissenschaftlichen Sprache des 18. und 19. Jahrhunderts beschäftigt, von Linné, Blumenbach und den Romantikern über Johannes Müller bis zu Darwin, Haeckel und Freud. Ich wünschte mir also diese Kooperation, möglichst im Kolleg, das aber für Berliner nicht offenstand.

Lepenies hat von diesem Briefwechsel nichts gewusst. Er lud zusammen mit seiner Frau im November 1981 eine Reihe Kollegiaten, darunter auch mich, zu einem Festessen ein, zu einer Martinsgans, Teltower Rübchen und einer Eisbombe, und fragte mich bei der Gelegenheit, ob ich in einem seiner nächsten Universitätsseminare über die «Wahlverwandtschaften» sprechen würde, darüber, wie Goethe aus einer naturwissenschaftlichen Metapher, die das Verhalten chemischer Stoffe vermenschlicht, einen hochmodernen, experimentellen Eheroman entwickelt hat.

Es wurde ein lebhafter Abend in der FU, wir kamen nachher ins Gespräch, er erzählte von dem Drehbuch zu einem Linné-Film, an dem er zusammen mit einem Schauspieler gerade schreibe und dessen ersten Teil er mir mitgab:

Mitte des 18. Jahrhunderts verlässt ein großes Segelschiff St. Petersburg in Richtung Schweden, auf ihm der Göttinger Gelehrte und «Technische Ökonom» Johann Beckmann, der Linné begegnen und die Kupferbergwerke von Falun erkunden will. Sie gelten als Beispiel modernster Technologie.

Beckmann landet vor der Berghöhle von Falun, sieht auf der Wiese einen Reigen tanzender Kinder, hört zum ersten Mal eine Glasharfe. Als sich der Reigen öffnet, sitzt in der Mitte ein Mann ohne Beine. Ein Faktotum, ein Gehilfe Linnés, der für ihn in Nordschweden gesammelt hat, Steine, Pflanzen, Tiere – Exempla aus den drei Reichen der Natur –, und nur von Salzfischen lebte. Da seien ihm die Beine abgefault, hat Beckmann erzählt, der diese Szene erlebt und aufgeschrieben hat. Er war dort auch in einer Kirche, da wurden die Leute vom Kirchendiener mit einer Stange wachgestupst. Der Winter war in jenen Tagen so kalt, dass die Vögel tot aus den Bäumen fielen. Und Beckmann wurde in einem Korb die Grube abwärts heruntergelassen. Dazu sang der Steiger:

Morgenglanz der Ewigkeit
Licht vom unerschöpften Lichte
Schick uns diese Morgenzeit
Deine Strahlen zu Gesichte
Und vertreib durch deine Macht
Unsre Nacht!

Es ist das Lied, von dem Gershom Scholem damals im Eröffnungsvortrag gesagt hat, es sei hebräischen Ursprungs, Knorr von Rosenroth habe es von dort. Scholem hat es ins Hebräische zurückübertragen.

Lepenies sagte: «Wollen Sie am kommenden Montag wiederkommen? Bis dahin wollen wir das Drehbuch fertig haben und in meinem Seminar zum Besten geben.»

Ich bin am Montag, dem 30. November, wieder in der FU, der Freien

Universität, und lerne im Klassenzimmer bei Lepenies einen sehr klugen, orientierten Schauspieler kennen: Hanns Zischler. Sie lesen zusammen das Drehbuch. Ich bin begeistert. Farbige Szenen. Ein Bild des 18. Jahrhunderts und des Risses, der durch es hindurchgeht. Der vielschichtige Linné. Die Dompredigt.

Der Steiger singt noch eine zweite, kaum bekannte Strophe, ich halte sie zunächst für selbstgemacht:

Die bewölkte Finsternis
Müsse Deinem Glanz entfliegen,
Die durch Adams Apfelbiss
Uns, die kleine Welt, bestiegen,
Dass wir, Herr, durch Deinen Schein
selig sein.

«Die bewölkte Finsternis» ist das Thema des Ganzen. Beckmann hat in Schweden seltsame Begegnungen, rätselhafte, düstere Zeichen drängen sich auf, ein Zank zweier Schwestern um Nichtigkeiten zieht den Tod beider nach sich, andere strafbare Handlungen bleiben unaufgelöst, bleiben sozusagen auf einem destruktiven Bein stehen.

In Uppsala lernt der Techniker Beckmann den großen Linné kennen. Es entsteht ein näheres Verhältnis, er befreundet sich mit Linnés Sohn und macht mit ihm die Stadt unsicher. Der alte Linné gibt seine letzte Entdeckung preis, er hat menschliche Schicksale gesammelt und ein quasi ökonomisches Naturgesetz gefunden: Alle zerstörerischen Handlungen der Menschen rächen sich auf Erden, Nemesis Divina waltet. – Er hat diese Fälle aufgezeichnet und in seiner alten Botanisiertrommel verwahrt; sie zu veröffentlichen, unmöglich. Sie würde Menschen bloßstellen (erst Lepenies hatte sie vor Kurzem bekannt gemacht). Der als inkarnierter Fortschritt auftretende Beckmann hält Linné für alt und starr geworden, nimmt Abschied von dieser moralischen «Naturgeschichte», diesem Alten Testament der Natur, sein Interesse gilt dem Neuen, dem industriellen Bergbau. Dessen zerstörerische Elemente entgehen ihm nicht. Aber dass auf dem Gebiet der «Technologie» – das Wort ist Beckmanns Erfindung – das von Linné behauptete Gesetz der

Rache sich bewahrheiten könnte, Nemesis der Technologia Humana, kommt ihm nicht in den Sinn. Damals nicht.

Das Drehbuch ist ein fabelhafter Entwurf; ich habe oft bedauert, dass der Film nicht gemacht wurde und hoffe ...

Das Wissenschaftskolleg brachte die schönsten Zufälle zustande. An diesem oben erwähnten Abend bei Wolf und Annette Lepenies war der Hausherr zurückhaltend, scherzte, machte nur hier und da eine Bemerkung. Ausführlich wurde er, als die Teltower Rübchen kamen. Er pries sie und erzählte ihre Geschichte, während die Martinsgans und die Rübchen auf dem Tisch standen. Sie führten übrigens zu «Rapunzeln», der Frage, was «Rapunzeln» eigentlich seien – im Badischen ist es «Feldsalat» oder «Ackersalat», spät im Jahr zu haben, auch «Sunnewirbele» genannt – unser weiterer Weg führte zur in den Turm verbannten Tochter, «Rapunzel, Rapunzel, lass dein Haar herunter», dazu, dass Hartmut von Hentig mit Frau Lepenies ins Nachbarzimmer ging und die Grimm'sche Ausgabe mitbrachte, das bezaubernde Märchen vorlas, und dann «Jorinde und Joringel» auftauchten: «Sie waren in den Brauttagen und hatten das größte Vergnügen eins an dem andern». Annette Lepenies las es vor, rasch und sehr lebhaft, «Ziküth Ziküth», und so, dass die Sprache aus unendlicher Ferne, aus der Kindheit herüberwehte. Ich saß neben Ivan Illich.

Seltsam, nur die Rübchen und Märchen blieben haften – und das kurze Gespräch mit Illich, in dem wir auf unsere erste Mittagsunterhaltung, die Schlüsselbegriffe in der Mitte des 19. Jahrhunderts zurückkamen, das Fehlen solcher Wörter um 1200. Gab es da statt ihrer eine vollständige Lücke? Illich hatte meinen Aufsatz über das Vokabular der Psychoanalyse gelesen. «Zweimal. Studiert! Drin herumgestrichen – darüber müssen wir unbedingt sprechen! Wie fassen wir diese *key words*.» Sein Schluss: «Warum treffen wir uns nicht morgen bei der Preußenausstellung?»

Das war, wie ich später lernte, seine aus Mexiko mitgebrachte Frageform: «Warum – wir – nicht?» Er trug an diesem Abend einen mexikanischen braunen Überrock, wirkte ganz spanisch diszipliniert, entschieden artikuliert. Empörte sich über den Zwang, fünfmal in der

Woche am gleichen Mittagstisch zu sitzen – eine preußische Kulturlosigkeit. Man munkelte so einiges: Einstmals ein Jesuit? Ich kannte bisher keine Zeile von ihm, notierte dennoch am Abend freiweg: «Leidenschaft eines Geistes, der vieles in sich hineinreißt und es mit einer revolutionären Wendung aus sich entlässt.»

Mit Ivan Illich in der Preußenausstellung

Friedrich Ohly – Freundschaft – Farías über Heidegger

Wir haben von dieser Ausstellung fast nichts gesehen, blieben stehen und sprachen.

Er holte mich ab in Barbara Dudens uraltem Volkswagen, den er ruckartig durch die Großstadt kutschierte, als befänden wir uns auf den Stoppelfeldern von Puerto Rico. Die Ausstellung im Gropiusbau war umstritten – warum? Wir blieben stehen vor Preußens erstem König, Friedrich I., der sich auf die Alchemie eingelassen und Goldmacher beschäftigt hatte. «Ihre Arkansprache», sagte er, «habe ich einmal mit der Sprache der Pädagogen verglichen.»

Dann stehen wir vor Thomasius, dem Leipziger Professor, der 1689 zum ersten Mal eine deutschsprachige Vorlesungsankündigung ans Schwarze Brett der Universität geschlagen hat, was einen Skandal hervorrief. Illich hatte in Salzburg noch lateinische Vorlesungen gehört und verriet ein zumindest zwiespältiges Verhältnis zum Verlust der europäischen Gelehrtensprache: «Beim Übergang des Latein ins Deutsche, wird das Deutsche da nicht so ein bisschen viereckig im Mund? – Die meisten Völker haben für ihre religiösen und gelehrten Überlieferungen eine andere, eine Sprache aus dem Abstand gehabt.»

«Herr Illich, kennen Sie Friedrich Ohly?», frage ich. Er tritt rasch einen Schritt zurück. «Und ob! ‹Siena – Die Kathedrale als Zeitenraum›. Ich lese zurzeit nichts Anderes.» – «Er war mein über alle anderen geschätzter Lehrer», sage ich. «Ein Brückenträger. Der ganze Migne, die griechischen und lateinischen Kirchenväter waren sein Hintergrund. Von ihnen guckte er auf die deutschsprachige Dichtung des Mittelalters. Auf das St. Trudperter Hohelied.» – «Wie war er als Lehrer?» Ich erzähle: «Kaum war er in Kiel, hängte er eine Abbildung von Barlachs

Lesenden an die Säule unserer Seminarbibliothek und verbreitete – Stille. Ein großer schwerer Mann, der zuerst nur schwieg, wenn einer in seine Sprechstunde kam.»

In einem Seitenraum der Ausstellung hängt ein Bild Bettina von Arnims, darunter ihr Buch über die Freundin Günderode. «Freundschaft, das ist der Umgang der Geister, nackt und bloß», hat sie geschrieben. Er übersetzt Bettinas Wort ins Lateinische, nein, er zitiert ein ganz ähnliches Bernhards von Clairvaux: «nudus nudum sequi ...» – «Wir haben bei Ohly Bernhard gelesen: ‹Amans amanti non judex, non magister, sed sponsa› (Der Liebende ist für den Liebenden kein Richter, kein Lehrer, sondern eine Braut).» Er nickt: «Als ich im vergangenen Jahr in Kassel eine Professur hatte, habe ich, ganz autoritär, verlangt, alle sollten einige Texte des 12. Jahrhunderts auswendig lernen, deutsche und lateinische. Davon gehe ich aus. Sie lernten vier, fünf Meilensteine. Und nachmittags in der UB habe ich ihnen gezeigt, wie man Lexika und Enzyklopädien benutzt. Ich arbeite vorzugsweise mit Enzyklopädien.»

Es sind fast drei Stunden vergangen, wir haben drei Objekte gesehen – Friedrich I., Thomasius, Bettina von Arnim –, stottern im VW zurück und sprechen plötzlich über Drogenabhängige. «Mein Rat ist: alles freigeben!», sagt er. «Nur außen auf die Packung die Gebrauchsanweisung schreiben! Wie bei Kochsalz. Im Augenblick leben in Deutschland ungezählte Staatsangestellte vom Geschäft mit den Drogen – und es nützt kaum etwas.»

Gar nichts, hat er vermutlich gesagt.

Er lädt Gunhild und mich und unsere beiden Kinder zu sich in die Beerenstraße ein. «Ich bin reich, ich habe eine extra Wohnung.»

Ich werde seine Ideen kennenlernen. Sein Feuer. Kenne bisher keinen solchen Mann. Ein verpflichtetes Leben, ein freudiger Ritter. – So seltsame Worte fallen einem zu ihm ein. Nicht ganz von dieser Welt und dann wieder ganz up to date – «Wie bei Kochsalz». Erzählte von seiner Freundin Adele Fiske, der Schülerin Werner Jaegers in den USA, wohin es den berühmten Paideiaphilosophen nach 1934 vertrieben hatte. Sie habe ein schönes Buch über die Tradition der Freundschaft seit Augustin geschrieben.

Wapnewski teilt mit, Illich habe einen achtseitigen Brief an seine Frau Monica gegen die barbarische Einrichtung des Mittagessens geschrieben. Wenn, dann wäre er für Abendessen. – Ein Zeitkritiker ohne zurückblickende Larmoyanz. Lebendig. Ohne Müdigkeit. Es fehlt, scheint mir, der sonst so beliebte, elitäre, apokalyptische Vernichtungsgestus.

Bei ihm in der Beerenstraße. Er hat Käse, Wein, Kuchen. Fräulein Bock, Frau Duden. Sein mexikanischer Poncho. «So mag ich dich», sagt Hentig.

Herr Farías ist bei ihm, ein chilenischer Philosoph, der mit kollegialer Hilfe noch rechtzeitig Chile verlassen konnte. Der Philosoph Rainer Marten hatte ihm aus Freiburg ein Telegramm geschickt. «Ich habe die Ehre, Sie im Namen der Philosophischen Fakultät der Albert-Ludwigs-Universität Freiburg einzuladen.» Die Universität war nicht so glücklich, das zu wissen.

Es erreichte die unmittelbar bedrohten Farías, als der Arzt ihnen gerade nahelegte, ihr Kind im Blick auf die Zukunft abzutreiben. Heute lebt die kleine Tochter, Farías singt ein Loblied auf Marten, auch auf den Praktischen Philosophen.

Farías hatte in Freiburg noch ein Gespräch mit Martin Heidegger geführt, in dem Heidegger ihm erklärte, auf Spanisch könne man nicht philosophieren. Das Spanische sei als philosophische Sprache ungeeignet, dazu bedürfe es des Griechischen, insbesondere das der Vorsokratiker; oder des Deutschen Hölderlins. Farías war empört, ging den Philosophenweg Heideggers nach und war zu dem Schluss gelangt, sein Faschismus sei schon in «Sein und Zeit» offenkundig – die Verachtung seinsverlassener Zeitgenossen datiere aus der Zeit. Sein Buch sei fast fertig. Er habe Vorlesungsschriften jener Jüdin Helene Weiß benutzt, die Heidegger in dem nach seinem Tod erschienenen *Spiegel*-Interview als Zeugin für sein gutes Verhältnis zu den Juden angeführt hatte. «In den Skripten steht z. B., die Neger sind geschichtslos, aber wenn Hitler nach Rom zu Mussolini fliegt, dann ist alles, das Flugzeug, Triebwerk etc. ‹Geschichte›.»

Das Werk Víctor Farías, «Martin Heidegger und der Nationalsozialismus», trat, als es erschien, eine Lawine los, in der, anscheinend unabschließbar, Kritik und Gegenkritik sich kreuzten, während Farías in den Hintergrund trat und von gründlicheren Kennern abgelöst wurde. Sein Anlass, das Argument Sprache, ist erinnernswert. Illich hielt sich fern, ihm war Heidegger nicht zugänglich, er verstehe ihn nicht, sagte er mir, als er später einer Wiederentdeckung Heideggers in den USA begegnete.

Notizen

In und nach Berlin

«Wir schlugen mit uns aufeinander ein.» (Elias Canetti)

Hans-Martin Gauger berichtet, ein Besucher, offenbar ein Protestant, habe Illich am Mittagstisch gefragt: «Was hat es damals mit dem Inquisitionsprozess gegen Sie auf sich gehabt?»

Illich, ganz förmlich: «Gestatten Sie mir, dass ich aus Respekt vor dieser heiligen Institution auf eine Antwort verzichte.»

Monate danach, Gauger war längst mit Montinari befreundet, habe er ihn gefragt: «Wie kann einer heute noch Kommunist sein?»

Montinari darauf, genauso förmlich: «Gestatten Sie, dass ich aus Respekt vor dieser heiligen Institution auf eine Antwort verzichte.»

Herr Illich sagt manchmal Sätze, die einem im Gehirn platzen. (Sohn Bernhard)

Was Hartmut von Hentig denkt, kann ich, wenn ich mich anstrenge, auch denken; was Illich denkt, fällt mir schlechterdings nicht ein. Es ist ein Sprung in einen unbekannten Zusammenhang.

Wie lange es braucht, bis ein neuer Blick und Gedanke verstanden wird, ein Umdenken zustande kommt – vom praktischen Durchbruch zu schweigen.

Eine Welt voller Fehlbesetzungen?

«Die Räuberbanden der Bedürfnismacher ...» (Illich) ... Augustin nannte die Staatsmächte Räuberbanden.

Nicht herauskommen aus dieser Einbahnstraße ...

Osteuropa – die andere deutsche Ungeheuerlichkeit.

Sein «Schicksalsrausch» von 1914 wurde bei Thomas Mann durch die Erfahrung der Nazizeit «Intoxikation».

Die 68er-Bewegung ist voller Verfolger, die der Gefahr erliegen, die Physiognomie der von ihnen verfolgten Väter anzunehmen.

Nach dem Herzen reden. Jemandem nicht nach dem Mund, sondern nach dem Herzen reden. Weil man ihn liebt.

Schreiben nach dem Prinzip des Doppelkegels. Breit anfangen und engführen, durchs Nadelöhr, dann lockern und wieder in die Breite gehen.

Ein von den Medien ausgeleuchtetes, abgespanntes Gesicht?

«Selten war ein Weißer Jahrgang so farbig.» – Wapnewskis oft maßlos übertreibendes Lob hat einen doppelten Effekt: Es schmeichelt. Könnte es nicht sein, dass man es tatsächlich verdient? Und es zwingt zum Realismus, dafür sorgt schon die Umgebung. Kann schlechterdings nicht stimmen.

Wind stieß die Blätter aus den Pappeln, und sie schwärmten auf und nieder.

«Wer ist eigentlich Ihr Mann, Ihr Autor?», frage ich eines Tages Mazzino Montinari. «Nietzsche, oder nicht doch eher Heinrich Heine?» Er stimmt lächelnd zu.

«Grüßen Sie die feine Schwäbin», sagt Hans Egon Holthusen, wenn ich für ein paar Tage nach Freiburg fahre. Ein sehr sympathisches Zitat. Gottfried Keller hat von Mörike gesagt, er sei der «Sohn des Horaz und einer feinen Schwäbin».

«Wie der sich ausdrückt!», sagt unsere elfjährige Sibylla, als ich bei Tisch einen Brief Peter Wapnewskis vorlese. «Dazu würde ich ja Stunden brauchen!» Er bittet in seinem nächsten Brief, sie zu grüßen. Er habe wieder Stunden gebraucht.

Hartmut von Hentig

Reformpädagogik – Hentigs «Laborschule» und Illichs
«Deschooling Society» – Gründliche Veränderungen in Schule
und wissenschaftlicher Pädagogik

Die Wallotstraße 19 entwickelt sich zur Geschichtsstunde. Selten habe ich in vergangene und gegenwärtige geschichtliche Augenblicke so viel konkreten Einblick bekommen wie in den ersten sechs Wochen Berliner Wissenschaftskolleg.

Yehezkel Dror hat den ersten, internen Vortrag gehalten über «Inseln der Exzellenz» und einen in den Traditionsstrom einzubauenden «selektiven Radikalismus», Gershom Scholem die Eröffnungsrede über den Einfluss der häretischen Kabbala auf die europäische Geistesgeschichte. Nun hält Hartmut von Hentig einen weiteren öffentlichen Vortrag im vollen Saal über die Situation seiner Pädagogik und in diesem Fall, was ihm an sich doch fern liegt: sehr abstrakt. Es ist seltsam. Er beginnt mit seiner Ratlosigkeit und Erkenntnisnot, der Verunsicherung in seinem bisherigen Reformbemühen, und sucht Rettung bei dem Zielpunkt des großen Fragers Sokrates: der vollständigen «Aporie», dem Nullpunkt, wo der Umschlag erwartet wird und Erkenntnis winken könnte. Alles hört sich an wie ein Kommentar zu Plato, wie Martin Heidegger ihn im Vorspruch zu «Sein und Zeit» wiedergegeben hat: «Vormals glaubte ich zu wissen – nun aber bin ich in Verlegenheit gekommen.»

Thea Schwarz sagt nachher, wie traurig Hentig auf sie gewirkt habe. Seine Augen! Wäre sie allein gewesen – als er von dem Zoo in seiner Bielefelder Schule erzählte, den achtzig Tieren, die den Schulkindern gehörten, vom Scheitern seiner Ideen sprach –, hätte sie losheulen können.

Sein Blick war mir gleich aufgefallen, er hat etwas leidend Einge-
schlossenes. Er kommt täglich auf dem Fahrrad, in Fliege und Tweed,
flügelnd. Die Pudelmütze gehört an kalten Tagen dazu. Seine Bereitschaft, sich infrage zu stellen, schmal, schlank und jugendlich bis auf
das manchmal zerfurchte Gesicht.

Man hat ihn wohl bewusst als Antipoden Ivan Illichs eingeladen. Illich hatte in den USA das Buch «Deschooling Society» veröffentlicht,
eine Attacke auf die durchgängige Verschulung der Gesellschaft, wo es
bis dahin ein mündlich überliefertes Handwerk gegeben hatte. Dieses
Buch war auf Deutsch unter dem irreführenden Titel «Schulen helfen
nicht» erschienen.

Illich ist ratlos. Er möchte hier nicht zu einem Schaukampf antreten,
unter keinen Umständen, bittet in der Pause mich, etwas zum Vortrag
zu sagen, ausgerechnet einen, dem alle Voraussetzungen hierfür fehlen.
Hellmut Becker, der Direktor des Berliner Max-Planck-Instituts für Bildungsforschung, erklärt, Hentig sei ein Masochist. Ein verärgerter eng-
lischer Pädagoge meint, er habe etwas zum Thema Bildungsreform hören wollen, nicht über Hegels Dialektik. Als ein Dritter mit abfälligen
Bemerkungen hinzukommt, rebelliert Illich lautstark: «Ich bin mit
Hartmut von Hentig befreundet!»

Die Debatte bleibt ratlos. Illich meldet sich als Letzter. Er erkläre
sich Hentigs Positionsbestimmung mit dem Wort «muddle through»,
es gebe dafür in Wien schon immer einen viel schöneren Ausdruck:
«Durchwursteln».

Monate später kam er auf die Situation zurück: «Kannst du uns nicht
zusammenbringen? Es ist alles so verquer und verquält zwischen uns.
In puncto Erziehung haben wir uns einfach nichts zu sagen, aber das
will Hentig nicht einsehen, er will unbedingt öffentlich mit mir diskutieren. Er war zweimal in Cuernavaca, bei uns im CIDOC, in den Jahren, als die interessanten Leute von weltweit in unser Hotel kamen, um
über Education, Entwicklungspolitik, Städtebau, Medizin zu diskutieren. Beide Male hat er das deutsche Publikum mit einem Buch ‹rega-
liert›, zuerst sehr anerkennend, als von Erziehung die Rede war, das
zweite Mal, indem er vor der Anarchie in Cuernavaca warnte. Er war

hier dann ganz überrascht, dass ich es ihm nicht übelgenommen hatte, dass ich mich gar nicht betroffen fühlte.»

Mir war sehr fraglich, ob ich würde vermitteln können, aber nach einem Mittagessen, bei dem Illich ausnahmsweise anwesend war, kam es zu dem Versuch – ich saß zwischen beiden am Tischende, ein Thema tauchte auf.

«Ich bin ganz einverstanden», sagte Hartmut von Hentig, «aber kommen Sie mir bitte nicht gleich mit dem 12. Jahrhundert.»

«Dann dürfen Sie aber auch nicht mit den alten Griechen anfangen», sagte Illich.

Sofort standen sie einander gegenüber: der Pädagoge, der die griechische «Polis» seiner in Bielefeld vor sieben Jahren begonnenen «Laborschule» (5–16 Jahre) und dem ihr folgenden «Oberstufenkolleg» (16–20 Jahre) zugrunde gelegt hatte, und der einstige Pater, dem diese erzieherische Gesamterfassung des jungen Menschen einen physischen und metaphysischen Schauder einflößte und der es viel lieber mit Hugo von St. Viktor hielt, dessen «Didascalicon de studio legendi», das später zu seinem Buch «Im Weinberg des Textes» den Anstoß gab. Illich hielt Bibliotheken für sehr viel nützlicher als Schulen.

Sie kamen einer dem anderen in Ehrerbietung zuvor, aber es ergab sich nichts. – Im Rückblick meine ich allerdings, dass es erhebliche Berührungsflächen dieser freien Geister gab: Die eine war das Phänomen der Verwissenschaftlichung und Verfachlichung der Pädagogik und Pädagogensprache seit den sechziger Jahren. Sie widerstrebte Hartmut von Hentig und war nicht weniger ein Ergebnis dessen, was Illich als Professionalisierung und Verschulung fast aller Lebensbereiche kritisierte.

Man gestatte einen Seitenblick auf die Pädagogik: Zwischen 1953 und 1976 hatte sich die Zahl der Pädagogikprofessoren an unseren Universitäten von 26 auf 518 erhöht, die der Universitätsdidaktiker insgesamt von 101 auf 4148. Die Folge musste sein, dass in dieser Zeit die laufbahnbedingte Produktion erziehungswissenschaftlicher Arbeiten sich 4 000-mal um, sagen wir, fünf bis zwanzig Publikationen erhöhte. So viele pädagogische Sachen waren aber in einem so kurzen Zeitraum nicht ausfindig zu machen. Die 20 000 bis 80 000 Publikationen, die über den bis dahin gültigen Erkenntnisbedarf hinausgehen sollten, konnten unmöglich lauter Neues enthalten. Die Folge: Sie ersetzten den inhaltlichen Mangel durch «Sprache». Eine Sprachfassade trat an die Stelle der Sachen. Die explosionsartige Stellenvermehrung führte zur Explosion von Wissenschaftsersatz, dessen Krücke das Klappern mit dem Werkzeug war, zu Anleihen bei Wissenschaftsnachbarn, neuen Terminologien, Abkürzungen, Statistik, Tabellen und Kurven, einem Fest des Fachjargons. Identitätsschwache Fächer saugen die Begriffswelten der Nachbardisziplinen und deren Fachsprachen geradezu aus bzw. an.

«Es besteht eine signifikante positive Korrelation zwischen dem effektiven Lernzuwachs (LZ) und der Bearbeitungszeit (t).» Mit anderen Worten: Wer länger lernt, lernt mehr.

«Schulversuche (S) sind ein Mittel der Bildungsplanung, die Schulwirklichkeit schrittweise zu verändern. Sie werden zu Innovationsinstrumenten für Schulreformen, wobei Schulreform und S in Wechselbeziehung treten.»

Hartmut von Hentig nahm sich 1982 am Wissenschaftskolleg dieser Sache von der inhaltlichen Seite an. Sein Aufsatz «Die Rehabilitierung der Erfahrung in der Pädagogik» (Jahrbuch 1981/82) zeigt aus intimer Kenntnis, wie «Individualität und Anschaulichkeit, Zusammenhang und Ganzheit» sich auf diesem Feld davonmachen. Er nennt mehr als 60 Beispiele dafür, wie Unwidersprechliches oder Abgedroschenes, der Griff ins Grundsätzliche oder Beliebige, das Hochspezialisierte oder unklar Allgemeine zum Thema gemacht werden, wie z. B. die «Erziehung zum Frieden» oder «Schule im Widerspruch» zum wissenschaftlichen Gegenstand geworden sind.

Vor allem opponierte Hentig durch seine Erfahrungssprache, eine von Neugier, Erfahrung und Nachdenken geprägte allgemeine Bildungssprache, in der Sigmund Freud, Eduard Spranger, Herman Nohl, die Geisteswissenschaften überhaupt, bis in die sechziger Jahre geschrieben hatten. Er konnte auf den Sprachbegriff von so manchen Soziologen, Linguisten, Pädagogen verzichten, weil er auf sinnvollen Inhalt setzte und sich auf sprechende Titel verstand wie später «Bewährung statt Belehrung», damals «Die Schule umdenken».

Der Hauptgrund seiner «Verlegenheit» zu diesem Zeitpunkt war freilich, dass sein Bielefelder Schulversuch in seinen Augen gescheitert war. Er hatte eine erste Katastrophe im Rücken, den Zerfall seines Schulexperiments, seiner Idee der polisbestimmten «Laborschule» mit einem veränderten Zeitgeist, der in viel radikalerer, auf politische Durchsetzung dringende Weise mit den Grundsätzen der Selbstbestimmung, Gleichheit, demokratischen Entscheidungsprozedur und einer dominanten linken Politik Ernst machen wollte. Das Kollegium war, ohne dass er es hatte wahrnehmen können, in zwei Fraktionen zerfallen. Eine Gruppe jüngerer Kollegen hatte im Dezember 1977, fast ohne sein Vorwissen, ein Buch «Laborschule Bielefeld: Modell im Praxistest» publiziert, das einen «Taifun an öffentlicher Neugier, Häme und Besserwisserei», wie er sich ausdrückt, hervorbrachte. Der Übervater war so stark, dass man ihn nicht einbezogen hatte.

Er hatte erfahren, was in diesen Jahren vor allem die Reformschulen erlebten: dass ihr Reformator und Gründer ziemlich unvermittelt als «Fossil in der Landschaft» stehen blieb, als Hindernis des notwendig Neuen, des Abschieds von patriarchaler Hierarchie und autoritärer Tradition deutschen Schulwesens. So war es den begabten «Alten» in so manchem Landerziehungsheim, so mancher Reformschule ergangen, sei es in Maulbronn oder Salem oder auch in dem schleswig-holsteinischen Landerziehungsheim Luisenlund, in dem ich 1962/63 ein Jahr als Studienreferendar gearbeitet habe. Der Gründer und vorzügliche pädagogische Leiter dieser Schule erlebte in den frühen siebziger Jahren das gleiche schulische Erdbeben, ich hatte darüber eine noch unveröffentlichte Erzählung geschrieben, die ich Hartmut von Hentig im letzten Drittel des Berliner Jahrs zur Kritik vorgelegt habe. Ich komme darauf zurück.

Hartmut von Hentig war ein Linker. Dass es einen Nachholbedarf an Karl Marx und vor allem Sigmund Freud gab, an gelebter Gleichheit, dass der Einbezug der sozial und in jeder Hinsicht Benachteiligten ein Gebot der Stunde sei, war auch seine Überzeugung. Er ließ sich von der

Schülerschaft und den Kollegen mit dem Vornamen anreden, man traf ihn an bei Aktionen gegen den NATO-Doppelbeschluss, Westdeutschland atomar hochzurüsten, er gehörte auch zu der Intellektuellengruppe, die sich 1985 an der Blockade der Zufahrt zu dem amerikanischen Raketendepot Mutlangen beteiligte. Die Situation, in der er sich als aufgeschlossener, «fortschrittlicher» Pädagoge befand, war derjenigen sehr ähnlich, die Joachim Bumke, Eberhard Lämmert und Peter Wapnewski veranlasst hatte, sich aus der Freien Universität in Berlin zurückzuziehen.

Hentig hielt es für ausgeschlossen, eine Schule zu leiten, in der ein in seinen Augen nicht praktikables Gleichheitsprinzip, vor allem aber eine politische Richtung vorherrschten und politische Indoktrination erklärtes Ziel sein sollte. Schon im Jahr 1978 hatte er beim Westfälischen Kultusministerium beantragt, ihn von der wissenschaftlichen Leitung der «Laborschule» zu entbinden. Man hatte es ihm nicht zugestanden, genauer, man hatte ihm mitgeteilt, dass die Schule in dem Fall geschlossen würde. Er hatte sich deshalb, trotz der brüchigen Situation, für weitere zehn Jahre verpflichtet.

Pro und contra

Magazin der FAZ am 4. Dezember 1981 – Debatte im Senat
der FU. Jacob Taubes als Gegenstimme

Am Sonnabend, dem 4. Dezember 1981, erschien im Magazin der *FAZ* ein mühsam zustande gekommenes Gruppenfoto der 18 Fellows unseres Jahrgangs, eingeführt, begleitet und sachhaltig begründet von Peter Wapnewski unter dem Titel: «Princeton und die Folgen: Das Wissenschaftskolleg zu Berlin».

Das Echo war enorm, der Eindruck auf dem Feld der Universitäten fast singulär, eine Zäsur. Er machte bewusst, dass die Berliner Gründung auf eine unleugbare, schmerzhafte Situation reagierte, und schürte hier, am Ort, den Zorn der Gegner, bei denen das Wort von der «Massenuniversität», in der freie Forschung kaum noch möglich sei, und das Wortpaar Exzellenz und Elite einen Sturm hervorgerufen hatte. Am Montag, dem 6. Dezember, sollte eine Diskussion im Senat der FU stattfinden.

Peter Wapnewski will zuerst nicht hingehen – will nicht zur Rede gestellt werden. Seine Darstellung des Wissenschaftskollegs als Hort der Forschung gegenüber der desolaten Massenuniversität hat aber so viel auf den Plan gerufen, dass ein Ausweichen unmöglich geworden ist. Es war der Literaturwissenschaftler Lämmert, der die Gründung des Kollegs keineswegs ablehnte, aber in einem Interview mit dem *Tagesspiegel* verkündete, er könne ohne Schwierigkeit zwanzig den jetzigen gleichwertige Wissenschaftler aus der FU benennen.

In der Rostlaube hat man Studentenaufläufe und Mehlbeutel befürchtet. Es sind aber nur zwei Studenten anwesend. Eine gespensterhafte Diskussion. Langatmige Stellungnahmen, in denen sich die Reformfreudigkeit aus dem Jahr 68 dem elitären Konzept der alten in Talaren stolzierenden «*UNIVERSITAS*» gegenübersieht. Jacob Taubes spricht eine halbe Stunde: Peter Wapnewski habe einen Scherbenhaufen angerichtet. An der Mauer sollten wir wohnen, nicht im Grünen, auf dass der Index der Epoche in das Werk eingehe. Viel Dahergeschwemmtes, Undeutliches, unterbrochen von scharfen und gewitzten kleinen Inseln. Klug und scharf ist durchgängig die Philosophin Margherita von Brentano:

«Warum wird das Kolleg so abgehoben konzipiert und die ‹Massenuniversität› herabgesetzt?»

Jacob Taubes verteilt als Stellungnahme:

«Der Kanon für eine wissenschaftliche Elite, die mythische Metaphern vom Heros beschwört, erscheint in eigentümlicher Verschiebung die Auffassung zu propagieren, die die Schule Georges, deren bedeutendster akademischer Vertreter Friedrich Gundolf ist und den Wapnewski als Kronzeugen beruft, vom Dichter bekundet. Eine solch heroisierende Ansicht von Wissenschaft, die die Betrachtungen des Kreises Georges über den Dichter kopiert, kommt aus dem Abgrund einer gedankenlosen Sprachverwirrung, die dem Wort ‹schöpferisch› oder ‹creative› heute eignet. Künstler und Wissenschaftler sind keine Schöpfer, ihr Werk kein Geschöpf, sondern ein fragiles Gebilde. Die Gleichnisrede vom schöpferischen Künstler oder Wissenschaftler bringt jenen unbesonnenen Sprachgebrauch hervor, durch den Wissenschaft als Beruf zu einem Zwitter von Heros und Schöpfer sich maskiert und durch den Schein blasphemischen Tiefsinns leuchtet. Die Sprache eines solchen mythisierenden Wissenschaftsprogramms wirkt einschüchternd.»

Der Gründungsrektor kam hier wenig zu Wort, erhob sich erleichtert und verabschiedete sich mit ausgesuchter Höflichkeit.

Das Unwort «Elite» lebte weiter. Journalisten bemühten sich um Interviews im Kolleg. Als Illich von einem Interviewer gefragt wurde, was er von dem Begriff und dem Konzept der Elite halte, sagte er, er halte es für hervorragend.

«Und wer gehört dazu?»

«Ich», sagte er. «Und meine Nachbarin Augusta in Mexiko. Sie ist eine Hexe. Mit vier anderen Hexen in unserem Dorf regiert sie die ganze Welt.»

Der 13. Dezember 1981

Ausnahmezustand in Polen – Scholems Abschied

Heute, am Sonntag, dem 13., kommt Zielnica blass, elend zum Früh-stück. Ich will ihn fragen, ob er eine Herzattacke gehabt habe. Er sagt: «Mit uns ist fertig. In Polen ist der Ausnahmezustand ausgerufen. Jaruzelski hat das Kriegsrecht erklärt.»

Wir sehen nachher, unten im Küchensaal, in einem kleinen Fernse-her Helmut Schmidts Pressekonferenz in der DDR. Er ist von Erich Honecker zu einem Zeitpunkt eingeladen worden, wo man im Osten die Unterdrückung der Polen anberaumt hatte. Der Kanzler sagt nichts (nichts, was gesendet wird); die Konferenz bricht plötzlich ab.

Nie vergesse ich, wie Zielnica kreidebleich herunterkam. Marian Biskup hatte ihn angerufen. – Seine Frau war sehr bei der Solidarność engagiert; noch mehr Labudas Sohn.

Draußen liegt Schnee. Nachmittags, als ich vom Spaziergang heim-komme, kommen mir Scholem und Bering auf der Treppe eingehakt entgegen. Scholem ist gerade beim Auftreten nach rechts weggesackt und wurde nur durch Bering gehalten. Jetzt hat er große Schmerzen beim Auftreten. Wir bringen ihn zum Auto, fahren zusammen zu ihm und führen ihn in sein Zimmer, seine Wohnung.

Seine Frau ist nach Jerusalem vorausgeflogen; er will ihr am Diens-tag über Zürich folgen. Ich übernachte bei ihm, muss ihn bei jedem Gang stützen, helfe ihm beim Auskleiden.

Am Morgen flunkert er, spricht frohgelaunt mit seiner Frau, ver-schweigt ihr zunächst, was passiert ist: sonst rege sie sich auf und fliege sofort zurück.

Beim Chirurgen Professor Gerstenberg hat sich am Vormittag herausgestellt, dass Scholem eine Knochenfissur am rechten Oberschenkel hat, ein kleines Stückchen Knochen, an dem ein Muskel haftet, ist abgesprungen und reibt, schmerzt. Muss von selbst heilen. Er könne nicht fliegen, hieß es zuerst, dann: wenn einer mitfliege! Ich werde gebeten, ihn zu begleiten, um dann, von Zürich aus, nach Freiburg in die Weihnachtsferien zu fahren.

Mittags kommt Dietz Bering. Scholem lädt uns zu gebratenen Hähnchen ein, Bering besorgt sie, wir wärmen Rotkohl und essen gemeinsam in lebhafter Stimmung. Scholem macht uns in seinem großen Zimmer vor, dass er schon ganz sicher gehen könne, vorsichtig tänzerisch bewegt er sich durch den Raum – Bering ist begeistert: Das war doch ein Ballett, wird er noch öfters sagen, genauso hat Tomaszewski ihn dargestellt; mit angeschnallten Schlittschuhen schwebend auf dem Eis.

Scholems Abschied wird ein anrührendes Ereignis. Ungezählte erscheinen aus dem Kolleg, aus der Stadt. Zuletzt ist Hentig da, sie sprechen länger, verabschieden sich herzlich. Scholem bittet, seinen Dank auch den Damen auszurichten. «Grüßen Sie die Gnädigste!»

Ich denke viel an den letzten Abend, den wir hier zusammen verbracht haben. Es war ein aufregender, anstrengender Tag. Er hat sehr viel Besuch empfangen. Wir sprechen über Polen, über das ausgerufene Kriegsrecht. «Man kann doch nicht ein ganzes Volk gegen seinen erklärten Willen regieren», sage ich, und er darauf: «Seien Sie nicht so dumm! Natürlich kann man das, es gibt dafür Beispiele.» – Aber nun, am Abend, sitzen wir still jeder an seinem Tisch. Er schreibt an die Familie seines Bruders Erich Scholem, der 1965 in Australien gestorben ist, ich schreibe an Krafts in Jerusalem. Ich weiß nicht, warum ich mich an diese Stunden, wo jeder saß und schrieb, so gerne erinnere. Es war ein tiefes Gefühl des Vertrauens. –

Ich übernachte das zweite Mal in der Pacelliallee. Herr Volck bringt uns am Nachmittag zum Flugplatz. Wohl zehn Anrufe sind tagsüber unternommen worden, unter anderem von Hellmut Becker, um einen Rollstuhl für Scholem bereitzuhaben. Als wir ankommen, ist der Mann am Schalter unwirsch. Wir warten bis 15 Minuten vor dem Abflug im Auto. Scholem ist blass vor Aufregung. Dann kommt ein großgewachsener junger Mann in Flughafenlivree mit dem Gefährt, schiebt es freundlich desinteressiert zum Eingang der Gangway. Wir bekommen vorne rechts einen Platz. «So», sagt die Stewardess im Krankenschwesterton zu Scholem, «nun drehen wir uns so herum –».

Er sitzt dann, befreit, sehr gerade. Sagt zu dem smarten, schwarzhaarigen Livreeträger: «Ich bin der Präsident der Akademie der Wissenschaften in Israel!»

Der errötet leicht. «Angenehm», sagt er.

Adolf Muschg geht an uns vorbei, er kommt von einer Friedenskonferenz in Ostberlin.

«Haben Sie ihn gesehen?», frage ich.

«Nein», sagt er. «Fragen Sie ihn, ob er etwas herkommt. Sagen Sie, Scholem ist hier.»

Auf dem Flugplatz in Zürich ist dunkle Nacht. Im Scheinwerferlicht neben dem Flugzeug stehen zwei große schwarze Limousinen. Drei stattliche Männer, Abgeordnete eines Bankmandarins, nehmen ihn in Empfang und brausen davon. Er hat mir noch rasch seinen Dank zugerufen, ich ihn um Grüße in Jerusalem gebeten. Es war fast wie eine Entführung.

II. TEIL
Untiefen und Freie Fahrten

Gerard Labuda und Marian Biskup

Ausnahmezustand in Polen – Historie als Quellenforschung –
Europäische Kulturgeschichte – Die vornationale Epoche –
Rozwadowski

3. Januar 1982. – Die Polen können kaum noch schlafen, sitzen zusammen, scheinen uns böse zu sein. – Ich hatte Zielnica nach einer polnischen Adresse gefragt und er sehr zurückhaltend geantwortet: «Pakete schickt man Weihnachten!»

Sie sind über die Zurückhaltung verstimmt, welche die Deutschen und ihr Kanzler Schmidt gegenüber Russland üben: keine wirtschaftlichen Sanktionen, kein Abbruch von Geschäftsbeziehungen. Die ganze Weltpresse, auch die französische, schimpft auf die Deutschen. In der Praxis verhalten sich die Franzosen kaum anders – sie machen gerade ihr Gasgeschäft. Die Vorsicht ist wohl richtig, nicht aber die Stummheit der Deutschen, insbesondere unserer linken Öffentlichkeit. Die ist skandalös.

Nach Tagen kommen wir abends unten lange mit Tomaszewski und Zielnica ins Gespräch – da bricht das Eis. Über die Geschichte unserer Beziehungen sprechen sie. Wie vergleichsweise gut sie sogar noch bis 1870 waren! Bis zur rabiaten Germanisierungspolitik nach der Reichsgründung, z. B. in Schlesien.

Tomaszewski, der immer etwas leichter auf mich gewirkt hat, ist ernst und still geworden. Nachts arbeitet er an seinen Fellow-Karikaturen.

Die Zeitungen greifen Jalta auf, den Januar 1945 vor Kriegsende. Ist die Teilung Europas reversibel, die damals von Stalin, Roosevelt und Churchill beschlossen wurde?

Ich sage zu Gauger öfter, während er das Unnütze des polnischen

Aufstands, ihr ökonomisches Unvermögen betont, wie sehr ich diese Art bewundere. Langfristig hätten sie recht. Wie soll denn, wenn nicht von innen, in den verknöcherten sozialistischen Staaten sich etwas bewegen? Wie anders als durch die Arbeiterschaft?

Wenn den Polen zu dieser Zeit wieder vor Augen steht und aufs Herz fällt, dass diese Situation der Unterwerfung im 20. Jahrhundert doch schon einmal überwunden war, dies alles nicht sein müsste – wie anders es war in der kurzen Spanne zwischen 1919 und 1939, bis die Deutschen Polen überfielen und Stalin auslieferten! – wen kann das wundern? Zielnica spricht es aus.

Tomaszewski kann sich nicht vorstellen, im Herbst nach Warschau zurückzukehren. Er war dort Professor für Architekturgeschichte und Denkmalpflege, hatte als Direktor ein Institut mit 40 Leuten.

Er erzählt von einem Besuch in Moskau, bei einem hochgestellten Kulturbeamten. – Er gibt dessen Sekretärin, kaum hoffend, dass er empfangen wird, seine Visitenkarte, sie trägt die Karte auf dem Silbertablett ins Innere und ihm wird sofort geöffnet. Er findet den Chef hinter seinem großen Schreibtisch, in der Schublade nach seiner Visitenkarte kramend. Er will dem Besucher zeigen, dass er auch eine hat. Eine Visitenkarte gilt als hohes Statuszeichen in Mütterchen Russland.

Aus der DDR kommen unangenehme Polenwitze. Montinari ist wieder einmal in Weimar gewesen und bringt mit, die Bürger dort seien gegen die Polen. Montinari und Zielnica stellen Gemeinsames fest: In Italien und in Polen gibt es kein Wort für «Prinzipienreiter». Zurzeit, sagt Zielnica, werden in Polen politische Witze vom Staat verbreitet, der Bevölkerung eingegeben, könnte man sagen, gegen die Solidarność zum Beispiel.

Er ist oft sehr blass, schläft schlecht, unterbricht Gespräche, seine Stimme sägt ... Lieber Kollege! Er hat geträumt, sein Chef sei zu ihm ins Haus, zu seinem Vater gekommen und habe geforscht, ob der Sohn die vier Kopien bezahlt habe, die er gemacht hatte. Vier Kopien!

Ich komme mit Gerard Labuda ins Gespräch.

«Wissen Sie», sagt er, «es ist nicht die Frage, ob die Russen in Polen einmarschieren werden. Die Russen *sind* in Polen, eine größere Armee als in der DDR. – Was wir wollen, ist Transparenz der Wirtschaft; niemand weiß, wo unsere Erzeugnisse bleiben! Von außen ist das alles schwer zu beurteilen.»

Die vier Polen hocken seit Weihnachten nach dem Essen im Leseraum beieinander. Hartmut von Hentig setzt sich täglich zu ihnen; eine seiner Schwestern reist zur Zeit durch Polen und schickt Berichte. Er gibt sie weiter.

Einmal erscheint eine jüngere repräsentative Figur aus der staatlichen Kulturszene in Warschau, um die Vertreter Polens im Berliner Wissenschaftskolleg zu besuchen und ihnen von der neuen Situation in Polen zu berichten. Der Sendbote fühlt sich nicht so ganz sicher gegenüber diesem in Polen angesehenen gelehrten Quartett, meint aber, Polen sei im Ganzen auf gutem Wege.

«Sie wollen sagen, dass wir bisher keine ausreichende Erfahrung mit der Diktatur haben», sagt Labuda.

Der Mann zuckt zusammen, die Unterhaltung wird etwas schwimmend.

Die vier haben nur ein gemeinsames Thema und eine Methode. Nachdem Yehezkel Dror als Erster seinen internen Vortrag über «Islands of Excellency» gehalten hatte, brach es aus Zielnica heraus: «Ich glaube, ich muss nach Hause fahren, ich habe hier nichts zu suchen … Das ist ja Kosmologie, Metaphysik, ich weiß nicht, was! Was ist das Material der Politologen?»

Gerard Labuda, hochangesehener Professor an der Adam-Mickiewicz-Universität in Posen, Verfasser einer Geschichte Polens, einer Universalgeschichte des Mittelalters, gründlicher Kenner der Westslawen, ist sich im Klaren, dass ohne Theorie hier im Westen niemand zu überzeugen ist und nimmt sein öffentliches Thema grundsätzlich. Er spricht über «Gegenstand und Methoden der/einer Kulturgeschichte», sein Motto «Homo non nascitur, sed fit» (Der Mensch wird nicht geboren, er wird). Sein erster Satz ist ein Wort des Historikers Friedrich Meinecke aus dem Jahr 1930: «Aus allem, was wir sagten, ergibt sich, dass Geschichte *nichts anderes ist als Kulturgeschichte*, wobei Kultur bedeutet: Erzeugung jeweils eigenartiger geistiger Werte, historischer *Individualitäten.*» – Der Mensch ist nicht von Natur! –

Zugleich macht er zum Thema, was die polnische Gruppe überhaupt charakterisiert. Wissenschaft ist nicht in erster Linie eine Debatte über Deutungen, Ansätze, Methoden. Die Möglichkeiten einer Kulturgeschichte tun sich für Labuda nur auf, wenn man einen energischen empirischen Standpunkt einnimmt. Die Quellen und nochmals die Quellen. Drei Jahre Analyse für eine Minute Synthese. Die polnischen Kollegen bestehen darauf, dass Wissenschaft ein Erschließen neuen Materials ist, ein Erweitern des Wissens durch das Auftun neuer Quellen. Sie sind Forscher eines anderen Typs. Zu Labudas Vorbildern gehört der große Niederländer Johan Huizinga, aber auch, überraschend: der unbekannte Versuch einer Geschichte der «Cultur des menschlichen Geschlechts» (1782) von Johann Chr. Adelung, dessen «Wörterbuch der Hochdeutschen Mundart» (und Mundarten) zwischen Goethe und Schiller hin- und herwanderte.

Natürlich erkennen seine Kontrahenten im Saal bei Labuda ein «Theoriedefizit», auch das haben die Polen hier gemeinsam und sind trotzdem vergnügt. Eine sehr eigene Gruppe. Ihre hohe Intonation im Gespräch, ihr «Herr Kollege», «lieber Kollege». Höflich. Sie küssen die Hand, quick, bringen eine eigene Kultur herüber. Zielnica hat geradezu Qualitäten eines Volksschauspielers; eines Abends führt er vor, wie in Polen von zuständigen Staatsbeamten ein neues Häuschen abgenommen wird. Man brät ein Entchen, führt ihn zu Tisch, es gibt ein kleines Fest, Geplauder, als er aufstehen will, um sich den Bau anzuschauen, stellt man rasch noch ein gutes Schnäpschen auf den Tisch, er geht nicht ohne ein Päckchen davon …

Marian Biskup, Professor am Historischen Institut in Torún, hat es damals nicht ausposaunt, sondern nur lachend ganz unter uns erzählt, dass er vor Kurzem jenen Brief eines Freundes erhalten hätte, der sich aufs heftigste über die neue Regierung beschwerte. Darunter, in anderer Schrift: «Ich bin mit diesem Brief vollinhaltlich einverstanden. Der Zensor».

«Ihre feinen Korrekturen», sagte er zu mir als Erstes nach seinem lebhaften, weitsichtigen Vortrag, den er mir zur Durchsicht anvertraut hatte und der damals von uns Westlern in seiner Stoßrichtung wohl kaum verstanden wurde, während er mir heute hochinteressant zu sein scheint. Es war ein Rückblick auf Polens Geschichte in dem Augenblick, 1525, wo der Polen unterstehende Katholische Ordensstaat Preußen säkularisiert, also entkirchlicht wird, und durch den Akt der «Preußischen Huldigung» auf den Weg des später militanten preußischen Obrigkeitsstaats der Hohenzollern gerät. Das Interessante: Dieser in der polnischen Geschichtsschreibung als sehr heikel oder dunkel angesehene historische Moment ist nicht die Usurpation, als die sie im Rückblick immer wieder gesehen wurde, die Veränderung geschieht undramatisch, sie ergibt sich und hat bis zur zweiten Hälfte des 17. Jahrhunderts das vorwiegend friedliche Nebeneinander der polnischen, litauischen und deutschen Kulturen nicht verändert. Biskups Vortrag war ein Plädoyer für die vornationale Zeit Europas, äußerst präzis, eine parallele Beobachtung zu dem Nebeneinander im Norden, im deutsch-dänischen Gesamtstaat, zu dessen selbstverständlicher, eigentümlicher kultureller Qualität, die erst in den letzten zehn Jahren an hervorragender Stelle von Heinrich Detering und Per Øhrgaard wieder ausgegraben und beschrieben wurde.

Ich hatte gefragt: Wollen Sie nicht eine historische Landkarte aufhängen? Er glaubt, das könne doch nicht nötig sein. Aber es war Hentigs erste Kritik. Das Land dort war den meisten Zuhörern unbekannt, nicht zu verwundern: Sogar das Staatsgebiet der DDR war bei uns schon kaum noch bekannt.

Biskups deutsche Historikerkollegen hielten ihm entgegen, sein Thema, der Preußische Ordensstaat und seine Umwandlung, sei doch bei uns kein «aktuelles» Thema wie für ihn, sondern nur noch und ausschließlich historisch: völlig außerhalb unseres Gegenwartshorizonts.

Eine starke Erfahrung: Biskup gräbt hier ein Stück europäischer Geschichte aus, das entgegen der nationalen Überlieferung noch nicht vom Nationalstaat und von national gebundenem Denken bestimmt ist, und wird von uns nicht nur nicht verstanden, sondern als überflüssig zu den Akten gelegt. Heute rückt diese Vergangenheit ins Blickfeld. «So viel Europa war nie», hat Kurt Flasch über das Mittelalter geschrieben.

Einmal sagt mir Andrzej Tomaszewski abends, ob es nicht schön wäre und wie schön es wäre, wenn die Deutschen wiedervereinigt würden. Ich bin sehr berührt, mir wird bewusst, dass ich so zu denken verlernt habe, nicht mehr daran glaube, dass einmal die Mauer fällt. Er spürt es, sagt, er hielte das gar nicht für unmöglich. Und auch Zielnica betont: In ein paar Tagen wär alles wie früher und normal. Nur ein bisschen zu viel Beamte gäbe es.

In diesen Tagen frage ich Herrn Labuda: «Kennen Sie Rozwadowski?»

«Natürlich!», sagt er. «Er ist ein verkannter, großer Sprachwissenschaftler, der zaudernd schrieb. Es gibt drei Bände seiner Schriften auf Polnisch, und nur darum ist er so unbekannt, weil er polnisch schrieb. – Es gibt auch lateinisch Geschriebenes von ihm, auch das Deutsche hat er beherrscht. Sie kennen ihn?»

Ich kannte sein Buch «Wortbildung und Wortbedeutung». Es ist 1904 in Heidelberg erschienen, zu der Zeit, in der Ferdinand de Saussure seine berühmten Vorlesungen über «Grundfragen der Sprachwissenschaft» gehalten hat, aus denen seine Schüler nach seinem Tod das theoretische Standardwerk der systematischen, strukturalistischen Sprachwissenschaft des 20. Jahrhunderts destillierten. In diesem didaktisch hervorragend klaren, definitiven Werk – sein Urheber war weit skeptischer – steht z. B. der Satz: «Das sprachliche Zeichen ist beliebig» (*arbitraire*). Das ist auf rein abstrakter Ebene richtig, ich kann dasselbe Ding «Tisch» oder «Mensa» nennen. Aber schon das Wort «Tischbein» ist dann nicht mehr beliebig. Konkret und tatsächlich gilt überhaupt das Gegenteil. Jeder Poet lebt davon, und Rozwadowski zeigt es in seinem Versuch über «Wortbildung und Wortbedeutung». Ich stieß darauf, als ich die frühen Aufsätze des Dichters Wilhelm Lehmann über Pflanzen und Vogelnamen las. Er war von Rozwadowskis psychologischer Theorie des Sprachzeichens angeregt, hat mit ihm korrespondiert, sein poetischer Sprachbegriff ist ganz von ihm geprägt. Ich zeigte Gerard Labuda, wie Lehmann in einem späten Aufsatz zusammenfasste, was er bei Rozwadowski gelernt hat und wie er es zu einer sehr allgemeinen Spielregel erweitert:

«Wir können, wenn wir uns sprachlich in der Welt zurechtfinden, das heißt: Wesen und Dinge benennen wollen, nicht die Welt als Ganzes in den Mund nehmen, sondern müssen ihrer mit Hilfe der Partikularität inne werden. Ein Etwas muß uns genügen. Ein Tischler ist ein Mann, der nicht nur Tische anfertigt. Derjenige, der ihn so nannte, griff aus dessen vielen Tätigkeiten *eine* heraus. Die Erzeugung eines sprachlichen Ausdruckes hängt also nicht nur von der Beschaffenheit des zu bezeichnenden Wesens oder Gegenstandes ab, sondern auch von der Auffassungsweise des Benennenden. Es ist überaus reizvoll zu vergleichen, welche Eigentümlichkeiten etwa eines Tieres oder einer Pflanze verschiedenen Völkern zu Merkmalen und sprachlichem Anstoß geworden sind. Tot capita, tot sensus. Die Vielstimmigkeit und Vieldeutigkeit wächst bei der Benennung unsinnlicher Gegenstände. Daß es möglich ist, mit Hilfe einer Einzelheit einer Ganzheitsvorstellung nahe zu kommen, verdanken wir bei dem Zusammenhang all unserer Vorstellungen unter sich zwei Eigenschaften unseres Bewußtseins, der *Einheit* und *Enge* der Apperception. Aus dem Gesagten geht hervor, daß es eigentlich keine Synonyme, mithin eigentlich auch keine Übersetzung gibt. (...) Die Sprache eines anderen Landes erlernen heißt nicht ein anderes Vokabular zu kopieren, sondern einer neuen Weltempfindung inne zu werden.» Auch sonst in den poetologischen Essays hat Lehmann den durch Rozwadowski gefaßten Grundgedanken, den er in seiner Lyrik in die Tat umsetzt, wiederholt: «Nur mit der Hilfe des Etwas können wir uns des Alls versichern. Das verlangt das Gesetz der Bewußtseinsenge als eine Spielregel der Existenz.»

Aus dem Gespräch entwickelte sich der Plan, eine Auswahl aus dem Werk Rozwadowskis auf Deutsch herauszubringen. Labuda übersetzte die Inhaltsverzeichnisse der drei Bände Rozwadowski, ich stellte einen Antrag, Labuda befürwortete ihn, schlug eine Übersetzerin und Gutachter vor. Die Sache blieb stecken, versandete, vor allem, weil kein Gutachter irgendeine Vertrautheit mit dem Werk zu erkennen gab. Dass Rozwadowski in der westlichen Sprachwissenschaft kaum bekannt sei, hatte nach Labuda nichts mit der Frage seines singulären Rangs zu tun, sondern seinen Grund ausschließlich in der Sprachbarriere: «Polonia non leguntur.»

Ein starker Band Rozwadowski steht immer noch aus.

Andrzej Tomaszewski und Krzysztof Zielnica

*Fellowbilder – Polnische Aristokraten in Berlin –
Alexander von Humboldt in Polen*

Berlin, März 2013

Lieber Kollege Tomaszewski,

wir hatten ein sehr gutes Verhältnis im oberen Stock der Wallotstraße. Mein Geburtstag damals im März 82 reflektierte Ihren vom Ende Januar. Sie zeigten mir die Rose, die ich Ihnen im Januar gebracht hatte. Sie stand trocken und rot im Glas an der Wand. «Wenn man sie zuerst kopfunter hängt, bleibt sie geschlossen und intensiv rot», sagten Sie und kamen auch mit der Wachskerze, die unser Sohn Bernhard für Sie gezogen hatte. Sie war halb heruntergebrannt und wir brannten sie zu Ende, nachdem Sie mir in aller Form einen Glückwunsch ausgesprochen hatten: «Sie haben ein schönes und freies Land ...»

Ich sehe Ihre Fellowbilder vor mir, die meistens nachts entstanden, langsam nacheinander, eins zeigten Sie mir, als ich morgens um halb fünf an Ihrem Zimmer vorbeikam. Ihre Künstlerideen. Die schönste ist Scholem als Schlittschuhläufer, wie er auf dem Eis seine Kreise zieht. Er hatte ja etwas Elegantes, Balletthaftes.

Oder Illich im langen Kapuzenmantel, das dunkle glühende Auge eines Savonarola: «VANITAS VANITATUM». Oder das andere, geniale, eine Collage auf einem weißen Küchenbrett, auf dem ein glühender Topf eine schwarze Scheibe eingebrannt hatte, von einem rotgelben Rand eingefasst. Sie wurde bei Ihnen zu einer schwarzen Sonne, nach der zwei Hände greifen, darunter eine tiefe flache Landschaft mit einigen Zypressen. «Carpe solem, Kollege Illich» steht darunter ... Sie übergaben es ihm voller Respekt.

Mazzino Montinari im Strahlenkranz, in einer Krippe ...

Lieber Andrzej Tomaszewski,

Sie sprachen deutsch mit einem annähernd französischen Akzent, als Sie kamen, und einem angeschlossenen Laut, den ich phonetisch nicht ausdrücken kann – ähnlich wie Lars Gustafssons «nōō?», sozusagen mit einer Verbeugung. Ein höflicher Aristokrat, der mit schmalen Augen bei vielem nicht mitgeht, es von sich abhält.

Ein Künstler. Es schien mir, dass Sie vorerst gar nicht arbeiteten, es nicht konnten, es hätte keinen Sinn gehabt. Der Boden war verschwunden, das Land abhandengekommen. Sie waren unterwegs, im Kulturleben, bei einer Lesung von Günter Grass – mit dem Sie nachher gesprochen hatten. Sie sagten: über Polens «Niederlage».

Zwanzig Jahre nach dem Bau der Berliner Mauer, im Dezember 1981, hatte Sie Polens zweiter Rückschlag, die Jaruzelskidiktatur, erneut in die Geschichte zurückversetzt und kaum anders als bei Ihren polnischen Kollegen Biskup, Labuda und Zielnica die gemeinsame europäische Kulturgeschichte wachgerufen. Es ist mir heute, beim Wiederlesen, viel deutlicher als damals, was Sie beschäftigt hat, als Sie über «Polnische Aristokraten und die Berliner Kultur des 19. Jahrhunderts» sprachen und begannen: «Der Anteil der Polen am kulturellen Leben Berlins ist ein Thema, das immer noch intensiver Nachforschungen bedarf, die von deutschen und polnischen Kulturhistorikern gemeinsam vorgenommen werden sollten.»

Sie erzählten von drei polnischen Aristokraten, die in der ersten Hälfte des 19. Jahrhunderts am aufblühenden Kulturleben Berlins beteiligt waren, an der Geschichte seiner Musik, seiner Kunst und Architektur, von drei Lebensläufen: des Fürsten Radziwiłł und denen zweier Brüder, der Grafen Atanazy und Edward Raczyński. Ihr Vortrag enthielt nicht den Hauch des Tons einer Anklage. Er bewegte sich in der vornehmen Sprache, in der die Tragödie sich abspielte.

Sie haben auch nicht das Fazit gezogen, das sich Ihnen aufdrängte, Sie aber uns nicht aufdrängen wollten, uns hier, diesseits des Eisernen Vorhangs. Es waren hochgradig komplexe Geschichten, für einen Uneingeweihten schwer zu durchschauen und in ihren Details zu behalten: ihre Grundmelodie ist die gleiche. Alle drei, Fürst Radziwiłł ebenso wie die Brüder Raczyński, sind an herausgehobener Stelle mit der Kultur Berlins verflochten und verlieren ihre Position, ihr lebenswürdiges Leben, ihr Haus. Nachdem Russland, Österreich und Preußen am Ende des 18. Jahrhunderts das einstige Königreich Polen untereinander aufgeteilt haben, ein eigenständiger Nationalstaat Polen während des 19. Jahrhunderts nicht existiert, haben polnische Aristokraten in Berlin zunächst noch eine durchaus geachtete Stellung, sind sie ein integrierter Bestandteil des kulturellen und auch des politischen Lebens gewesen.

Spätestens seit Napoleon, seinen Siegen wie seiner Niederlage – den «Freiheitskriegen» –, wird die nationale Frage in Europa brisant, beginnen die Aufstände, geraten die europäischen Elemente ins Hintertreffen oder werden untergraben. Sie schildern den Prozess in drei dramatischen Schritten.

I. Das Großherzogtum Posen, das einmal «Großpolen» war und hieß, ist mittlerweile ein Teil Preußens, aber der Statthalter dieses Großherzogtums ist noch der oben erwähnte polnische Fürst Antoni Radziwiłł. Er ist mit einer Hohenzollern verheiratet, besitzt ein Palais in der Wilhelmstraße, und dieses ist in den ersten Jahrzehnten des 19. Jahrhunderts ein Zentrum des Berliner Musiklebens. Er war ein vorzüglicher Cellist und auch Komponist, hat Goethes «Faust» vertont (– Ihnen, lieber Kollege, ist es gelungen, diese Musik, 1981!, noch einmal in Berlin zur Aufführung zu bringen). Als sich 1830 in Posen ein polnischer Aufstand regt, an dem der Bruder Radziwiłłs maßgeblich beteiligt ist, wird der Berliner Statthalter Fürst Antoni Radziwiłł seines Postens enthoben. Er hatte polnische Flüchtlinge, Emigranten beherbergt (!).

Der zweite Teil ist ein noch deutlicherer Vorbote des nationalen Zeitalters. Graf Edward Raczyński und sein Bruder wollen den beiden Gründern des einstigen Großpolen in der Hauptstadt Posen ein Denkmal setzen. Man beginnt die Zusammenarbeit mit Schinkel, einigt sich nicht, am Ende finanziert Graf Edward die in Posen als sehr gelungen gefeierten Gründerstatuen und lässt seinen Namen als Stifter einmeißeln. Diese Tatsache wird im preußisch dominierten Landtag von Posen zu einem Skandal aufgeblasen, der so hasserfüllte Formen annimmt, dass Graf Edward seinen Namen entfernen lässt, auf seine Insel reist, die er besitzt, seine Kanone lädt und mit der Stirn vor dem Lauf der Kanone die Lunte zündet. Sein Tod erschüttert ganz Polen. Das geschieht 1845.

Sein Bruder Atanazy Raczyński ist ein anerkannter Sammler europäischer und deutscher Kunst, Kunsthistoriker, Kunstrichter und Mäzen, er besitzt eines der schönsten Palais von Berlin, darin eine berühmte Bildergalerie, und unterhält in den Seitenflügeln Werkstätten für Künstler und junge Stipendiaten. Dieser Palast steht zur Linken des Brandenburger Tors. Graf Atanazy hat ein vorzügliches Verhältnis zu Preußens Hohenzollern, bis es unter König Wilhelm I. und Bismarck abkühlt. Nach der deutschen Reichsgründung, noch zu Atanazy Raczyńskis Lebzeiten, wird auf der Grundlage der Volksvertretung bestimmt, dass das Palais abgerissen und hier der Deutsche Reichstag errichtet wird.

Am Schluss allerdings, lieber Kollege, eröffnen Sie eine Aussicht, die uns seither ständig näherrückt und Ihre in der Folgezeit ergiebige Tätigkeit als Mittler zwischen Deutschland und Polen, Ihre europaweiten Anstöße zur Erhaltung gemeinsamer Kulturdenkmäler bis zum 25. Oktober 2010 bestimmt hat.

Ihr Vortrag damals schloss hoffnungsvoll:

«Atanazy Raczyński setzte auf die Freundschaft mit den Deutschen und starb in Berlin im Bewusstsein, dass sein Lebenswerk zerstört war. Sein Bruder Edward, ein glühender Patriot, wurde von eigenen Landsleuten zu Tode gehetzt. Antoni Radziwiłł, Gegner von Napoleon, der in Preußen eine Stütze für Polen suchte, verlor das politische Spiel. Trotz dieser politischen Dramen bestand jedoch ein Gefühl der Gemeinsamkeit: diese Gemeinsamkeit war die westeuropäische Kultur. Wollen wir also in Geschichtsstudien nicht nur das untersuchen, was uns teilte, sondern auch das, was uns verband, müssen wir unsere Aufmerksamkeit auf die Kultur- und Kunstgeschichte lenken. Es werden fruchtbare Nachforschungen werden, vor allem für die erste Hälfte des 19. Jahrhunderts, solange diese Gemeinsamkeit noch Bestand hatte, bevor sie von der brutalen Politik des Kulturkampfs zerstört wurde.»

Krzysztof Zielnica

Am 23. Juni 1982 hatte dieser Abend ein Nachspiel. Es war ein milder Abend, schwer zu vergessen, eine Entführung in die Vergangenheit. Die Nachkommen Alexander von Humboldts, Familie von Heinz, haben ins Schloss Tegel eingeladen. Krzysztof Zielnica wird über Humboldt und einige Kunstwerke im Schloss sprechen. – Herr von Heinz, Rechtsanwalt, begrüßt, und Frau Dr. Kühn, die Restauratorin des Charlottenburger Schlosses, nimmt in Empfang und begleitet uns.

Wir sprechen über ein Bildnis Alexander von Humboldts im Vestibül. Etwas Kindliches habe er gehabt – ja, nein, meint sie, etwas Gütiges. Die Klugheit spreche aus dem Gesicht, und wie er sich Menschen zuwandte. Ein Betrachter? – Ja, nein, ein sehr tätiger Mann. Der Bruder Wilhelm war viel verschlossener, zurückgezogener.

Zielnica hält in der Bibliothek seinen Vortrag, lauter rührend liebevoll recherchierte scheinbare Belanglosigkeiten: Humboldts Besuch in Warschau 1800, ein großes Ereignis für die polnische Wissenschaft. Wieso ist er 1828 mit Fürst Radziwiłł und Chopin auf einem Bild, im Fürstensalon, vereint, wo doch das Zusammentreffen 1828 nicht gewesen sein kann? Zielnica geht der Frage nach. Er trägt den ersten Schlips der Humboldtstiftung.

Recherchieren und Quellen, aber bei Zielnica kommt ein Motiv der Flucht in die aristokratische Kulturwelt hinzu.

Wir gehen die lange, hellgrüne, noch fast maigrüne 200 Jahre alte Lindenallee entlang zu den Gräbern am Ende der langen Parkwiese, auf die man von dem weißen Schloss aus sieht. Der kleine Friedhof, die Säule mit der Dame SPES. Kein Kreuz, hat Fontane bemerkt. Und wieder zurück. Mit Frau Hoesch gehe ich auf das Schloss zu. «Was für ein fasslicher, hier verwurzelter, schön gegliederter Schinkelbau. Was mag so ein Bau für das Lebensgefühl bedeuten.» – «Hier wurde im 19. Jahrhundert noch Wein, *Linnés Ehre*, angebaut, kleine, recht süße Trauben», erzählt Dr. Sperlich vom Charlottenburger Schloss.

Drinnen brennen in den oberen Räumen, zu denen ich den Rollstuhl mit der gelähmten Frau Sperlich mit hinauftrage, die Kerzen. Im Raum mit den drehbaren, weißen antiken Figuren stehen wir länger vor Elektra und Orest zusammen.

Rudolf Prinz zur Lippe

Der Körper als Mitspieler – «Wissenschaft und Erfahrung»

Rudolf zur Lippe hat ein öffentliches Kolloquium geschultert, das von Shepard Stone moderiert wurde: «Der Körper als Mitspieler der Geschichte». Auf der Basis von Ironie und höherer Bedeutung traf sich eine «Artusrunde», in der zur Lippe die Kugel anstoßen wollte und einige Ritter und Knechte gebeten waren, zustimmend oder gegenstoßend etwas Vorformuliertes vorzutragen. Ich nahm das Angebot an, etwas zur Sprache zu sagen, ohne eine Zeile von ihm gelesen zu haben, nicht einmal die an Gesichtspunkten und Beispielen reiche «Einführung» zu seinem Werk «Naturbeherrschung am Menschen I. Körpererfahrung als Entfaltung von Sinnen und Beziehungen in der Ära des italienischen Kaufmannskapitals» (2. Aufl. 1981), in der er den Fragen nachgeht, was es bedeutet und bewirkt, «dass die Herrschaft des Menschen über Natur auch ‹am eigenen Leib› ausgeübt wird.»

Ich schrieb einen Text, der – munter und ohne Kenntnis der Dimensionen des zur Lippe'schen Themas – verlangte, dass Abstraktion konkret geerdet sein muss, dass erst der Wechsel von Abstraktion und Konkretion das Mitgeteilte zur vorstellbaren Erfahrung macht. Selbst die weltenfernen imaginären «Mütter» in «Faust II» würden ja vorstellbar: «Die einen sitzen, andere stehen und gehen, / Wie's eben kommt. Gestaltung, Umgestaltung, / Des ewigen Geistes ewige Unterhaltung.» Wer von Körpererfahrung spricht, muss die Sinne mobilisieren – so schlicht.

Der Vortrag zur Lippes geriet nun aber auf eine ganz ungewohnte Weise tastend abstrakt. Berlin war anwesend. Es gab Gelächter. Mein Beitrag in einer dieser ersten so kritisch beäugten Veranstaltungen wirkte destruktiv. «Sehr», wie er fand. Ich melde mich an zu einem Besuch.

Wir treffen uns schon vorher im Clubzimmer des Kollegs, ich rede, um vom Körper zu sprechen, über das Phänomen der «Nacktheit» im 18. Jahrhundert, das etwas ganz anderes sei als die «Ausgezogenheit» im 20. Jahrhundert. Er sieht mich fragend an. Ich erzähle von einer Ausstellung im Goethe- und Schiller-Archiv in Weimar, von der «Deutschen Klassik im 18. bis zur sozialistischen Kunst im 20. Jahrhundert», von dem Sinn Winckelmanns für das Geistige, Personale eines nackten Körpers und die soziale Angezogenheit im Sozialismus – es sei denn, eine Ernährerin gibt einem Kind die Brust, was aber auch uniform wirke.

«Sie meinen doch nicht die Pasolinikomponente?», sagt er. Er lebt und spricht, scheint es, ganz wie er denkt – behutsam auf das Gute gerichtet. Ganz anders als die anderen hier.

Auch er kann plötzlich heftig ablehnen, aber selbst das geschieht anders. Es ist fast irreal, wie er liebenswürdig das Lebenswürdige zu suchen scheint. Er zeigt mir das Bild auf dem Umschlag von «Naturbeherrschung am Menschen», Band I, wie sich in einem Paradiesgärtlein die Menschen körperlich einander zuwenden, Stirnen einander berühren, zwei Mönche sich umarmen, ein Engel den knienden Abt.

Nachmittags in der Pacelliallee. Seine Frau hat das Fenster geöffnet. «Es ist doch normal, nicht nur normal, sondern selbstverständlich und unbedingt zu fordern, dass man sich klar und offen auseinandersetzt. Nur zu!», meint sie freundlich. «Leider kann ich Ihnen heute unseren kleinen Friedrich nicht zeigen. Er ist mit der Amme unterwegs.»

Wir sprechen über seinen Aufsatz zur Methodologie, bei dem zur Lippe an Goethes Aufsatz «Wissenschaft und Erfahrung» anknüpft, über den Gegensatz zwischen Linné und Goethe, wie nötig beide Methodiker sind, der genau registrierende, logisch ordnende Sammler Linné und der vergleichende Betrachter, der Reihen erkennt und bildet, Variationen der einen Grundform erkennt in den Gestaltenreihen zwischen zwei Polen. Zur Lippe redet über das Oppositionelle und Zukünftige in Goethes Betrachtungsweise – die grundsätzlichen Zweifel an der Möglichkeit, aus einer Perspektive, von einer Seite her die Wahrheit zu erfassen, *die* Wahrheit überhaupt zu entdecken, das grundsätzlich Oppositionelle und Zukünftige in seinem Verhältnis zur neuzeitlichen Naturwissenschaft. Er wird immer vergnügter.

Wir reden von Gregory Bateson, «Mind and Nature». Er erzählt von diesem, wie er sagt, Jahrhundertbuch. Interessant darin die Begriffe Konservatismus und Evolution, Gattung und Individuum. In der Vererbung, bei der Gattung liege das Traditionsmoment; beim Individuum die evolutiven Potenzen. Ich muss das Buch lesen.

Zur Lippe kennt fernöstliche Formen der Meditation, in denen der Körper die Dominante ist, Aikido z. B., solange es «noch nicht heruntergekommen war.» Manches an den fernöstlichen Denkformen, und zwar gerade, was nicht unserer traditionellen Logik folgt, stimmt mit Goethe überein.

Und dann *sein* Thema: der «Gang». Der Gang als Zeichen der Freiheit und Würde in der Geschichte des Menschen. «Noch ist er», sagt Prinz Rudolf, «nicht zu sich gelangt.»

Nietzsche lesen

*Echtheitsfragen – Nietzsche als Aufklärer – Arturo Paoli und
die kommunistische Alternative – Montinaris Kolloquium*

Im Januar begann Mazzino Montinari ein vierzehntägiges Nietz-
sche-Kolloquium, das abends stattfand und an dem außer zwei, drei Fellows auch intime Kenner aus der Stadt teilnahmen, unter ihnen Wolfgang Müller-Lauter. «Nietzsche lesen.» Er hätte für das, was er vorhatte
und tat, keinen besseren Titel finden können, es war sein Motto, auf
ihm beruhte seine Wirkung. Er wollte herausbekommen, «was Nietzsche wirklich gesagt hat», so der Titel eines von ihm herausgegebenen
italienischen Buches.

An einem der ersten Abende zog er ein Blatt aus der Mappe und legte
es mit der Frage vor, ob das von Nietzsche sei. Es war ein Text in Nietzsches Handschrift. Man las ihn Satz für Satz, dem Thema nach stand er
Nietzsche nahe, die Kenner jedoch zweifelten. Weder die Gedanken
noch die Sprache seien so ganz Nietzsche. Der Text stand im «Willen
zur Macht». Man rätselte. Montinari hatte den Ursprung erst kürzlich
entdeckt und lüftete das Geheimnis. Nietzsche hatte in Paris ein fran-
zösisches Buch zum Thema «Degeneration, Geist und Verbrechen» gelesen, es exzerpiert, indem er es sich gleich übersetzte, und seine
Schwester hatte eben diesen Passus in den «Willen zur Macht» aufgenommen. Montinari und sein Lehrer Giorgio Colli hatten seinerzeit
aufgedeckt, in welchem Grad Nietzsches vielleicht wirksamstes Werk
ein nicht mehr von ihm gestaltetes Nachlasswerk war.

«Nietzsche lesen» hieß, zu den Quellen zu gehen, seinen abenteuer-
lichen Nimbus zwischen Offenbarung und Verteufelung, die Gebirge
der Wirkungsgeschichte und Deutungen vorläufig Gebirge sein zu lassen und zum Text zurückzugehen, dort erneut zu graben, um freizule-

gen und sich klarzumachen, wovon Nietzsche eigentlich ausging, was ihn beschäftigte, was er las und was er meinte, als er in einem der Entwürfe des Frühjahrs und Sommers 1888, im 2. Kapitel des 3. Buches seines «Hauptwerks», den Titel hinsetzte: «Zur Physiologie der Kunst».

War er nicht vor allem ein Aufklärer, ein durch die Psychologie – zum Beispiel Dostojewskis – vertiefter Entdecker?

Es kam eine Einladung des jungen Schweizer Schriftstellers Thomas Hürlimann nach Kreuzberg, Montinari, Gauger und ich besuchten ihn und seinen Freund dort eines Nachmittags. Mazzino war an sich schon eine raumfüllende Erscheinung, aber hier wurde er so ehrfürchtig begeistert empfangen, als sei die berühmte «Eins zur Zwei» geworden und Zarathustra erschienen. Er verhielt sich wie sonst, trank den Kaffee, sprach dem Kuchen zu, antwortete eher ein wenig irritiert und schlug nach kurzer Zeit vor, zusammen einen Text zu lesen. Wir lasen zusammen einen längeren kniffligen Text und es wurde ein ergiebiger, komplexer Nachmittag.

Er hat danach Rudolf zur Lippe besucht, um ihm zur Geburt seines Sohnes zu gratulieren, und ihm einen kleinen Vortrag gehalten: «Das Denken zum Tanzen bringen.» Zur Lippe denkt, wenn er an ihn denkt, daran zuerst, und zwar neuerdings als Maler, geht der Metapher auf diesem Weg wieder nach.

Ähnlich war es, als Montinari in Freiburg einmal, von Freund Gauger kommend, uns besuchte und mir klarmachte, dass Nietzsches Lehre von der «Wiederkehr des Gleichen» reine Weltbejahung sei, keinerlei Abkehr, im Gegenteil, ein die Welterfahrung mit Zuverlässigkeitssäulen befestigendes Glücksgefühl.

Vor seinem öffentlichen Vortrag am 20. Januar 1982 lud er die Fellows zu einer Vorbesprechung ein. Er hatte uns vorher einen kurzen, ziemlich verschwiegenen Text ins Fach gelegt. Mazzino Montinari war oberflächlich gesehen nicht nur als Kommunist, sondern auch als Nietzsche-Ausleger eine Überraschung. «Falstaff» nannte ihn Holthusen. Ich sehe ihn vor mir: Wie er dasitzt und etwas ausstrahlt – seine Sensibilität ist an der Gesichtsoberfläche abzulesen. Schwer atmend. Seine weiche, kultivierte Stimme. Die Augen etwas drohend. «In Nietz-

Mazzino Montinari, der Nietzsche neu zu lesen lehrte

sche stimmt Ungeheures nicht», hat sich der junge Wilhelm Lehmann notiert.

Nur so, denke ich einen Augenblick, kann man wohl mit Nietzsche fertig werden, indem man ihn nicht im Kopf, sondern in einem Bauch beherbergt, der ein Gegengewicht bietet. Montinari isst viel und hochkultiviert. Er fällt nicht leicht ein Urteil, ist milde. Milde ist ein Teil seiner Ausstrahlung. «Ich war als junger Mensch dünn wie ein Strich.» Er spricht darüber, wie er zur Herausgabe Nietzsches gekommen sei. Vorher habe das Politische ihn so ganz vereinnahmt gehabt.

Ich frage nach.

«Ich lernte Nietzsche schon als Schüler kennen, durch meinen Gymnasiallehrer, vor dem ich in Lucca auf der Schulbank im Fach Philosophie saß. Ungewöhnlich früh, mit 17 Jahren, wurde ich in die angesehene Scuola Normale Superiore di Pisa aufgenommen. Dort war Giorgio Colli von 1945–1949 mein Lehrer und wurde mein Freund, begann unsre intensive Beschäftigung mit Nietzsche und wurde ich KP-Funktionär.»

Er machte eine Pause.

«In Deutschland schwer vorstellbar. Wir lasen Nietzsche anders. Und noch 1945 in Italien politisch sich betätigen, hieß, wenn man nicht klerikal war, es in dieser Partei zu tun. Und da gab es eine Zeit, wo ich ein Zuviel an Politischem empfand, es fraß mich auf. Bald stieß ich auf die Realität des Kommunismus in der DDR, wurde kritisch durch den Volksaufstand in Berlin vom 17. Juni 1953 und dann durch den in Budapest, Spätherbst 1956, als die DDR-Regierung sich als treuer Vasall der sowjetischen Unterdrücker erwies. Ich las danach Jacob Burckhardt und machte es mir zu eigen, dass die Kultur ein eigener, autonomer Bereich ist. – Es sind Fakten, die mich bestimmt haben.»

Hentig fragt nach: «Wann, wie haben Sie sich entschieden, wie sehen Sie das Verhältnis von Kultur und Politik?»

Montinari kann, will darüber nicht mehr sagen. Er hat ohnehin mehr gesagt, als er zu tun pflegt. Die Kultur als eigener Bereich, sagt er, schwer atmend, und liest etwas von Nietzsche vor: Man solle sich selbst nicht zu viel erläutern.

Hentig fand dies unseren bisher besten Abend. Er und zur Lippe horchen auf, als ich mir erkläre, warum Nietzsche in den letzten Jahren wieder Aufmerksamkeit findet, auch auf der linken Seite: Es habe doch dort auf der Linken eine Umorientierung gegeben. «Denken Sie an Epplers Unterscheidung von Strukturkonservativismus und Wertkonservativismus. ‹Ich selbst bin strukturkritisch, aber wertkonservativ›, sagte und schrieb Sozialdemokrat Eppler. ‹Man soll wieder von Werten sprechen.›» Holthusen blickt auf und hört zu, nachdem er den Abend über bisher fast jedem das Wort weggenommen hat. Der liebenswürdige zur Lippe hat wohl siebenmal angesetzt, kam aber nicht zu Wort.

«Der Alleszermalmer», lacht Gauger.

Der Saal ist gedrängt voll, als Montinari bald darauf seinen offenen Abend hält; viele junge Studenten sind von der FU gekommen. Hat Nietzsche eine Renaissance?

Montinari sitzt da, er ist ein Sitzriese, liest vor: «Mit Recht würde man von einem Herausgeber Nietzsches erwarten, dass er etwas dazu sagen kann, wie man Nietzsche richtig liest …»

Alle mögen Monti. In der Diskussion antwortet er wieder kurz und verschwiegen.

«He lett nix rut», sage ich zu Lepenies, der sehr lacht. «Aber ich mag ihn», sagt er.

Jacob Taubes freilich missfällt die Diskussion, die von Gauger witzig moderiert wird. Er könne in die allgemeine Heiterkeit nicht einstimmen: Nietzsche, der sich als Antichrist bezeichnet und das so gemeint habe, der Paulus sich zum Gegner gewählt habe und ihm gegenüber versage …, der eine Gefahr sei … Seltsam, Taubes ist so in sich versunken, wenn er spricht, seine Stimme reibt sich an sich, ein See von Trauer, der von Sentimentalität nicht immer zu unterscheiden ist.

Nachher im Clubraum, wir sitzen lange zusammen, sagt er, Paulus sei eine Vision gewesen, eine emphatische Vision. Er fragt mich, was denn nächstes Mal dran sei. Man sagt ihm, ich sei dran, mit dem Thema Naturwissenschaftssprache.

«Werden Sie mich einladen?», fragt er mich.

«Nein», sage ich.

Gauger sieht mich verdutzt an.

Jacob Taubes fragt nach. «Nein», sage ich, «ich habe gewisse Grenzen.»

«Verehrtester», sagt er und verabschiedet sich.

Gauger sagt mir, ob Taubes kommen solle oder nicht, darüber müsse ich mit Wapnewski sprechen. Ich sage, Taubes stehe nicht auf der festen Liste und es sei meine Entscheidung, die des Vortragenden, welche weiteren Gäste ich einladen wolle.

Als wir um halb fünf nach oben gehen, kommt Tomaszewski aus seinem Zimmer und zeigt uns eine neue Fellowproduktion, die er gerade fertig hat.

Wapnewski sagt mir tags darauf im Clubraum belustigt, er habe verboten, dass Taubes eingeladen werde. Wenn ein Fellow das wünsche … Der Name wird mir in nächster Zeit noch öfter lachend vorgehalten, ohne dass ich mich näher erklärt habe.

Smog

Ein kalter, dunstiger Tag. Ich wandere unterm S-Bahnhof Grunewald hindurch in den Grunewald, die donnernde Heerstraße im Rücken, gehe auf den Hügel mit der Radarstation zu, stiefele hinauf. Wie eine Pilzfamilie stehen oben drei weiße Rundköpfe, mit einem Netz überzogen, Riesenpilze. Die lange weißrote Nadel, von Drähten gehalten, ist wohl der Sendemast und Abhörstab. Hinter der Einzäunung marschiert eine Patrouille. Sieht man oben die kleinen Fernsehkameras? Ich gehe hinüber auf den freien, aus Müll aufgeschütteten Berg. Eisig weht der Wind an die Stirn. Die Stadt liegt im Dunst.

Zurück, Richtung Radarstation! Könnte nicht da, auf einem Hügel, wo etwas Betonartiges steht, «Abi Nadek» wohnen? Abi Nadek ist die Figur einer in mir rumorenden Erzählung. Sein Motto: «Trockene Seele die beste.» Sein zweites Wort «leider». Ich sehe ihn, auf seine Krücken gestützt, wie er sich zurücklehnt und zum Turm hinaufschaut. An dem Monstrum klettern junge Leute mit Bergsteigerausrüstung in die Höhe.

Ich stolpere den Weg herunter, durch Kiefern, Birken und Gestrüpp. Der eisige Wind hat mir zu schaffen gemacht. Hier ist es windstill. Wohin muss ich mich wenden? Gehe unten, die Chaussee nach rechts. Ein Auto startet, das eine Rad bleibt stehen, es ist festgefroren. Die Karre schlingert ein bisschen. –

Da unten ist eine Grenze – da könnte es sein! Durch ein Holzgitter sehe ich einen flachen Backsteinbau, Quadratfenster in Eisenfassungen, einen runden hohen Backsteinbau, gelbe, poröse, billige Ziegel und fein abgesetzte Simse. Einige Gebäude sind tief in die Erde gesenkt und von Grassoden bedeckt, alles ist durchwuchert. Ich gehe heimwärts, frage nach dem Weg, habe ein etwas aufgeregtes, unruhiges Gefühl.

Wohnte hier Abi Nadek, dann müsste ich jetzt noch etwas weiter gehen: zur Rechten liegt der flache Bau, der Turm. Was ist das für ein

Gelände, frage ich Leute, nachdem ich mich nach dem Weg erkundigt habe und sie mich geradeaus gewiesen haben. Sie stutzen kurz, und ein Mann sagt:

«Das war mal'n Wasserwerk. Davor liegt, von hier aus, der Teufelssee.» Schon der Name!, denke ich. Und dann dieses aufgelassene Grundstück für Abi Nadeks Leute. Er war selbst einmal abhängig, dieser seltsame Zeitgenosse. Der Zaun ist niedergetreten.

Davor ein Brunnen, auf dem ein Bär sich zum Wasser bückt, Spielplatz, Schaukeln und Tore. Ich gehe geradeaus. Buchengestrüpp liegt auf dem Waldboden, verrottende braune Blätter, ein paar Wesen in Tarnzeug mit Zweigen auf dem Kopf wechseln über den Weg – US-Soldaten. Die alten Kiefern und Birken, ich bin in die falsche Richtung gegangen.

«Nee, da müssen Se jenau entjejenjesetzt», ich gehe wieder auf den See zu, hinter der gefrorenen Fläche steht ein Haus mit gelben Ziegeln – im gleichen Gelände wie das Wasserwerk –, ich habe Kopfschmerzen, von der Kälte oder vom Smog, bin aufgeregt, unorientiert, verlaufen, nun also strebe ich den Weg zurück. Der große Wasserturm. Das Dach des danebenliegenden Baus, dessen Scheiben kaputt sind, ist überwachsen. Aber dann das Haus, aus gelbem Ziegel, groß, verbaute Jahrhundertwende. Hunde! Ich höre ihn seine Hunde rufen, Mensch! Abi Nadek, auch hier könnte er mit seiner Krücke stehen.

Auf dem Rückweg habe ich mich tatsächlich verlaufen. Abends wieder Kopfschmerzen. Der Smog? Die Nachrichten melden spät «Alarmstufe I». Ein Braunkohlewerk in der DDR hat Gas ausgeströmt.

Der nächste Tag ist herrlich klar. Reine Luft. Mit Bruder Claus und seiner Familie laufen wir Schlittschuh auf dem Wannsee, in der Lieper Bucht. Die dunklen Stellen, an denen nur helle Blasen in der schwarzen Tiefe zu sehen sind, machen dem kleinen Christoph Angst. Er sammelt Eisnadelbüsche. Wir gehen zusammen. An einer Stelle ist ein Eisbrecher durchgefahren, die Schollen sind als Durcheinander zugefroren. Am Rand Baumbesen, viele Leute, bunt, bewegen sich auf der Fläche. Ein niederländisches Bild. Der Himmel verabschiedet sich violettrot und ist plötzlich hell.

Wissenschaftsgeschichte

*Thomas S. Kuhn und Ludwik Fleck, Everett Mendelsohn
und Helga Nowotny*

An einem frühen Januartermin hat der weltberühmte Thomas S. Kuhn
im Kolleg gesprochen, öffentlich, und zur Enttäuschung der amerikanischen Kollegen in Berlin nur wiederholt, was er seit den sechziger Jahren lehrt, dass nämlich die Geschichte der Naturwissenschaften sich in
drei klaren Schritten abspielt: Sie folgt zumeist lange Zeit als *Normale
Wissenschaft* einer allgemeinen Betrachtungsweise und Methode, darauf entsteht durch neue irritierende Beobachtungen und Überlegungen
eine Phase der *Krise*, bis sprungartig, oft an ein Individuum gebunden,
ein neues *Paradigma* auftritt und sich durchsetzt, zur *Normalen Wissenschaft* wird, in eine Krise gerät ... und so weiter.

Ich hatte Zweifel geäußert an einem so übersichtlichen Turnus der
wissenschaftlichen Vorstellungswelten und verstand Kuhns Antwort
nicht. Helga Nowotny fragte mich anschließend, ob ich Ludwik Fleck
kenne. Sein Buch «Entstehung und Entwicklung einer wissenschaftlichen Tatsache», das in den dreißiger Jahren zuerst in Basel erschienen
war, sei die Basis der Theorie Kuhns, nur weit subtiler, und seit einem
Jahr als Suhrkamp-Taschenbuch zu haben. Sie gab damit einen Tipp,
der für mich, für eine Gruppe von Freunden auf Jahre hinaus zum Leitfaden wurde. Dass wissenschaftliche Vorstellungen im wörtlichen Sinn
auf «Vereinbarungen», auf epochalen Übereinkünften und Denkstilen
beruhen, kann einem kaum einmal so bewusst werden wie durch Flecks
Geschichte der Syphilis vom Ende des 15. Jahrhunderts bis zum Jahr
1905, diese seine «Einführung in die Lehre vom Denkstil und Denkkol-
lektiv». Die vier Ansichten der Syphilis, die er schildert, von der astro-
logischen bis zur physiologischen, sind jeweils «Tatsachen» gewesen.

Helga Nowotny war die dritte, nach Illich und zur Lippe, mit der ich über Wissenschaftsgeschichte ins Gespräch kam. Ich legte ihr Texte vor die Tür, sie las und gab entschiedenen Rat. «Konzentrieren Sie sich nur darauf, was neu ist bei dem, was Sie schreiben. Das Neue steht in dem Versuch, rein sachliche Wissenschaft und Populärwissenschaft zu unterscheiden. Die Methode ist interessant. Das andere ist –?» (Es war das, was Illich ausschließlich interessierte.) Eines Abends saßen wir zu mehreren im Clubraum und sie erzählte, sie sei Mitglied einer über die Welt verteilten kleinen Gruppe, die wissen wollte, was die Zeit sei, die Unsichtbare, und sich darüber austauschten. Sie trafen sich in Abständen hier und da auf dem Erdball und sannen über die Zeit nach. Es war traumhaft. Ein langer Abend, an dem auch wir gemeinsam eintauchten in die Zeit. Elf Jahre danach erschien ihr Buch «Eigenzeit».

War es auch durch Helga Nowotny vermittelt, dass der amerikanische Wissenschaftshistoriker und Soziologe Everett Mendelsohn im Kolleg auftauchte und am 5. Februar einen Vortrag über die Wissenschaftsgeschichte des 19. Jahrhunderts hielt? Sie erschienen gemeinsam, sie führte ihn ein, wenn ich mich richtig erinnere.

Mendelsohn erklärte die im 19. Jahrhundert zunehmenden populären Vorträge und Schriften der Naturwissenschaftler zu einem historischen Faktor Nummer 1. Nicht allgemeine Aufklärung und Bildung, sondern die Verankerung eines neuen wissenschaftlichen Weltbildes im Gemeinwesen war das Ziel der sich ausbreitenden «Sachliteratur»: Die Durchsetzung einer neuen Weltsicht in Universität und Schule, eines neuen Schultyps im 20. Jahrhundert, die Erweiterung der universitären Naturwissenschaft, die z. B. in Freiburg bis ins frühe 20. Jahrhundert als eine kleine Sparte der Philosophischen Fakultät, ein schmales Kapitel der Geisteswissenschaften erschien und mittlerweile zur größten selbstständigen Fakultät geworden war – als Folge der Populärwissenschaft?! Der Realismus des Soziologen verschob meinen Horizont.

Wir unterhielten uns nach dem Vortrag über Johannes Müller, der zuerst als romantischer Naturphilosoph mit dem Zauberstab der polaren Gegensätze durch die Natur gewandert war, dann begeistert von

Goethe der von Ideen geleiteten morphologischen Schule eine Zeitlang anhing, in eine gründliche Krise geriet und durch den darauf, seit seiner «Bildungsgeschichte der Genitalien», seit er 1830 die erste Professor für Physiologie in Berlin antrat, eine Explosion der Erfahrungswissenschaft, des empirischen Positivismus einsetzte: zwanzig Schriften und 250 weitere Arbeiten bis zu seinem Tod im Jahr 1858. Was ging *da* vor?

Eine solche Unterhaltung war für mich das größte Vergnügen, nicht nur, weil sie den Blick erweiterte, Vorurteile umstieß, sondern weil das Thema hier auf der Tagesordnung war. Wolf Lepenies war seit Längerem mit US-Forschern in Kontakt und auf dem Weg, die geschichtlich orientierte Soziologie als Leitdisziplin zwischen den Kulturwissenschaften und den Naturwissenschaften zu lokalisieren, diesem Thema eine Bresche zu schlagen. In meinem eigenen Fach hatte ich kein Echo. Innerhalb der germanistischen Sprachwissenschaft, zur Zeit der Hochkonjunktur der «Modernen Linguistik», dieses vermeintlich neuen, faszinierenden «Paradigmas», war die Geschichte der Naturwissenschaft, ihrer Sprache und Bilderwelt abseitig. Mitte der Siebzigerjahre hatte ich mich mit meinen Arbeiten zur Geschichte der Sprache und der Metaphorik der Naturwissenschaften neun oder zehn Mal um eine Hochschulprofessur beworben und bekam nicht nur keine Einladung zu einer Vorstellung, sondern in der Hälfte der Fälle nicht einmal eine Bestätigung der Bewerbung. Sie muss wie Puccini geklungen haben.

Wissenschaftssprache

*Verbindung mit Hans-Martin Gauger – Sprache der
Linguistik – Luther und die Einheitsübersetzung*

In Sachen Sprache verband mich im Kolleg das meiste mit Hans-Martin
Gauger, nicht nur, weil wir in Freiburg lebten und an der Albert-Ludwigs-Universität unterrichteten, er in der Romanistik, ich in der
«Alt-Germanistik» (Deutsche Sprache und Ältere Literatur), sondern
weil wir gegenüber dem Gebiet der Modernen Linguistik, das sich binnen weniger Jahre auf Universitäten und im Schulbuch durchsetzte, als
«Außenseiter» erschienen. Unser Interesse an der Sprache, mit dem an
Literatur eng verbunden, konzentrierte sich in seinem Fall z. B. auf die
inhaltliche Seite der Wörter, Wortbildungen und grammatischen Struk-
turen, oder in meinem Fall auf die Geschichte der Sprache der Naturwissenschaften als Geschichte einer Erkenntnis, Wirkung und Realität.
Wir waren, was verpönt war, «inhaltsbezogen», und hielten an einer
Wissenschaftssprache fest, die von Wilhelm von Humboldt und den
Grimms über Freud bis zu Henning Brinkmann oder Harald Weinrich
in den sechziger Jahren in Gebrauch war: d. h. an der Leistungsfähigkeit
der allgemeinen Bildungssprache, die mit einem begrenzten Fachvoka-
bular auskommt und es weitgehend durchsichtig verwendet.

Die neue Linguistik dagegen hatte binnen kurzem ein Terminologie-
lexikon mit ca. 3000 Vokabeln auf den Tisch gelegt und Manfred Bierwisch im *Kursbuch* 5 (1966) auf das neue Paradigma Chomsky Bezug
nehmend wegweisend formuliert:

«Die Regeltypen und ihr Ineinandergreifen, hier nur ungefähr um-
schrieben, können mit mathematischen Mitteln generell und exakt formuliert werden, die Auswirkung unterschiedlicher Annahmen lässt
sich genau studieren. Formale Untersuchungen dieser Art haben die

Anfänge einer exakten mathematischen Theorie der Sprachkompetenz geschaffen, die nicht in einer bloß äußerlichen Mathematisierung der Linguistik besteht, sondern aus ihrer eigenen Entwicklung hervorgegangen ist wie die mathematische Formulierung physikalischer oder astronomischer Probleme aus der Entwicklung der Physik und Astronomie.»

Diese Stelle war zeitrepräsentativ. Der naive Wahn, die Sprachwissenschaft befinde sich auf dem gleichen verheißungsvollen Weg wie die mathematische Physik des 17. Jahrhunderts, wurde zu der Zeit von sehr vielen geteilt. «Exakt» war im Übrigen eines der meistgebrauchten Wörter, es wurde zum fest und sicher gehandhabten Maßstab, der vieles aus dem Bereich der Wissenschaft ausschloss. Der Gebrauch der Bildungssprache in der Wissenschaft wurde verdächtig, die bisherige Sprachwissenschaft und ihre Ausdrucksweise, die Sprache Weisgerbers und Triers, Porzigs, Brinkmanns und Gippers, erschien auf einmal als bieder, blauäugig und «intuitiv». Sie galt als überholt und unwissenschaftlich, weil sie sich nicht den Exaktheitsansprüchen der Naturwissenschaften und Sozialwissenschaften aussetzte.

In dieses neue Selbstverständnis der Sprachwissenschaften spielten verschiedene sekundäre Motive hinein. Die Kulturwissenschaften erlitten seit den sechziger Jahren einen erheblichen Prestigeverlust – gegenüber dem konstanten Prestige der Naturwissenschaften und dem gewaltigen Prestigeanstieg der Sozialwissenschaften und der Psychoanalyse, die im Zuge der «Zweiten Aufklärung» zu Leitdisziplinen wurden. Eine wissenschaftliche Bildungssprache wurde in diesem Umfeld suspekt, was zu Anleihen bei den prestigestarken und erfolgreichen Disziplinen führte. Ein speziell deutsches Problem kam hinzu, eine verspätete Rezeption der internationalen Linguistik. Die avantgardistische Gruppe «Studia Grammatica» an der Ostberliner Akademie und der Kursbuchaufsatz ihres fulminanten Sprechers Manfred Bierwisch waren ein freier Schritt in eine verspätete Rezeption der Prager, Kopenhagener, Pariser und neuerdings US-amerikanischer Sprachwissenschaft und erschlossen der westdeutschen Sprachwissenschaft neue Arbeitsfelder. Institute, Stellen, wurden aber auf diesem Weg auch ein

Spielfeld von Konjunkturrittern, während im Osten Deutschlands, in Leipzig z. B., das sprachwissenschaftliche Handwerk «altmodisch» solide blieb.

Ein anderes, in Westdeutschland virulentes Motiv lag in unserer Geschichte der Germanistik: der Münchener Germanistentag (1966) und, anschließend, der von Lämmert, Killy, Conrady, Polenz herausgegebene Band «Germanistik – eine deutsche Wissenschaft» (1967) konfrontierte, im Bewusstsein einer Verspätung, die Germanistik mit ihrer national begrenzten Vergangenheit. Sie erschien damals im Rückblick fast ausschließlich als betont deutsche, ideologieanfällige Wissenschaft und als verschwommene, wolkige Disziplin.

Die naturwissenschaftlichen und sozialwissenschaftlichen Modelle der modernen Linguistik erhielten unter solchen Umständen eine Funktion, die weit über das Sachdienliche hinausging. Sie wurden mit der Aufgabe befrachtet, die neutrale und rationale Wissenschaftlichkeit des Faches zu sichern, und fielen entsprechend hypertroph aus. Die Präzisionssprache wurde benutzt zur Distanzierung von der Geschichte des Faches – sie verkam zur Ideologie.

Die Anlehnung der Linguistik und vieler anderer Gebiete an die Naturwissenschaften, an das Arbeiten mit Abkürzungssymbolen, Figuren, Gleichungen und mit einer explosionsartig anwachsenden Zahl definitiver Termini ließ sich nun bald überall beobachten. Es kam zu jener «Sprachanalyse ohne Sprache», die Gerhard Storz vor Jahren provozierend und genau beschrieben hatte. Zu dem neuen Selbstverständnis gehörte die Neigung, jede Behauptung im Bereich der Sprache, auch wenn sie sich aus der Natur der Sache ergab oder eigentlich bekannt war, durch umständliche Untersuchungen statistisch zu beglaubigen oder gar sie ins «Mathematische» verfremdet darzustellen. Das szientistische Selbstmissverständnis führte unser Fach auf dürre Weiden. Auch in diesen Vorgang spielte ein sekundäres Motiv hinein: die plötzliche Ausweitung der Universität seit den fünfziger Jahren.

Hans-Martin Gauger antwortete mit Büchern wie «Durchsichtige Wörter. Zur Theorie der Wortbildung» (1972) und grundlegenden Aufsätzen wie «Die Wörter und ihr Kontext» (1976), zugleich aber auch mit fachlicher, sachlicher Polemik, z. B. schon 1969 mit einem Aufsatz gegen die Chomsky-Schule, «Die Semantik in der Sprachtheorie der transformationellen Grammatik», die eine fundamentale Verlegenheit der mathematisierenden Erfassung von Wortbedeutungen sichtbar machte. Ich hatte mir während der siebziger Jahre nicht wenig von seinen Sachen angeeignet. Sein Buch über die «Komposita» («Durchsichtige Wörter»), sein Aufsatz darüber, dass die sogenannten «Synonyme» nicht Wörter sind, die das Gleiche bedeuten, sondern «Nuancennenner», eröffneten ganze Beobachtungsfelder. Was er schrieb, war ungewöhnlich lesbar, nicht zuletzt, wenn er über Flauberts «Madame Bovary» oder Thomas Manns «Zauberberg» schrieb. Es gab Nebenthemen, z. B. über die Mühsal, sich das Rauchen abzugewöhnen; ebenfalls beschäftigte ihn, unterstützt von Montinari, das Phänomen, dass der romanische Süden, wenn er flucht, bei «Gottes Sperma» landen kann, während der Norden von «verdammter Scheiße» spricht, dass die einen das sexuell Brisante, die anderen das exkrementell Abscheuliche bemühen. Und ich glaube nicht, dass es in den zehn Monaten mehr als dreißig Tage gab, in denen er beim Frühstück nicht einen neuen Witz auftischte. Der «Herzensdieb», sagte Holthusen.

Er war mittlerweile der «Magister Ludi», den man heute in unauffälliger Prosa den «Fellowsprecher» nennt. Es ging darum, dass die Fellows einen Vertreter haben wollten und Peter Wapnewski einen Ansprechpartner, wenn es um gemeinsame Belange ging, die Tischordnung zum Beispiel. Das Wichtigste war wohl die Vorbereitung der öffentlichen Kolloquien, auch das Aufwendigste. Hans-Martin Gauger arrangierte dies unauffällig.

Wir haben in der Berliner Zeit wenig miteinander zu tun gehabt. Der Hauptgrund war vermutlich, dass wir einander nicht neu waren. Der Vorzug des Kollegs waren die unbekannten Menschen, Arbeitsfelder und geistigen Kontinente, die Erweiterung. Ich schaute mich um wie ein Weltreisender und war zunehmend von dem Kreis um Illich angezogen, Gauger schloss eine Lebensfreundschaft mit Montinari und traf sich mit Holthusens.

Er arbeitete konsequent an seinem Projekt des Instituts für Deutsche

Sprache in Mannheim, an seinem Part der «Deutsch-spanischen kontrastiven Grammatik», die er 1983 zusammen mit Nelson Cartagena herausbrachte.

Zu Gaugers größeren Nebenthemen gehörte schon damals König David und eins unserer hier wiederholten Gespräche galt der Bibelübersetzung Luthers. Er zog die «Einheitsübersetzung» der katholischen Kirche (Herder Verlag) vor, mit einer Begründung, die einen Protestanten interessieren musste und die er in dem Aufsatz «Zeichen in den Evangelien» (Jahrbuch 1981/82 des Wissenschaftskollegs) dann so formulierte: Diese Übersetzung «wird besonders denjenigen stören, ja irritieren, der den Ton der Luther-Bibel im Ohr, um nicht zu sagen *im Blut* hat. Natürlich ist Luthers Übersetzung ungleich schöner. Aber gerade in ihrem ästhetischen Reiz liegt eine Gefahr: Die Schönheit dieser Übersetzung kann der Konfrontierung mit dem *Inhalt* dieser Texte, mit dem was sie *sagen* wollen, im Weg stehen. Jener Reiz beruht im übrigen nicht allein auf Luthers Sprachmächtigkeit. Er beruht auch – und dies hat mit Luthers gewaltigem Werk nichts zu tun – auf der historischen Patina, die seiner Sprache zugewachsen ist, denn Luthers Text war ja, zu seiner Zeit, *nicht* archaisierend: Luther wollte (und erreichte) sprachliche Gegenwart. Ein weiteres kommt hinzu. Für viele beruht dieser Reiz zusätzlich darauf, daß der Ton Luthers ein affektiv besetzter Teil der Kindheitserfahrung ist. Die Wiederbegegnung mit Luthers Text wird dann, immer wieder, zu einem Proust-artigen Erlebnis: zu ‹le temps retrouvé›. Die Anhänglichkeit an diesen Text kann also – und dies ist gewiß nicht ungefährlich – auch ein Stück Eigenliebe sein. Die ästhetisch bestimmte Annäherung geht in diesem Fall – und wohl überhaupt – mit Verharmlosung einher. Ein weiterer Einwand schließlich ergibt sich eben aus Luthers Sprachgewalt: diese hat, unvermeidlich, etwas gewalttätig Einebnendes; sie macht die unter sich, in Inhalt und Stil, so außerordentlich verschiedenen Schriften ähnlicher als sie tatsächlich sind.»

Was Gauger hier Schönheit nennt, ästhetischen Reiz und Patina der Überlieferung, hat für mein Ohr noch einen anderen Aspekt: es ist der Tonfall des Bekenntnisses. Die «Einheitsübersetzung» ist sachgebundener, hat, protestantisch ausgedrückt, einen Mangel an Tonfall, ist spröder. Gilt das nicht auch für die unterschiedliche Sprechweise der beiden Konfessionen auf der Kanzel? Die Sprechweise in der protestantischen Tradition ist persönlich, beteiligt, erlebnisträchtig – demgegenüber kann die des katholischen Sprechers seltsam unbeteiligt wirken, wie aufgesagte Wiederholung. Müsste man nicht eher sagen, dass hier die beiden Grundhaltungen des Übersetzens sich auswirken? Entweder man bewegt das Übersetzte auf den Empfänger zu, schaut ihm aufs Maul, wie Luther, um ihn zu packen. Oder man bewegt es auf den Ursprungstext zu, auf diese Tafel am Beginn, ihre Umwelt und fremde Ausdrucksform, und dann wäre es in der «Einheitsübersetzung» die Objektivität des Wiedergegebenen, die das Übergewicht behalten hat. Es wäre kein uninteressantes Resultat.

Soweit die Literatur des Mittelalters, auch seine naturkundliche und medizinische Fachliteratur zu meinem Arbeitsgebiet gehörten, war das Übersetzen ein ständiges Thema. Auf dem Gebiet der neueren Sprachwissenschaft schlug ich mich in die Büsche, in die Geschichte der Naturwissenschaftssprache, und antwortete auf die exzessive Wissenschaftlichkeit der Branche nach dem Motto «Sprache macht Leute» mit Satire: In der *FAZ* (1973) unter dem Titel «Amtsträger» mit der kurzen Geschichte eines erfundenen, die Fachsprache der «Semiotik» erfolgreich simulierenden Numismatikers (Münzenkundlers), in dem Roman «Weißer Jahrgang» (1979) auf der Grundlage eines tatsächlichen, mittlerweile in einer westdeutschen Universitätsstadt gestrandeten linguistischen Hochstaplers. Es war nicht weit hergeholt.

Ein Starautor definierte: «Gemäß der vorgegebenen Struktur seiner Sprachfähigkeit und den durch erfahrungsgesicherte Rekurrenz in Lernprozessen stabilisierten Verfahrensnormen realisiert der Sprecher intentionserfüllende syntaktische Matrizen (deren Erfolg wie: Aussage, Frage, Befehl etc. er kennt) als Aktualisierungsrahmen für Nennwertkombinationen.» Mit anderen Worten: «Der Sprecher einer Sprache verhält sich gemäß der vorgegebenen Struktur seiner Sprachfähigkeit und den durch Einübung erlernten sprachlichen Konventionen; er verwendet seiner Redeabsicht entsprechende Satzbaumuster (deren Erfolg wie: Aussage, Frage, Befehl etc. er kennt) als Rahmen, in dem sich Bedeutungselemente (Wörter, Wortformen) zu einem bestimmten Sinn verbinden.» Das ist leicht einsehbar und auch ziemlich bekannt. Ersetzt man die Ausdrücke der Zunftsprache durch die der Gemeinsprache, so zeigt sich, dass der Kaiser sehr wenig anhat.

Naturwissenschaftsgeschichte, Naturwissenschaftssprache

Peter Wapnewski steht und kündigt beim Mittagessen an, dass ein *Spiegel*-Journalist in nächster Zeit beim Essen oder abends öfter zu Gast sein werde. Er sei sehr gut informiert, gescheit, aber auch empfindlich. Damit hat er sich selbst charakterisiert, meint Gauger. – Herr Jörg Mettke arbeitet im Bonner Büro des Magazins, ein Mann, der vor Jahren aus Ostberlin ausgewiesen wurde.

Mir steht mein Kolloquium bevor.

Der Gast kommt tags darauf zum Mittagstisch. Gauger und Bering sprechen mit ihm. Er macht sehr genaue Bemerkungen. Dabei ist ihm erkennbar nicht wohl in seiner Haut – in unserer Umgebung. Wie der wohl über uns schreiben wird?! Ihn irritieren die Tischsitten. Gauger macht ihm klar, dass wir weiteressen dürfen, wenn der Rektor spricht. «Das haben wir bereits durchgesetzt», sagt er.

Der Gast sucht … Fragt Herrn Riedel, den Hausmeister, wie wir uns denn ihm gegenüber einstellen. Lädt Frau Schwarz ein zum Essen, um sie auszuhorchen. Sie erzählt Anekdötchen von Scholem. Ob wir denn nicht von der Verbindung des Wissenschaftskollegs mit Siemens wissen, fragt er. Nein? Da gebe es doch eine Sache. –

Wir hören jetzt von der neuen Plattenanlage abends manchmal Musik, ich mit Gauger Maria Callas. Das Transzendente ihrer Stimme. Zielnica aber möchte täglich Lili Marleen hören, gesungen von Milva.

Illich und Hentig sind in einem Film gewesen, einer Horror-Show, und haben darüber bei Cognac und Kerze im Speisesaal geredet. Hentig erzählt den Film, sehr gekonnt – fassungslos, dass dieser Film seit Jahren Abend für Abend ein Besucherhappening auslöst, einen großen Jux, wie Mettke erzählt. Illich ist entsetzt, dass man sich solcher Inhaltslosigkeit mit so viel Lust aussetzt.

Mettke fragt ihn nach seinem Vortragsthema und bedauert, dann nicht mehr hier sein zu können. Illich spricht davon, dass zu Beginn des 13. Jahrhunderts sich etwas in der Geschichte des Geschlechterverhältnisses ändert – dass z. B. Homosexualität und Heterosexualität erstmals als etwas Eigentümliches formuliert, sozusagen sozial diagnostiziert werden.

Hentig zweifelt verblüfft. Das Verhalten ist doch erfasst bei Plato, meint er, mit einem Verdikt belegt von Paulus, sagt Gauger ...

Mit Mettke komme ich ins Gespräch, als er plötzlich aus meinem Roman «Weißer Jahrgang» zitiert: «Berlin liegt in einem Urstromtal. – Die Sonne geht jeden Morgen im Osten der Stadt auf – sie hat ja keine andere Wahl.» Wir lachen.

Ich frage ihn, ob es zutrifft, dass der *Spiegel* mit den Parteien vereinbart, welcher Politiker als Nächstes «abgeschossen» werden soll, ob die Parteien ihn dem *Spiegel* freigeben. – Brandts Sturz, vorbereitet durch das Titelbild mit dem Kopf des Bundeskanzlers als rissigem Denkmal, von Wolken umschwebt, und hinter ihm das breit heranrückende Phantom Helmut Schmidt.

Er sagt, er habe ein Jahr im Bonner Büro gearbeitet, so sei es nicht. Es würde manchmal etwas früher als üblich ein vorhandener Trend formuliert; dass das Magazin ihn setze, sei selten. Aber in Bonn spüre man, wenn einer ins Wackeln gerate, und da würde dann erbarmungslos nachgestoßen.

Wir sprechen über die Zeit um '68, als der *Spiegel*, wie er sagt, an der politischen Gestaltung teilnehmen wollte – einmal wirklich engagiert war, sage ich. Seither, haben wir da nicht die Schwebe? Den eingespielten Schwebezustand? So kommt es mir vor. Wenn ein Artikel positiv beginnt, wird seine Tendenz im Schlussabsatz durch eine satirische, lächerlich machende Wendung aufgehoben – oder umgekehrt.

Durchgängig ist die Gewerkschaftsfeindschaft, sagt Mettke.

Mein Kolloquium wirft einige Schatten voraus. Wenn ich die Einladungsliste mir ansehe – die Naturwissenschaftler, die Linguisten – wird mir ganz anders und ich kann einen Tag lang nicht arbeiten. Das alles ist so hoch angesetzt, man tritt da in einem viel zu großen Anzug auf und soll beweisen, dass er einem passt.

Ich schreibe an dem Übergang vom Gelehrtenlatein zum Deutschen – das sei doch in dem Vortrag nicht interessant, meint Gauger. Mein Thema in letzter Zeit!

Ich will auf schon Veröffentlichtes zurückgreifen. – Das geht doch nicht, meint Bering. Wenn ich aus meinem Intellektuellenbuch vorlese? Ginge das?

Wir verabreden für Freitag eine Vorbesprechung. Hentig ist da. Rudolf zur Lippe und Illich. Gauger und Bering. Es wird ein ziemlich aufgeregter Zickzackabend, lustig, lebendig, etwas irr. Eigentlich geht nur zur Lippe auf meine Interessen ein. Wir sind über den Punkt Latein – Deutsch gar nicht hinausgekommen ...

Ich ändere, kürze am Manuskript.

Gauger liest es, ermutigt sehr, mahnt Kleinigkeiten an. Bering ist aufgeregt, ihn erregt eine Nebenbemerkung in Richtung des vorhin erwähnten Kaisers, der wenig anhat. Für ihn ist der «Linguistic Turn» eine geistige Wende, die ihn als Vertreter seines Faches infrage stellt, ausschließt, eine unausweichliche Großmacht, und er scheint es für eine Unverschämtheit zu halten, diese Wende so wenig ernst zu nehmen: «Was werden Sie denn sagen, wenn Sie diese Kritik an der Sprache der Linguistik verteidigen wollen?»

Ich setze mich an die letzte Fassung meiner drei «Aspekte einer Geschichte der deutschen Naturwissenschaftssprache und ihrer Wechselbeziehung zur Gemeinsprache.»

Dann der Mittwochabend. – Der Saal ist besetzt. Wapnewskis Einführungen sind eine Investitur. Wie dem gerecht werden? Es geht, es geht gut. Ich habe drei Hauptgesichtspunkte:

1. Der Übergang vom Latein der universalen europäischen Gelehrtensprache zur deutschen Volkssprache war ein Prozess von nicht zu unterschätzender Dynamik.

2. Ein nicht weniger dynamisches Phänomen sind die Begründer neuer Fachsprachen, z.B. Linné und Lavoisier in der Biologie oder Chemie. Ihre sprachgesicherten Beschreibungssysteme und Erfahrungs-

modelle werden zum Motor der Entdeckung unendlicher Wissens-
landschaften.

3. Seit dem Ende des 18. Jahrhunderts wandelt sich die Rolle des naturwissenschaftlichen Schriftstellers, übernimmt er – mit starker
Wirkung seiner gemeinsprachlichen in die Lebenswelt übertrage-
nen Begriffe – die Funktion der allgemeinen Weltinterpretation.
Das Thema findet Interesse.

Der Übergang vom Lateinischen, der universalen Gelehrtensprache
Europas, zur deutschen Wissenschaftssprache – er zieht sich hin über
Jahrhunderte. Um 1500 sind nur zehn Prozent der im Übrigen meist
lateinischen Buchproduktion deutsch, um 1800 nur noch fünf Prozent
lateinisch, 1687 hat erstmals das Deutsche ein Übergewicht. Unser
Land ist vom achten bis zum achtzehnten Jahrhundert zweisprachig,
vorwiegend als Gegenüber vom Lateinischen und Deutschen, zeitweise
dreisprachig, das Französische kommt hinzu. Zwischen 1800 und 1970
dominiert Deutsch in den Wissenschaften. Seither sind wir wieder auf
dem Weg zur Zweisprachigkeit, Deutsch und Englisch. Zweisprachigkeit ist ein universeller Normalfall, und es ist interessant, in welchem
Grad die deutsche Sprache eine Lehnbildung des Lateinischen ist.

Es ist reizvoll zu sehen, wie in deutschsprachigen Texten Vokabeln
der internationalen Gelehrtensprache durch den Erbwortschatz der
Landessprache ersetzt werden: Dürer nennt die Ellipse die «Eierlinie»,
Kepler das Segment eines Kreises schwäbisch «Schnitz», der Philosoph
Christian Wolff assimiliert «Ellipse» oder «Quadrat» und prägt «Brenn-
punkt», «Versuch», «Hebel» als wissenschaftlich definierte Termini.

Zu einer festen Form entwickelt sich eine, die man «Fachwerkstil»
nennen könnte, die landessprachliche Schriftwand ist durchsetzt von
lateinischen oder griechischen Fachausdrücken, die oftmals mit ihren
deutschen Äquivalenten zusammengespannt werden.

Die Eindeutschung der Wissenschaften, ihre Demokratisierung war
ein Prozess von beträchtlicher Dynamik. Eine enorme Erweiterung des
Wortschatzes, des Ausdruckshorizonts der Gemeinsprache war die Folge, die «Zirkulation» der geistigen Güter, nicht zuletzt die viel bewunderte naturwissenschaftliche Prosa des 19. und der ersten Hälfte des

20. Jahrhunderts, die Teil unserer Literatur ist. – Aber die Einheit der gelehrten, dauerhaften Universalsprache, der «lingua universalis et durabilis ad posteritatem», die nicht nur Leibniz erhalten wollte – die Sprachenfrage ist ein wiederkehrender aufschlussreicher Streitpunkt –, zerbrach.

Ein nicht weniger dynamisches Phänomen – mein zweiter Punkt – waren die Inauguratoren neuer Fachsprachen, die Gesetzgeber und Schlüsselverwalter eines Wissensgebietes. Linné war ein solcher, er brachte Ordnung in die verwirrende Vielgestaltigkeit der Pflanzenwelt und in die uneinheitliche Sprache der Botaniker durch seine strenge Methode der Einteilung und Benennung. Die Botanisiertrommel erwanderte die Erdteile. Die erste Auflage des «Systeme Naturae» (1735) war ein großformatiges Heft, das auf 11 Seiten von Arten in Hunderten redete. Die 10. Auflage bestand aus drei Bänden, die 5897 Tierarten erfassten und die Zahl der Pflanzen auf 10000 schätzte. 1982 rechnete man 1¼ Millionen Tierarten, darunter mehr als 750000 Insektenarten, und ging von 370 bis 380000 Pflanzen aus, die der Zuordnung und Benennung bedürfen. Heute? –

Ein einmal entworfenes, sprachgesichertes Denk- und Erfahrungsmodell wird zum Motor der Entdeckung einer fast unendlichen Wissenslandschaft, in der sich neue Fragen stellen.

Bei Punkt 3 gewann ich einen Gegenspieler, an diesem Abend wohl nur andeutungsweise, aber danach in einer eigens vereinbarten Veranstaltung. Wolf Lepenies widersprach. Wir haben dann im Medizingeschichtlichen Institut bei Herrn Winau die Klingen gekreuzt. Es ging um die dritte, die öffentliche Wirkung, die von den Naturwissenschaften seit dem 17., 18. und 19. Jahrhundert, also seit ihrem Übergang in die Landessprache ausging. Ihre umstürzenden Entdeckungen und ihr Erkenntnisanspruch entfaltete seit dem Verlassen des Lateinischen nicht nur in der technischen und ökonomischen Welt, sondern parallel in der Weltansicht eine enorme Dynamik.

Die Naturwissenschaften erreichen im 18. Jahrhundert das allgemeine Lesepublikum der Gebildeten. Damit wandelt sich die Rolle des Naturwissenschaftlers; im Zuge der Säkularisierung übernimmt er zunehmend Aufgaben oder lässt sie sich aufdrängen, die vorher von anderen Instanzen versehen worden waren. Dieser Rollenwandel wirkt zurück auf den Stil der Autoren selbst. Er bringt die zu Recht bewunderte Fachprosa des 19. Jahrhunderts hervor, aber auch eine öffentlichkeitswirksame Ungenauigkeit des naturwissenschaftlichen Schriftstellers, die erlaubt, seine Begriffsprägungen und Denkmodelle über die Grenzen des in ihnen abgedeckten Fachgebiets hinaus in andere Gebiete zu übertragen. Gemeinsprachliche Termini haben eine erhöhte Chance grenzüberschreitender Rezeption und Wirkung.

Es ging offenbar nicht schlecht, Frau Wapnewski eilt nach vorn und spricht mich, entgegen ihrer sonstigen Zurückhaltung, erfreut an.

Auch die Diskussion verläuft gut, allerdings etwas neben dem Thema. Ein Psychoanalytiker bedauert, dass ich auf Lacan nicht eingegangen sei. Peter Wapnewski steckt mir rasch einen Zettel zu. Er befürchtet, dass Lacan mir kein Begriff sei.

Freund Bering distanziert sich mit äußerster Schärfe von meiner Nebenbemerkung über das szientistische Selbstmissverständnis der Linguisten.

Wir feiern noch lange. Die Polen sind lustig. Zielnica legt Milva auf und zwar nicht nur einmal. Es sind viele Gäste geblieben. Wir tanzen. Jörg Mettke sitzt auf dem Sofa und schreibt und bleibt bis vier Uhr, bis Gunhild und ich nach oben gehen.

Wir haben noch drei Tage, um die letzte Korrektur des Buches «Nemt, vrouwe disen kranz», die Druckfahnen mit den 101 mittelhochdeutschen Liebesliedern, durchzugehen. Wieder geht es mir durch und durch: Was für ein schönes Buch hat sich aus diesen Liedern ergeben! An einigen Übersetzungen bessern wir noch – an zu wenigen, findet G.

Wir besuchen Ivan Illich und Barbara Duden und versprechen, im März an einem «Genderfasching» hier im Kolleg teilzunehmen und etwas zum «Paar», zum Geschlechterverhältnis im mittelhochdeutschen Epos beizutragen.

Am kommenden Montag erscheint der *Spiegel* mit Mettkes Eindruck vom «König Artus in Dahlem».

«König Artus in Dahlem»

Spiegel-Redakteur Jörg R. Mettke über die Gelehrtenrunde des neuen Wissenschaftskollegs (© SPIEGEL 14/1982)

Das Haus Wallotstraße 19, überm Halensee auf knapp 5000 Quadratmetern Grund gelegen und vor 72 Jahren von einem Mitglied der Kaufhaus-Familie Tietz gebaut, wäre früher eine bessere Adresse genannt worden.

Um die Ecke liegt das Berliner Heim des Louis Ferdinand Prinz von Preußen, gleich daneben der Besitz von Berlins berühmtester Bau-Frau Sigrid Kressmann-Zschach mit zweieinhalb Tagwerk Auslauf.

Nummer 19 dagegen, nach dem Krieg kurzzeitig als britischer Offiziersclub genutzt, stand lange Zeit leer und war im Grundbuch als Immobilie des Bundesluftschutzverbandes eingetragen. Erst seit Herbst vergangenen Jahres kann das Objekt wieder mithalten im Grunewald.

Seitdem beherbergt das für 4,7 Millionen Mark stilvoll hergerichtete Bürgerschloß die ersten 18 Gäste des «Wissenschaftskollegs zu Berlin», eine nach Art und Anspruch gänzlich neuartige Einrichtung im westdeutschen Bildungsbetrieb.

Sein angelsächsischer Beiname «Institute for Advanced Study» ist wegen philologischer Bedenken gar nicht erst ins gemeine Deutsch gebracht worden, und auch der Gründungsrektor Peter Wapnewski benutzt gern Latinismen («akademische communitas») und Anglizismen («scientific community»), um das Universelle darzutun.

Seine Zunftgenossen heißen «Fellows», wie im amerikanischen Princeton, und unter ihnen sind sieben Bundesdeutsche, vier Polen, zwei Nordamerikaner, zwei Israelis, eine Österreicherin, ein Italiener und ein geborener Wiener aus Mexiko.

Wissenschaftlich erscheint das Kolleg gut durchmischt: fünf Germanisten, vier Historiker, zwei Soziologen, zwei Romanisten, ein Politologe, ein Religionswissenschaftler, ein Pädagoge, ein Sozialphilosoph – und, zwischen allen Disziplinen, der freundlich-polyglotte Grenzgänger Ivan Illich. Nur die Naturwissenschaft, nach vorherrschender Volks- und Politikermeinung verläßliche Nährmutter von Wohlstand und Fortschritt, ist im Grunewald bislang nicht vertreten.

Die Geschlechter-Bilanz im Kolleg ist so fatal unausgeglichen wie auch anderswo im wissenschaftlichen Betrieb. Gegen 16 Männer stehen nur zwei Frauen – die Romanistin Michal Ginsburg aus dem US-Staat Illinois und Helga Nowotny, Soziologin aus Wien und dort Direktorin des «European Center for Social Welfare».

Insgesamt zehn Monate lang, noch bis zum Juli, sollen die versammelten Intelligenzien – und danach sorgsam ausgewählt Jahr für Jahr neue Durchgänge – nach dem Willen der gastgebenden Gemeinde mindestens dreierlei leisten: der geteilten Stadt mit dem Abriß-Image einen Hauch von wissenschaftlichem Aufwind zufächeln, der Erkenntnis wegen immerzu das interdisziplinäre Gespräch pflegen und schließlich, sofern bereits im heimischen Zettelkasten herangereift, das persönliche «Opus magnum» (Wapnewski) vollenden – «Made in West-Berlin» als zukünftiges Gütezeichen für wissenschaftliches Weltniveau.

Das ist jedenfalls die gar nicht geheime Hoffnung des Kolleg-Managements, das von der Stiftung Volkswagenwerk als einmalige Starthilfe 3,5 Millionen Mark bekommen hat und vom Land Berlin jährlich 3,6 Millionen Mark vereinnahmt. Der Jahresetat des Kollegs soll demnächst, bei voller Auslastung durch 40 Fellows, auf sieben Millionen Mark anwachsen.

Die Berliner Universitäten haben zwar gerade erst ihre grundsätzliche Bereitschaft erklärt, mit dem feinen Neuling zu kooperieren, dabei aber zugleich ihre Irritation über «Eliteanspruch» und «aufwendige Personalausstattung» der Kolleg-Verwaltung ausgesprochen: Das eine diskreditiere die reformierten Hochschulen, das andere sei eine Zumutung angesichts der den Universitäten auferlegten Sparmaßnahmen.

Die Philosophin Margherita von Brentano sprach auf einer Sitzung des Akademischen Senats der Freien Universität sogar von der «unverkennbaren Verachtung für die Massenuniversität», mit der das Kolleg-Konzept formuliert sei.

Aber Hans-Martin Gauger, Romanist aus Freiburg, beschwört, noch ehe die Frage überhaupt gestellt ist: «Nein, wir sind keine Elite» – so sehr haben die meisten Kollegiaten ihre Rundumverteidigung gegen ein als peinlich empfundenes Etikett bereits verinnerlicht.

Eine gute, eine günstige Gelegenheit, die sie da beim Schopfe ergriffen haben – allenfalls auf diese Definition mögen sich die Fellows einlassen. Fast alle von ihnen sind aktive Hochschullehrer, und sie genießen sichtlich die Pause ohne bürokratische Zwänge und ohne Lehrverpflichtungen, bei gleichen Einkünften.

Das Kolleg bietet Zeit zum Forschen, Muße zum Formulieren – eine stille Stätte geistiger Erholung nebst Park. «Es wäre blöd», erklärt Dietrich-Wilhelm Bering, Sprachwissenschaftler und Akademischer Oberrat aus Köln, «eine solche Chance auszuschlagen.»

Der eine möchte in Berlin eine «Geschichte der Knappheit» konzipieren (Illich), der andere einen Essay über «Literatur und Terrorismus» fertigdichten (Hans Egon Holthusen), der dritte arbeitet an einer spanischen Grammatik (Gauger). Der Pädagoge Hartmut von Hentig schreibt an einer Bilanz seiner Bielefelder Laborschule, und der Mainzer Literaturwissenschaftler Bruno Hillebrand denkt nach über eine «Ästhetik des Negativen».

Gewiß alles brave Unternehmungen, an die gleichwohl die Frage erlaubt sein muß, ob mit ihnen jene singuläre «Höchstleistung» im Wapnewskischen Sinne alimentiert wird, die «den technisch-materiellen und geistig-moralischen Bestand des Gemeinwesens sichert» – wenn all dies nicht überhaupt schiere Forscherfiktion ist.

Daß kaum einer der Pionier-Fellows mit der elitären Elle gemessen oder auch nur Spitzenforscher geheißen werden möchte, muß notiert werden, widerspricht aber freilich der Absicht der Erfinder. Es waren der ehemalige Berliner Wissenschaftssenator Peter Glotz (SPD) und der von ihm 1978 als Planungsbeauftragter für das Wissenschaftskol-

leg berufene Germanist Peter Wapnewski, die zu Beginn der achtziger Jahre den schillernden Maßstab unter die gebildeten Stände gebracht hatten.

Glotz sattelte vor anderthalb Jahren in einem Essay über «Die Linke und die Elite» (Spiegel 42/1980) auf die bis dahin vornehmlich unter Konservativen und Tendenzgewendeten geführte Leistungsdiskussion – in der Hoffnung, durch sein Werben für eine gezielte Förderung von «Spitzenbegabungen», für «offene Eliten» wenigstens der «Abschließung von Führungsschichten zu Kasten» vorbeugen zu können.

Wapnewski setzte wenig später – an angemessener Stelle, in der Festschrift für den Großindustriellen Peter von Siemens – mit nun schon deutlicher Akzentverschiebung ins Elitäre nach. Es zieme der Nation, so Wapnewski, jenseits «der Ödfelder des Mittelmaßes» in eigens dafür zu begründenden Förderanstalten den Angehörigen der «Forscherelite» zu umsorgen, der mit «eminenter Leistung» als «in sich gefestigt ruhende Persönlichkeit», mit «Stil», «Geschmack» und «souveräner Lebensführung» in «anderen den unbezähmbaren Wunsch erweckt, ähnlich zu sein wie er».

Selbst das Verlangen des Traditionalistenblattes «Deutsche Universitäts-Zeitung» nach dem «großen geistigen Oberinstitut, das der Nation das Denken und den Respekt vor dem Ratschluß der Gelehrten beibringt», lieh sich, ohne jede Distanz, Wapnewski zur Begründung seines hohen Hauses aus, in dem er «natürlich keine Mediokrität belohnen» will.

Ein Berliner Professoren-Kollege, der Hermeneutiker Jacob Taubes, argwöhnte bereits, die «hohe Kunst des understatement und der Ironie» habe Wapnewski wohl endgültig «im Stich gelassen». Und fürsorglich warnte er den Chef-Kollegiaten, der sich mit dem nach eigener Aussage «programmatischen» Titel Rektor anstelle des vom vorbereitenden Arbeitsausschuß anempfohlenen «Direktor» geschmückt hatte: «Sie bewegen sich auf einem schmalen Grat. Der sublime Gedanke einer forschenden Gemeinschaft kann leicht ins Ridiküle ausrutschen.»

Die Gefahr, aus der noblen Exklusivität in die Lächerlichkeit dane-

benzutreten, droht dem Kollegiaten-Zirkel vor allem von innen, und hier nicht zuletzt durch die unermüdlichen Anläufe des Rektors zu stilbildenden Maßnahmen.

So vergeht, sofern ihr Wapnewski vorsitzt, selten eine der gemeinsamen Mahlzeiten, an denen teilzunehmen die Fellows bei automatischem Abzug von jeweils 12,50 Mark von ihren Bezügen nachdrücklich gebeten sind, ohne daß «König Artus» (so ein Gast) ans Glas schlägt, sich erhebt und über Fisch oder Braten hinweg der Runde etwas bedeutsam mitteilt – und sei es auch nur die Bitte, nicht zu rauchen.

Nicht jedem Kollegiaten jedoch sind die hohen Ansprüche des Rektors geläufig, den der Warschauer Architekturhistoriker Andrzej Tomaszewski anläßlich eines Vortrages über polnisch-preußische Kulturbeziehungen im 19. Jahrhundert bereits mit der Anrede «Magnifizenz» erfreute.

Bei einem Mittagessen, die unter Vertrag genommene Küche des evangelischen St. Michael-Heims hatte Schnitzel geliefert, berichtete Peter Wapnewski dem Florentiner Germanisten Mazzino Montinari stolz, für das kommende Jahr habe er «Peter Schneider gewinnen können».

Der Italiener zeigte sich erfreut: «Ah, der Schriftsteller, wie schön.» Doch Magnifizenz reagierten fast indigniert: «Nicht der, ich meine den Juristen aus Mainz.» KPI-Genosse Montinari, Professor und renommierter Herausgeber der kritisch-historischen Nietzsche-Gesamtausgabe, genoß die Lektion in bundesdeutscher Elitenkunde still wie eine fremdartige Nachspeise.

Bei einer anderen Mahlzeit widmete Rektor Wapnewski seine rhetorische Pflichtübung einer Rüge: Frau Dozentin Nowotny hatte einen Gast zum Essen mitgebracht und versäumt, ihn dem Hausherrn vorher zu annoncieren. Der Verweis fiel strenger aus, als er wohl sollte, und so korrigierte sich der Übergangene im letzten Moment mit einer für ihn typischen Pirouette ins Liebenswürdige: «Sie verstehen; damit ich nicht um das Vergnügen gebracht werde, Ihre persönlichen Gäste kennenzulernen.»

Mit der Kolleg-Etikette noch unvertraute Besucher, die beim Schlag ans Glas erwartungsvoll Messer und Gabel beiseite legen, erhalten gelegentlich von Ordinarius Gauger einen aufmunternden Rippenstoß: «Ruhig weiteressen, das haben wir schon mal durchgesetzt.»

Soweit ohne Anhang übergesiedelt, wohnen die Fellows im ehemaligen Dienstbotentrakt des Kollegs, Familien-Wohnungen sind an der Dahlemer Pacelli-Allee reserviert – die Unterbringung gilt den meisten als trefflich, wenngleich Professor Dr. Prinz Rudolf zur Lippe, der für ein Jahr samt Familiensilber von der Universität Oldenburg anreiste, wo er sonst als Ästhetiker und Sozialphilosoph Dienst tut, über die «etwas billige Eleganz» seiner Herberge spöttelt.

Unterschiedlich fällt das Urteil über die Arbeitsbedingungen im Kolleg aus, je nachdem, was einer von zu Hause her gewöhnt ist. Historiker Krzystof Zielnica zum Beispiel, in dessen Heimatuniversität Breslau sich 60 Professoren mit einer Sekretärin begnügen müssen, wäre schon «glücklich über eine mechanische Schreibmaschine» – auf die er freilich trotz Unterstützung durch die Fellow-Vollversammlung immer noch wartet.

Andere, die daheim ansehnliche Institute leiten und an hilfreiches Personal gewöhnt sind, äußern Unverständnis über den dürftigen Schreibservice des Kollegs: Zwei Ganztags- und zwei Halbtags-Sekretärinnen für anderthalb Dutzend Wissenschaftler – ein ärgerlicher Mangel im Elite-Paradies. Und dem könne auch nur teilweise dadurch abgeholfen werden, daß sie sich manchmal die allzeit hilfsbereite Thea Schwarz ausleihen dürfen, Sekretärin des Sekretärs des Rektors.

Einigen der Ausgewählten indessen dämmert bereits, daß das Kolleg eben nur zum Teil uneigennütziges Refugium für ihr stilles Forschen sein soll. Daneben ist es durchaus als gesellschaftlicher Ort gedacht, an den eingeladen zu werden sich in «diesem abbröckelnden Klein-Sibirien» (Wapnewski) heimische Wissenschaftler durchaus als Ehre anrechnen sollen.

Der alternde Bertolt Brecht hat, auf der anderen Seite der Spree, einmal gestanden, zwar schätze er den Dandy-Dichter Oscar Wilde nicht, doch wenn er noch lebte, würde er ihm jeden Tag eigenhändig

eine frischgeschnittene Chrysantheme für sein Knopfloch herbeischaf-
fen – als einem wertvollen «Verbündteten gegen die märkische Sand-
wüste». Ebenfalls in diese Richtung zielende Veredelungsabsichten
des Grunewald-Instituts sind wahrnehmbar: die Idee eines kultivier-
ten Kontrapunkts zur örtlichen Tristesse.

Vor den Kolloquien, von denen jeder Fellow eines zu halten gebeten
ist, wird auf ein Glas Sherry in den holzgetäfelten Klubraum und zum
anschließenden Essen mit den Kollegiaten geladen, wer sich bereits in
Berlins wissenschaftlichen Zirkeln hervorgetan hat. Als eine «Art Sa-
lon» definiert Rektor Wapnewski derlei gesellschaftliche Aktivitäten
und bemüht dafür neupreußisch gleich das nobelste Vorbild: «Da
spielt meine Frau immer Rahel Varnhagen.»

Den regelmäßigen Zwang zur geschlossenen Vorstellung ihres Ge-
scheitseins empfinden nicht wenige Fellows als störend. Aber da das
Kolleg dringend Erfolge braucht, wenn demnächst Bund und Länder
die anteilige Finanzierung übernehmen sollen, hat sich nicht nur Ro-
manist Gauger dreingefunden: «Da muß es wohl sein.»

Die Diskussionen nach den Vorträgen dümpeln oft betulich, eher
volksschulhaft und von gediegener Langeweile getragen dahin. Neues
blitzt selten auf, spannende Kontroversen sind rar. Und nur manchmal
sind, wie bei Montinaris Vortrag zum doppelsinnigen Thema «Nietz-
sche lesen», auf Wunsch des Referenten interessierte Studenten einge-
laden, die der Debatte mit einem «Gib's ihnen, Monti» Lebendigkeit
verschaffen und den Eindruck vom akademischen Feierabendheim
mildern.

Erst wenn, spät am Abend, sich die letzten Gäste verabschiedet ha-
ben, der von öffentlicher Hand gereichte Wein samt Laugenbrezeln zur
Neige geht und die Polen schon mal zur Milva-Version von «Lili Mar-
leen» ein Tänzchen ansagen, weicht allmählich der Druck, etwas sein
zu sollen, was sie allesamt weder sind noch sein wollen – Elite, oder wie
ein Lokalblatt vor ihrer Ankunft frohlockte, «hochkarätige Denker».

Hausmeister Gerhard Riedel ist da näher dran: «Ganz normale
Menschen sind das, wirklich.»

Orientierungsverzicht der Naturwissenschaften?

Streitgespräch Wolf Lepenies – Uwe Pörksen

Der Vormittag mit Wolf Lepenies im Medizinhistorischen Institut wurde munter. Ihm war eine erste Gesprächsrunde im Kolleg vorausgegangen, in der er seine kritische Replik auf meinen Vortrag dargelegt hatte: Der Naturwissenschaftler wird keineswegs zum allgemeinen Weltinterpreten; er beschränkt sich auf sein Fach. Wolf Lepenies ist auch als Historiker ein strategischer Kopf, schon physisch ein beachtliches Format, mit einer angenehmen, zugewandten Stimme, die, humoristisch grundiert, wo es nötig scheint, im Nu anschwellen kann, um im gleichen Augenblick Übersicht, Breite und Wucht zur Geltung zu bringen:

«Schauen wir doch mal zurück. Fällt nicht die gegenläufige Tendenz stärker ins Gewicht? Seit dem 17. Jahrhundert, seit den Akademiegründungen, gibt es eine Verbindung von Erkenntnisanspruch und Orientierungsverzicht. Der Naturwissenschaftler zieht sich gerade zurück aus Theologie, Rhetorik, Poesie, und koppelt sich ab von der Lebenspraxis. Der schriftstellernde Naturwissenschaftler erleidet einen Reputationsverlust. Der umfassende Orientierungscharakter der Evolutionslehre ist eher *gegen* die Absicht Darwins so stark herausgestellt worden.»

Rolf Winau, der Herr des Hauses, und Eckart Matthias stimmen ihm bei. Seit Descartes gebe es diese Tendenz. Sie führe bis hin zum «sprachlosen Gelehrten» in der modernen Physik und in der neueren Medizin.

Ich bestreite natürlich nicht dieses Selbstverständnis der «hard sciences» seit der Frühen Neuzeit, aber ich möchte doch fragen:

«Gibt es nicht auch das Umgekehrte, und zwar, keineswegs nur an den Rändern der Naturwissenschaft, sondern in großem Maßstab? Der Übergang vom Gelehrtenlatein in die Landessprache, dieser Demokratisierungsprozess ist von einer noch gar nicht beschriebenen Bedeutung; die Verbreiterung des Lesepublikums im 18. Jahrhundert *musste* sich auswirken. Everett Mendelsohn hat uns in seinem Vortrag am Kolleg auf das Paradox aufmerksam gemacht, dass die Naturwissenschaftler in dem Augenblick, wo die Anwendungsbereiche ihrer Tätigkeit sich in alle Richtungen, Landwirtschaft, Industrie, Verkehr usw., ausweiten, am keuschesten das Postulat reiner Erkenntnis aufstellen. – Diese Antinomie sollte sich nicht in der Sprache der Naturwissenschaft niedergeschlagen haben?

Ernst Haeckel, Darwins wirksamster Schüler in Deutschland, hat in seiner ‹Natürlichen Schöpfungsgeschichte› Darwins Lehre ohne Einschränkung auf die Menschheitsgeschichte übertragen:

‹Wenn die natürliche Züchtung, wie wir behaupten, die große bewirkende Ursache ist, welche die ganze wundervolle Mannichfaltigkeit des organischen Lebens auf der Erde hervorgebracht hat, so müssen auch alle die interessanten Erscheinungen des Menschenlebens aus derselben Ursache erklärbar sein. Denn der Mensch ist ja nur ein höher entwickeltes Wirbelthier ... Die ganze Völkergeschichte oder die sogenannte ‹Weltgeschichte› muß dann durch ‹natürliche Züchtung› erklärbar sein, muß ein physikalisch-chemischer Prozeß sein, der auf der Wechselwirkung der Anpassung und Vererbung in dem Kampfe des Menschen um's Dasein beruht.› Mir erscheint diese Passage als nahezu repräsentativ.»

Darauf antwortet Wolf Lepenies: «Die Rezeption Darwins durch Haeckel bezeichnet nur einen, wenn auch einen starken Strang. Darwins Wirkung war diffus.

Seine Ausprägung der Evolutionslehre hat eine ‹große Deutungsbreite›. Die Wirkung weist ein beträchtliches Spektrum auf, in den USA z. B., in England, Frankreich, Deutschland – sie reicht von der Beanspruchung Darwins für eine energische Sozialpolitik oder das Laissez-faire bis zu Imperialismus und Eugenik. In den Übertragungen wird also ein beträchtlicher Interpretationsspielraum der Metaphern erkennbar.»

Meine Antwort: «Das erledigt unsere Fragestellung aber nicht, es erschwert und verschärft sie: Wie erklärt sich die übergreifende Wirkung der Begriffe Darwins?

Der Biologe Oscar Hertwig schreibt 1916, also während des Ersten Weltkriegs, im Nachwort zu seinem Buch ‹Das Werden der Organismen›: ‹Die Auslegung der Lehre Darwins, die mit ihren Unbestimmtheiten so vieldeutig ist, gestattete auch eine sehr vielseitige Verwendung auf anderen Gebieten des wirtschaftlichen, des sozialen und des politischen Lebens. Aus ihr konnte jeder, wie aus einem delphischen Orakelspruch, je nachdem es ihm erwünscht war, seine Nutzanwendungen auf soziale, politische, hygienische, medizinische und andere Fragen ziehen und sich zur Bekräftigung seiner Behauptungen auf die Wissenschaft der darwinistisch umgeprägten Biologie mit ihren unabänderlichen Naturgesetzen berufen.›

In seiner 1917, unmittelbar danach, verfassten Schrift ‹Zur Abwehr des ethischen, des sozialen, des politischen Darwinismus›, die noch während des Krieges in Jena erschien, verschärft er den Blick auf die ‹sozialen Gefahren›: ‹Man glaube doch nicht, daß die menschliche Gesellschaft ein halbes Jahrhundert lang Redewendungen, wie unerbittlicher Kampf ums Dasein, Auslese des Passenden, des Nützlichen, des Zweckmäßigen, Vervollkommnung durch Zuchtwahl usw. in ihrer Übertragung auf die verschiedensten Gebiete wie tägliches Brot gebrauchen kann, ohne in der ganzen Richtung ihrer Ideenbildung tiefer und nachhaltiger beeinflußt zu werden.›

Lepenies: «Darwin selbst hat seine Evolutionslehre nicht oder kaum in eine Sozialtheorie umgemünzt, er war sich ihres meta-phorischen, d. h. über-tragenen Charakters bewusst, mehr noch, er war ein Wissenschaftler reinsten Wassers, zurückhaltend, integer.»

«Ja, er ließ sich», sage ich, «sogar überzeugen, dass diese Übertragungen nicht gut gewählt waren. Er bemerkt ihre Unklarheit, ihren vollständig anthropomorphen, auf die menschliche Erfahrung schielenden Charakter. Am 6. Juni 1860 schreibt er verzweifelt an Lyell: ‹I suppose ‹natural selection› was a bad term; but to change it now, I think, would make confusion worse confounded ...›, am 28. September 1860 verstärkt er das: ‹If I had to commence de novo, I would have used ‹natural preservation›.›

In einer der nächsten ‹Origin of Species›-Auflagen verteidigt er dann aber den Ausdruck. Es sei schwer, eine Personifizierung der Natur zu vermeiden. ‹Bei ein bisschen Bekanntschaft mit der Sache sind solche oberflächlichen Einwände bald vergessen.›

Lepenies (lacht): «Das trifft die Sache.»

Ich dagegen: «Auch für den Linguisten würde gelten: bei Bekanntschaft mit der Sache definiert sich ein Begriff von den Sachzusammenhängen her. Die Sachsteuerung des Verstehens funktioniert aber immer nur, solange und soweit die Sache bekannt ist und auch dann nur halb, wie der Universalitätsanspruch vieler Fachbiologen bis heute zeigt. Allerdings, je weniger die Sache bekannt ist, umso mehr gewinnt ein wortgesteuertes Verstehen die Oberhand.

Prinzipiell ist jeder sprachliche Ausdruck hintergehbar, aber faktisch lassen wir uns fast ständig von der Sprache beherrschen, erliegen der Autorität von Sprachbenutzern, ohne ihren Ideologiegehalt zu bemerken und ihren Realitätsgehalt zu prüfen. Die magische Wiederholung und die Schallverstärkung durch die Medien tun das ihre, sorgen dafür, dass auch wissenschaftliche und halbwissenschaftliche Termini in dieser Weise wirken können; die Formeln Darwins sind dafür ein frühes bemerkenswertes Beispiel. Man denkt anscheinend in der Regel wortgesteuert. Die Sprache ist die Bedingung der Möglichkeit dafür, dass wir permanent in Wahnsystemen leben.»

Lepenies: «Donner und Doria! Geht es mit ein bisschen weniger Crescendo? Das geht aufs Ganze.»

«Das tut es, Herr Lepenies. Woher kommt denn die Bedenklichkeit Darwins in sprachlichen Fragen? Warum wählte er die Begriffe, die er wählte? Schielte nicht auch er schon auf Wirkung?»

Wolf Lepenies macht darauf aufmerksam, dass er den entscheidenderen Zusammenhang in Folgendem sieht: «Durch den spröden Verzicht eines Naturwissenschaftlers wie Darwin auf umfassende Deutung und Orientierung entsteht ein Vakuum, das eine Sogwirkung ausübt und den paradoxen Effekt einer extremen Orientierungs- und Deutungsbereitschaft bei naturwissenschaftlichen Schriftstellern im Ausstrahlungsbereich Darwins hervorruft. Das vorherrschende Phänomen in der Entwicklung der neuzeitlichen Naturwissenschaft ist jener Vorgang, den ich als Ent-Moralisierung bezeichne, d. h. die Abkopplung normativer Fragestellungen von der Wissenschaftspraxis. Sie führt im 19. Jahrhundert zu dem Orientierungsverlust der Wissenschaften, den wir bis heute beklagen.»

Ein sehr weitreichender, aber mit der Sprache zu verbindender Gedanke. Ich widersprach, aus zwei Gründen – breche aber ab, es würde den Rahmen sprengen.

Jürgen Schiewe, damals in Freiburg meine Hilfskraft, heute Sprachwissenschaftler an der Universität Greifswald und erfolgreicher Anwalt der Sprachkritik, hatte bei einem Besuch in Berlin einen kleinen Koffer erweiternder Argumente mitgebracht …

Genus, Sexus oder die Geschichte der Knappheit

Ivan Illichs Kolloquium – Genus als historischer Faktor – Asymmetrische Komplementarität – Paradigma oder Paranoia?

Als ich im Januar zu dem Zirkel von Barbara Duden, Ludolf Kuchenbuch und Ivan Illich stieß, sagte ich an den ersten Abenden kein Wort. Ich verstand nicht, wovon die Rede war, erkannte keinerlei Zusammenhang. Sie sprangen durch Zeiten und Räume. Da umkreisten drei den Erdball, plötzlich stieß Illich im Japan des 12. Jahrhunderts, der Historiker Ludolf Kuchenbuch bei den westfälischen Bauern im 9. oder die Erforscherin der Frauengeschichte Barbara Duden bei den Hebammen des 18. Jahrhunderts nieder und breiteten Details aus. Ich folgte dem Spiel als Fragezeichen. Grenzen gab es eigentlich nicht, besonders nicht solche des Faches. Es sprangen Funken. Wir nannten die Methode später das «Geiern».

Als ich vor einer Woche mein Kolloquium hatte, haben Gunhild und ich in diesem Kreis vom Gegenüber der Geschlechter in der mittelalterlichen Liebeslyrik berichtet, vom dienenden Mann und der unerreichbaren Frau, von der räumlichen Entfernung zwischen Rittern und Frauen im Roman jener Zeit. «Schön!» meinte Illich, «poetisch, aber Genus ist das nicht. Genus ist das Gegenüber der Arbeitsressorts auf der Bauernklitsche, in den Zünftestraßen der entstehenden Städte.» – «Wir müssen eine kriminelle Formel finden», höre ich ihn sagen.

Er will sein Kolloquium über «Genus und Sexus» halten und bittet in einer Vorbesprechung unsicher um einen Rat. Michal Ginsburg fragt ihn, wieso das, was er «Genus» nennt, die Trennung der Geschlechter in der Arbeit, in der Sprache (Japan!), im Gebrauch von Werkzeugen, bei ihm als «das Natürliche» erscheint. Es sei doch alles ein soziales Produkt.

Er: «Aber ja! Es geht nicht um Natur, sondern um menschliche Kultur. Und ich will doch nicht die Vergangenheit verklärt darstellen.»

Ich: «Aber wenn Sie das Genus-Zeitalter so wertend gegen die Genusneutralität der Gegenwart abheben, wie wollen Sie da den Verdacht vermeiden, es gehe Ihnen um eine Rückblicksutopie?»

Er fühlt sich in der Falle. Sagt, es gehe nicht um die Wiederherstellung des Vergangenen. Er sehe sich als Propheten. Seine Aufgabe sei, von einem Punkt weit außen die Welt zu beschreiben.

«Sie sind eine konkrete Utopie», sagt Bruno Hillebrand, unser sonst meist zurückgezogener Literaturwissenschaftler, Herausgeber Benns und Kenner Nietzsches. «Als solche sollen Sie sich präsentieren. Etwas biografisch von sich sagen: Wie Sie zu dem Thema gekommen sind.»

Illichs Abend.
Sonderbar. Eine Kraft. Er spricht großenteils frei. Leicht vorgebeugt. An der Wand hängen «Unmögliche Figuren» des Schweden Oscar Reutersvärds, geometrische Figuren, die kontrastiv zusammenhängen, deren Gegenläufigkeit aber nicht in der Konstruktion aufgeht, sondern alogisch ineinander verschränkt ist: Bilder «asymmetrischer Komplementarität». «Asymmetrische Komplementarität» wird das Wort des Abends.

Geometrische Figuren von Oscar Reutersvärd

Illich spricht zuerst von sich, zu lange, zu wenig hinführend, er will doch nur 40 Minuten sprechen, das Ganze soll keine Minute länger als zwei Stunden dauern. Einen Moderator hat er abgelehnt. Michal Ginsburg schiebt mir einen Zettel zu: «We gave him bad advice.» – Auch ich denke: Wer seinen Aufsatz nicht kennt, wie soll der verstehen?

«Wir müssen eine kriminelle Formel finden ...» Unter den 18 ersten Gästen des Berliner Wissenschaftskollegs ist offensichtlich ein Revolutionär, der um eine derartige Formel nicht verlegen ist. Der Vortrag über «Genus und Sexus» segelt hart am Rande des Skandals, nicht nur, weil Illich es darauf angelegt zu haben scheint, es mit allen geladenen Lagern, Feministinnen und Konservativen, zu verderben und zwischen allen Stühlen sitzend Saxophon zu spielen.

Man ist ratlos. Verrückt oder trivial? «Ich verstehe nicht, wie man so einfache Sachverhalte so verschnörkelt darstellen kann», meint eine bekannte Berliner Autorin und Feministin. Er antwortet: «Das müssen Sie meiner Unfähigkeit zuschreiben.»

Die Atmosphäre, in der Illich das archaische Verhältnis zwischen Mann und Frau vor dem 12. Jahrhundert zum Mythos zu erheben scheint, ist einigermaßen gespannt. Ein neues Paradigma oder Paranoia? «Ich würde sagen, beides», urteilt Leo Löwenthal. «Etwas Wesentliches wurde angepackt, aber auf der Grundlage unzulänglicher ökonomischer Vorstellungen.»

Illich verbeugt sich. Eulenspiegel vor dem Rat der Stadt.

Ich kann mir nicht leicht eine sachlichere Leidenschaft des Analysierens, Entdeckens und Aufdeckens jenes Zivilisationsprozesses vorstellen, welcher mit zunehmender Geschwindigkeit den Erdball überzieht. Wo liegen die Gründe, die Triebkräfte der europäischen Sonderentwicklung seit dem Ausgang des Mittelalters? Wo findet die Enthemmung statt, die ihre beunruhigende Fehlentwicklung ermöglicht?

Illich hat sich seit einiger Zeit in die Historie vertieft. Er schreibt an einer Geschichte der «Knappheit» (*scarcity*), in seiner eigenwilligen Sprache ein Begriff, der das Merkmal aller Dinge benennt, die in das

Bezugsfeld einer warenintensiven Gesellschaft geraten. (Er ist der Motivaspekt dessen, was wir heute Wachstumszwang nennen.) In der sogenannten Überflussgesellschaft werden alle Dinge in einen grenzenlosen Sog der Verknappung gezogen. Welches Bauprinzip hinderte die alten Gesellschaften an der «verrückten Reise» der Neuzeit? Welche soziale Lebensform?

Illich sucht einen festen Punkt außerhalb unserer Welt, vor allem im 12. Jahrhundert Europas, und zwingt von da aus, die Gegenwart neu zu durchdenken. Man versteht ihn schwerlich, wenn man seine Erfahrung nicht mitbedenkt: die des Kanzelredners unter Puerto Ricanern in New York, die des Wanderers in den Ländern Lateinamerikas, der den atemberaubenden Schwund alter Kulturtechniken in Brasilien und Mexiko wahrnimmt. Sein Interesse gilt zuerst der schweigenden großen Mehrheit, die in der Lebensform der «modernisierten Armut» die Hauptkosten des Zivilisationsprozesses trägt.

«Es wäre vermessen, vorhersagen zu wollen, ob man sich an diese Epoche, als die Bedürfnisse nach den Plänen von Experten geformt wurden, mit einem Lächeln oder einem Fluch erinnern wird», sagt er. «Man wird sich daran erinnern als ans Zeitalter der Schule, wo die Menschen ein Drittel ihres Lebens trainiert wurden, nach Vorschrift Bedürfnisse zu akkumulieren. Die Räuberbanden der Bedürfnismacher könnten nicht fortfahren, unsere Steuergelder und die Ressourcen von Natur und Wirtschaft für ihre Testverfahren, Kommunikationsnetze und andere technische Spielereien zu verschleudern, wenn unsere autonome Bedürfnisbefriedigung nicht paralysiert wäre.»

«Warum aber gibt es keine Rebellion gegen die Entwicklung der Industriegesellschaft zu einem einzigen riesigen entmündigenden Dienstleistungssystem? Die Erklärung dafür müssen wir hauptsächlich in der Illusionen erzeugenden Kraft dieses Systems suchen.»

Der Fixpunkt dieser Kritik war noch in den letzten Arbeiten, «Vom Recht auf Gemeinheit» und «Fortschrittsmythen», die Idee der «Subsistenz»: die kleinräumige Unterhaltswirtschaft in einer außerhalb des Produktionssogs liegenden Umwelt. Dieses Utopia erscheint nun in einer Beleuchtung, die Illich vermutlich Anhänger und Leser kosten

wird. Indem er sich der Frauenfrage annimmt, eine getrennte Frauenwelt und Männerwelt in dieses Utopia einzeichnet, legt er einen harten
Brocken vor.

Was ist die These? Illich macht etwas zum Thema, was jeder weiß: dass
es bis ins 20. Jahrhundert auch in unserer Zivilisation eine getrennte
soziale Lebensform des Mannes und der Frau gibt und dass sie sich unter dem Einfluss der ökonomisch-technischen Entwicklung rapide auf-
löst. Als Basis dieser Entwicklung, wie aller Entwicklung, sieht er die
Ökonomie: «Eine Industriegesellschaft kann nicht existieren ohne bestimmte Unisex-Postulate: Männer und Frauen sind für die gleiche Arbeit geschaffen, sie nehmen die gleiche Wirklichkeit wahr, und sie haben, mit geringfügigen kosmetischen Variationen, die gleichen
Bedürfnisse.»

Erst wo «Arbeit» und «Arbeitskraft» abstrakt, sozusagen als physi-
kalische Größe, aufgefasst werden, werden Konkurrenzspiel und Ver-
knappungssog in Gang gesetzt. Das Subjekt in einer industriellen Ökonomie ist notwendig ein geschlechtsloses Menschenwesen, die Signatur
des Zeitalters ist in diesem Sinn die Herrschaft von «Sexus».

«Erbarmungslos verwandeln ökonomische Institutionen die zwei
Geschlechter in etwas Neues, nämlich in ökonomische Neutra, die
sich durch nichts unterscheiden als durch ihr biologisches Geschlecht,
das jeder kulturellen Einbettung beraubt ist. Eine charakteristische,
aber ziemlich sekundäre Ausbuchtung der Jeans ist jetzt noch alles, was
die einen Arbeitnehmer von den anderen unterscheidet und privile-
giert.»

Die Grenzen zwischen Mann und Frau werden aufgehoben, nicht
aber die Diskriminierung der Frau. Ihre Zurücksetzung wird in der Industriegesellschaft oft erst geschaffen und immer verschärft. Das drückt
sich im Bereich staatlich erfasster Wirtschaft in der seit 1880 konstanten Lohndifferenz zwischen Mann und Frau aus (5:3). Im Bereich der
«verschwiegenen» Wirtschaft aus Tausch, Bestechung und Schwarzar-
beit, die in manchen Gesellschaften wichtiger ist als die legale, werden
Frauen noch erkennbarer ausgebeutet.

Die Hausfrau schließlich als Partnerin des Lohnempfängers tut zunehmend eine Arbeit, die zum Unterhalt nichts Eigenes mehr beiträgt, sondern als unvermeidlicher Schatten der Warenproduktion diese Ware nutzbar macht, sie einkauft und von der Verpackung befreit: «Schattenarbeit» in der polemischen Terminologie Illichs. Die «Verhausfrauung» der sogenannten Dritten Welt ist gleichbedeutend mit einer zunehmenden Diskriminierung der Frau auch in diesen Ländern. «Eine ökonomische Benachteiligung der Frauen kann ohne den Verlust von Genus und ohne die soziale Konstruktion von Sexus überhaupt nicht existieren: Das ist es, was ich zeigen möchte.»

Der «Herrschaft von Sexus» geht das «Reich des Genus» voraus, das Geschlechterverhältnis in der Dorfgemeinde oder in irgendeiner sozialen Kommune vor der industriellen Warenproduktion. Im Genus sieht Illich ein fundamentales Bauprinzip nichtindustrieller Kulturen. Gegenüber der Unisex-Ökonomie ist deren Unterhaltswirtschaft bestimmt durch die Dualität von Mann und Frau. Männer und Frauen unterscheiden sich durch die verschiedene Arbeit, die sie tun, durch die Werkzeuge, die ihnen zugeordnet sind. «Genus ist in jedem Schritt, in jeder Geste, und nicht nur zwischen den Beinen.» Es führt zu verschiedenen Sprachen der Geschlechter, zur Aufteilung des Hauses.

Illich meint keineswegs, dass die polar angelegten geschlechtsspezifischen Lebensformen ihren Grund im Biologischen haben; das Biologische kann sich auswirken, aber die Genus-Spezifizierung ist sozial motiviert und variiert unendlich. Es ist eine soziale Grundregel. Der gemeinsame Nenner, unter dem er das Geschlechterverhältnis in der Unterhaltswirtschaft fasst, ist «asymmetrische Komplementarität», «doppelsinnige Komplementarität».

Als die erste Pointe des Essays, sozusagen die eine Seite des Prismas, durch das wir die Welt neu zu sehen haben, erscheint die Universalität dieses unterschiedlichen sozialen Schemas Frau und Mann. Wenn «Genus» ein so universelles Faktum ist, dann ist das allein aussagekräftig und eine Provokation für das Denken.

Die zweite, schärfere Pointe des Essays ist sein angedeuteter Entwurf einer Geschichte des Geschlechterverhältnisses in Europa – «wo liegen die Ursachen des Genus-Schwundes?» Man ist verblüfft: in einer neuen Form der Ehe im 12. Jahrhundert. Das herausgehobene Paar wird zum Auslösungsfaktor Nummer eins erklärt. Das Paar als Kleinbetrieb und besteuerbare Einheit, als Produktionsgemeinschaft, steht am Beginn der Geschichte der «Knappheit».

Als eigentlicher Zerstörer von Genus erscheint nicht weniger überraschend die Kirche. Sie ist verantwortlich für eine neue Innenansicht des Paares. Sie wertet es auf, indem sie die Ehe zum Sakrament erklärt, und unterwirft es sich. Sie dringt ein in Haus, Bett und Seele.

Indem sie erstmals Homosexualität als konstitutionelle Abweichung definiert und mit Häresie verbindet, schafft sie zugleich einen neuen Begriff des heterosexuellen Paars. Die Kirche standardisiert und homogenisiert die Geschlechter, indem sie den Zwang zur jährlichen Beichte (Laterankonzil von 1215) einführt. An die Stelle des alten Liturgen tritt der Beichtiger, der einer geschlechtslosen Seele lauscht.

Es gibt drei historische Phasen: das Zeitalter von «Genus» (bis ins 11. Jahrhundert), die Übergangsphase des «gebrochenen Genus» (12.–18. Jahrhundert) und die Herrschaft von «Sexus» (seither). Statt des geteilten Hauses und seiner Götter, der «Laren», ist das geschlechtslose, besitzgierige Neutrum zum Subjekt der Geschichte geworden. Es beginnt ein Krieg der Geschlechter mit immer neuen Niederlagen für die Frau, dem im Zeitalter von Genus, des komplementären Angewiesenseins der Frauen und Männer aufeinander, zumindest eine Waffenruhe vorausging, wenn auch manchmal eine grausame, und eine Würde der Geschlechterdomänen.

Wer einen so kühnen Geschichtsentwurf vorlegt, hat die Beweislast. Das Ganze ist ein Versuch, vielleicht ein Versuchsballon. Wie weit trägt er?

Illichs «Genus, Sexus und die Geschichte der Knappheit» ist eine Denkfigur, die den Zivilisationsprozess der europäischen Neuzeit neu und grell beleuchtet.

Das Anstößigste ist seine Bewertung. Sie ist ein Skandal: seine offenkundige Parteinahme für historisch mehr als 700 Jahre zurückliegende Formen des Soziallebens. – Die Bewertung kommt allerdings eher indirekt, durch die Kritik an der Sexus-Epoche, zum Ausdruck. Ihr positiver Sinn wird kaum klar. Man könnte den Verdacht haben, es sei, von der gegenwärtigen Mobilität und Rollendiffusion ausgehend, das ferne Ideal einer Rollensicherheit gemeint, wie es verkastete Gesellschaften vermitteln. Ich höre etwas anderes heraus: Trauer über ein zerstörtes Gut, dessen aktueller Charakterisierung sich Illich verweigert.

Über die Zukunft sagt er nichts: «Ich habe keine Strategien anzubieten. Ich weigere mich, Spekulationen über mögliche Rezepte anzustellen. Ich will verhindern, dass die Schatten der Zukunft auf die Entwürfe fallen, mit denen ich zu erfassen suche, was war und was ist.» Nein, für den, der das Skript nicht kannte, konnte der Vortrag nicht verständlich werden. (Ich stütze mich hier auf meine Besprechung des Buches «Genus. Zu einer historischen Kritik der Gleichheit», die der *Spiegel* 1983 nach dem Erscheinen veröffentlichte.) – Ich denke, das gilt noch mehr für die Diskussion: Eulenspiegel vor dem Rat der Stadt. Er säte Steine auf dem Marktplatz, alles schaut zu, und als er gefragt wird, was er tut, sagt er: Ich säe Schälke.

Man lacht, versteht nicht, was er mit «Knappheit» meint.

Michal Ginsburg wendet ein, er schaffe einen historischen Mythos, wenn er im 12. Jahrhundert die Polarisierung der Geschlechter, den Ehepferch beginnen lasse und die Zeit vorher glorifiziere. – Er sagt: Er hoffe, er schaffe einen Mythos.

Eine aggressive Stimmung, lebhaft, ein irritiertes Palaver überall nach der Debatte beim Wein. Die meisten haben nichts mitgekriegt. «Auf 5 Prozent Verständliches kann man nichts sagen», meint Hillebrand. Die anwesenden Feministinnen sind nahezu sprachlos. Zum «In die Pfanne hauen», sagt der Journalist Wagner. Er hat schon die Schlagzeile: «Absturz eines Überfliegers».

Und Ivan Illich, formvollendet, lachend, spricht hier und diskutiert da. «Palavros». – «Ich habe nun das Kaninchen aus dem Zylinder gezogen», sagt er zu mir.

Jacob Taubes war laut und ostentativ hinausgegangen, kommt wieder, passt Illich ab, als er gehen will: «Sie Abtrünniger! Sie spannen Ihre aztekischen Pferde vor Ihren Wiener Fiaker und reisen unmittelbar in den Faschismus ein.» Wapnewski, der Illich begleitete, will eingreifen. Hoheitsvoll: «Sie dürfen hier nicht meine Gäste» – Gäste sagte er – «beleidigen.»

«Aber er beleidigt mich doch gar nicht», sagt Illich lachend. «Er belustigt mich.»

Rudolf zur Lippe
Der gefühlte Mangel

Hegel 1806 – Umweg und Kontrast fehlen –
Sinnenbewusstsein

«In der gesellschaftlichen Organisation unseres Lebens ermangelt es uns derart an Sinn; in den Gesichtern der Menschen, denen wir auf der Straße begegnen, müssen wir so oft Suche nach einem Sinn oder auch Verzweiflung an ihm lesen; die Besorgnis selbst unserer Kinder um einen weiteren Gang der Welt ist so bestimmend geworden; Untaten der jüngsten Geschichte haben ein solches Ausmaß angenommen, dass keine Vorstellung von einer Harmonie oder einem Ausgleich sich mehr zu halten vermag. Unser menschliches Bedürfnis, unser Erleben, Leiden und Wirken dennoch als Schritte eines Weltganges verstehen und vollziehen zu können, ist darum aber nur umso stärker. Kann, gewissermaßen an einem negativen Wendepunkt jenseits all der nie ausreichenden Momente von versprengtem Glück auch im gegenwärtigen Leben, ein Modell der Philosophie des frühen Hegel uns eine Hilfestellung in dieser Suche geben?

In den Jenaer Realphilosophien des Geistes von 1806/07 hat der junge Hegel, mitten in dem Versuch einer logischen Rekonstruktion der anthropologischen Weltentwicklung, den Begriff vom *gefühlten Mangel* eingeführt.»

Neben dem Eingang in den Speisesaal des Kollegs hängt seit ein paar Wochen ein Plakat, auf dem Rudolf zur Lippe den Vortrag «Der gefühlte Mangel» ankündigt. Zielnica musste lachen, als er den Titel las, er stolpert auch weiterhin darüber, kopfschüttelnd. «Ihr Westler lebt doch im Überfluss!» Er hörte aus dem «gefühlten Mangel» heraus, was

DDR-Bürger uns gelegentlich achselzuckend sagten: «Eure Sorgen möchten wir haben.»

Rudolf zur Lippe beginnt, als habe er einen Gegenentwurf zu Illichs Konzept einer «Geschichte der Knappheit» geplant. Er spricht von der Innenansicht, von der Seele einer Gesellschaft, die laut Illich sich durch den Motor der «Knappheit» verführen lässt, überall neue Löcher zu entdecken, zu erfinden und sie zu stopfen und auf diese Weise alle «Mängel» zu beseitigen.

Im Gegensatz zu Illichs Knappheitsbewusstsein erscheint das Gefühl des «Mangels» bei zur Lippe als ein unentbehrliches Gut völlig anderer Art. Er spricht tastend davon, der Text ist nicht leicht zu verstehen. Er beobachtet Menschen: Die Gesichter Erwachsener auf der Straße oder in der U-Bahn, die Wutausbrüche und Graffiti der Jugend, die Mienen schon der Kinder – was ist ihnen zu entnehmen? Was zeigen sie an? Dass sie in Futterale hineingeboren sind, wie Walter Benjamin meinte?

Für zur Lippe ist ein wesentlicher Grund die Vielfalt widerstandsloser Möglichkeiten. Das Entzünden eines Feuers – ein etwas zurückliegendes Beispiel! – war einmal ein Ereignis, mit einer Reihe von Handgriffen verbunden – der Erfolg ein mit vielen Sinneserfahrungen verbundenes Ereignis. Jetzt drücken wir auf einen Knopf, knipsen an. Vieles, was vor fünf oder zwei Jahrzehnten mit enormem Aufwand, mit Hindernissen, mit Umwegen verbunden war, ist heute mühelos zu erledigen. Umweglos stellt sich vieles ein, vorgefertigt, die Hindernisse und die mit ihnen verbundenen sinnlichen Erfahrungen fallen aus – man braucht, um es ein wenig zuzuspitzen, eigentlich kaum noch extra zu leben.

Die gesamte Dialektik, der zufolge das Nichts das Sein hervorruft, die Abwesenheit das Anwesende, verliert sich. Nicht nur der Umweg fehlt, sondern, um die Fülle wahrzunehmen, auch der Kontrast. Die Sonntagsbrötchen, eine Hochzeitstafel, eine Flasche Wein haben den Abstand zum Alltag verloren, und das heißt: ihre Sinnlichkeit. Jemand, der von seiner Erfahrung sprach, hat mir einmal gesagt: Wer im Gefängnis wochentags eine Schale Reis erhält, mit einem Geschmack, als habe in seiner Nähe ein Kohlblatt gelegen, und dann am Sonntag eine Schale Reis mit dreierlei Gemüse, bei dem erwachen an diesem Tag alle Sinne. – Auch Rudolf zur Lippe stößt hier wie Illich auf Unverständnis. Ich weiß nicht, ob ich ihn besser begreife als Hartmut von Hentig, der behauptet, ihn gar nicht zu verstehen – ein zentraler Zug zur Lippes, den er mit seinem Lehrer und Freund Kükelhaus teilt, ist jedenfalls das Anfachen der Sinneserfahrung. Zur Lippe spricht von «Sinnenbewusstsein». Seine Quelle ist eine Entdeckung:

Der Gedanke des «gefühlten Mangels» taucht kurz in Hegels «Jenaer Realphilosophie» auf (S. 194 f. in der Ausgabe von Johannes Hoffmeister 1967). Das übergeordnete Kapitel ist hier der *Wille*: Wenn der Wille alle Elemente in seinem Selbst als dem Allgemeinen umfasst, wie eine Kugel das Ganze ist, ist sein Gegensatz unangreifbar. Von außen betrachtet ist dann aber der Wille ein «*Fürsichsein*, das allen fremden, seienden Inhalt in sich getilgt hat. Dadurch aber ist es das *Anderslose*, das Inhaltslose, und fühlt diesen *Mangel*» – «es ist aber ein Mangel, der ebenso positiv ist». – «Das Negative, Ausschließende ist so im Willen selbst, daß er darin nur auf sich gerichtet, er das von sich *Ausgeschlossene* ist, der *Zweck* dem Selbst gegenübersteht, Einzelheit, Wirklichkeit dem Allgemeinen. Das *Gefühl* des Mangels ist … Mangel des Gegensatzes.»

Welch eine Entfernung zu Nietzsches Monumentalisierung des Willens! – Zur ‹Willenssucht›, von der Wilhelm Lehmann spricht. Zur Lippe sieht im Gedanken des gefühlten Mangels ein anthropologisches Vehikel, einen Animator erfüllten Lebens.

Zu der Welt, in der wir leben, die mit uns umgeht, gehört eine endlose Datenwelt und gehören erfahrungsschwache Übersichtsvokabeln an Stelle treffender, von Erfahrungsvielfalt gestützter Begriffe. Nur scheinbar ist so die Welt erfasst und auf den Weg gebracht.

Bemerkenswerterweise unternimmt zur Lippe einen Gang durch die Geschichte der Musik und Dichtung seit dem späten 18. Jahrhundert, um dem Phänomen gefühlten Mangels und seiner Beantwortung nachzugehen, von «Don Giovanni» und Casanova, dem «Systemprogramm» des Tübinger Stiftschülers Schelling bis hin zu den gerissenen Verschwiegenheiten Samuel Becketts. Ich kann nicht sagen, dass mir sein Leitfaden dabei deutlich wurde, mir war aber der Kontrast zwischen Illichs und zur Lippes Versuchen, eine Zeitfrage zu schultern und anzugehen, eine andauernde Anregung.

Illichs «Reise der Neuzeit» als katastrophaler Irrweg nach dem Motto «Corruptio Optimi Pessima» (die Verfälschung des Besten ist das Schlimmste) – seine konkreten Diagnosen und Prognosen, die ihn seinerzeit berühmt, aber auch unmöglich gemacht haben, sind heute oft schon überholte allgemeine Tatsachen –, sein Vorschlag der «Selbstbegrenzung», der «Tools for Conviviality» fanden Aufmerksamkeit, aber wenig praktische Echos.

Auf der anderen Seite Rudolf zur Lippes Skizze «Der gefühlte Mangel» als ein Blick in Richtung Zukunft, eine Suche nach Möglichkeiten einer Antwort. Er spricht von einer «geschichtlichen Anstrengung des Gemüts», die notwendig sei. Nach den zwei Bänden «Naturbeherrschung am Menschen», der Analyse einer historischen Geometrisierung der Welt und des Menschen, unternimmt er eine Ausstellung «Unser Körper – erstes Werkzeug der Kulturen», darauf folgen seine Zukunftsversuche im Blick auf die Stereotypie heutiger Arbeitsplätze, der Entwurf einer produktiven Anthropologie für die Industriegesellschaften, das «Sinnenbewusstsein» gemeinsam mit Kükelhaus, die Zeitschrift *Poiesis*, die in Oldenburg entstand und die Gedanken zu einer pluralen Ökonomie (!) – ich meine seine *andere Denkrichtung.*

Ein Unfall in der DDR

«Haben Sie hier einen Verwandten im ‹Grauen Kloster›?» –
Die Frage kehrt beim Ausklang der Kolloquiumabende wieder. Man
erzählt mir von meinem Bruder. Claus ist ein sehr geschätzter Lehrer
im hiesigen Alten Gymnasium, und Griechisch ist sein Lieblingsgebiet,
Homer kennt er in- und auswendig. Unter dem Motto «Warum so sau-
er, Achill?» gibt er seinen Schülern offenbar immer wieder einen genau-
en Überblick über den Aufbau der «Ilias» und erwärmt sie für seine
Theorie, dass Homer die Götterwelt, die er agieren lässt, unmöglich
ganz ernst genommen haben kann. Man könne ihn getrost etwas frivol
übersetzen. Schon mit Homer bereitet Attika sich auf die Demokratie
vor, sagt Claus ... Man mag ihn, er ist ihr Vertrauenslehrer und im
Zweifelsfall auf Seiten der Schüler.

Jetzt ist Mady, seine aus Südfrankreich stammende Frau, auf einer
Schülerreise durch die DDR schwer verunglückt. Claus fuhr im Bus
mit seiner Klasse vierzehnjähriger Mädchen und Jungen in den Harz,
Mady saß vorne neben dem Fahrer, weil ihr kalt geworden war, er spielte hinten mit den Schülern Karten. Es war auf der Höhe von Magdeburg. Der Fahrer fuhr schnell bei dichtem Nebel und konnte nicht mehr
bremsen, als vor ihm ein Laster auftauchte, schob ihn zur Seite und
prallte auf einen zweiten, schwer beladenen Lastwagen, in dem sich die
rechte Vorderseite des Busses festkeilte. – Der Fahrer sprang aus dem
Wagen, rief: «Scheiße, mein Bein». Es war gebrochen. Mady war fest
eingeklemmt und hatte heftige Schmerzen. Man konnte sie nicht befreien. – Es war nahe einer Raststätte. Polizei war sofort da, der Kran-
kenwagen ließ auf sich warten. Erst als man an einem Seil das Vorder-
teil des Busses aus der Verklammerung herausgezogen hatte, konnte
man die Verletzte bergen. Sie war bei Bewusstsein geblieben und nach
dem ersten starken Schmerz ruhig. Das rechte Bein sah furchtbar aus,

etwas für Albträume. Sie wurde in ein Luftbett gelegt, bekam eine Spritze, wurde notdürftig verbunden.

Es war eine Unfallstelle, in die der Bus hineingefahren war. Ein Trabant war von der Raststättenauffahrt heruntergekommen, ein Laster hatte ihn erwischt, ein zweiter war draufgefahren, die Polizei wollte die Unfallstelle gerade sichern, als der schnelle Bus hineinfuhr.

Mady kam nach Magdeburg ins Krankenhaus und lag sofort auf dem Operationstisch, ihr wurden gleich vier Liter Blut übertragen. – Mein Bruder musste, nachdem man ihnen einen zweiten Bus gegeben hatte, die Reise in den Harz mit der Klasse fortsetzen. Ein Elternpaar aus Berlin kam zur Unterstützung noch am Abend herüber, der Mann unterhielt ihn, erzählte – Claus wusste nicht, ob Mady noch lebte –, erzählte bis in den Morgen, lieh ihm sein Auto. Aber an der Grenze saß Claus am Morgen fest, ohne Visum, musste warten, telefonierte, versuchte im Auto einen Krimi zu lesen, fast ohnmächtig vor Wut. Im Magdeburger Krankenhaus war nur ein Mann zuständig für auswärtige Auskünfte, der aber wiederum nicht wusste, was in solchem Fall zu unternehmen sei.

Am nächsten Tag ließ man ihn endlich passieren, die Ärzte waren sehr freundlich, der zuständige sagte ihm, sie wüssten noch nicht, ob sie das rechte Bein retten könnten, vor fünf Jahren hätten sie es noch abgenommen, jetzt gebe es das Mittel der «Osteosynthese». Mady ist vom Fach, eine in Paris ausgebildete Krankenschwester. «Wenn sie das Bein eine Woche halten können, können sie es retten», beruhigt sie ihren Mann. «Sie tun alles, was möglich ist, es ist eine erstklassige Behandlung.» Nach sieben Tagen wird sie nach Berlin überführt. Bei der Charité in der Invalidenstraße findet ein Wagenwechsel statt, wird sie umgebettet und im Westteil der Stadt in die Grunewaldklinik gebracht. Dort erhält «Schwester Madelaine» ein Privatzimmer und wird von dem Arzt betreut, Herrn Dr. Stamer, mit dem sie bisher zusammengearbeitet hat. Er lobt den Schweizer «Fixateur externe», das von den Magdeburgern verwendete Drahtgestell, welches das Knochenwerk ihres Beines zusammenhält. Es war ihr einziges, ein Schweizer Modell.

«Ich bin noch da», sagt sie, als ich komme und sie umarme. Sie hat schon wieder ihren Humor und Mut – ihr Bein sehe aus wie ein Huhn am Spieß. «Nun kommt ein langes Lager.» «‹Uwe, es ist was ganz Wichtiges passiert. Mady ist im Krankenhaus›, war das Erste, was ich von Christoph über deinen Unfall gehört habe», sage ich. Sie nickt: «Unser Kleiner ist in Ohnmacht gefallen, als er das Huhn am Spieß versehentlich zu sehen bekam.»

Gershom Scholem

(5. Dezember 1897 in Berlin – 21. Februar 1982 in Jerusalem)

Walter Benjamin und Klees «Angelus Novus» –
Sturm vom Paradies – Besuch bei Fanja Scholem

Als ich am Nachmittag des 21. Februar 1982 ins Kolleg komme, höre ich, dass Scholem in der Nacht zum Samstag in Jerusalem gestorben ist. Dankbarkeit, ihn hier am Halensee kennengelernt zu haben, ist das Erste. Er hat sich tief eingeprägt. Gestern noch in einem Brief habe ich von seiner Jugendlichkeit erzählt, von dem Berliner Witz, seiner Neugier.

Tags darauf, am gemeinsamen Mittagstisch, bittet Peter Wapnewski Hartmut von Hentig, etwas zu sagen. Da wird der sonst so umstrittene gemeinsame Tisch auf einmal eine schöne Einrichtung. Hentig steht und spricht, erzählt, redet ehrfürchtig. War es von Scholems rastlosem Wissensdurst? Seiner Gegnerschaft gegen die Assimilation und die lange Phase der jüdischen Bereitschaft zur Selbstaufgabe? Von der Kabbala als einer «School for Advanced Studies»? Seine Lebenserinnerungen gehen darauf ein. Jedenfalls sagte er: «Von Scholem wird noch gesprochen werden, wenn wir alle vergessen sind.»

Mich hat am stärksten Scholems Freundschaft mit Walter Benjamin fasziniert. Sie scheint mir umso intensiver, je weiter sie sich voneinander entfernt zu haben glaubten.

Ihr letztes Gespräch über das Bild «Angelus Novus» von Klee wirkt wie die Lösung eines Rätsels.

Gelegentlich hat man den Eindruck: Scholem weiß alles, weiß er nicht manchmal etwas zu viel? Da weiß er auch, was Benjamin im Grunde gedacht hat oder eigentlich denken sollte. Aber: Hat er nicht recht, wenn er schreibt: Benjamins letzte Deutung des Engels in den «Geschichtsphilosophischen Thesen» sei eine «desperate Ansicht» der

Geschichte, eine Verzweiflung, die mit seinem «historischen Materialismus» oder dem marxistischen Vertrauen in eine Fortschritt versprechende Revolution kaum vereinbar wäre? Benjamin zitiert in seiner berühmten neunten These die Strophe eines Gedichts, das Scholem ihm früh zu diesem seinem Bild geschickt hat, er wählt Scholems Blick auf Klees Engel als Motto:

> Mein Flügel ist zum Schwung bereit,
> ich kehrte gern zurück,
> denn blieb ich auch lebendige Zeit,
> ich hätte wenig Glück.
> (Gerhard Scholem: Gruß vom Angelus)

Benjamins Text:

«Es gibt ein Bild von Klee, das ‹Angelus Novus› heißt. Ein Engel ist darauf dargestellt, der aussieht, als wäre er im Begriff, sich von etwas zu entfernen, worauf er starrt. Seine Augen sind aufgerissen, sein Mund steht offen, und seine Flügel sind aufgespannt. Der Engel der Geschichte muß so aussehen. Er hat das Antlitz der Vergangenheit zugewendet. Wo eine Kette von Begebenheiten vor uns erscheint, da sieht er eine einzige Katastrophe, die unablässig Trümmer auf Trümmer häuft und sie ihm vor die Füße schleudert. Er möchte wohl verweilen, die Toten wecken und das Zerschlagene zusammenfügen. Aber ein Sturm weht vom Paradiese her, der sich in seinen Flügeln verfangen hat und so stark ist, daß der Engel sie nicht mehr schließen kann. Dieser Sturm treibt ihn unaufhaltsam in die Zukunft, der er den Rücken kehrt, während der Trümmerhaufen vor ihm zum Himmel wächst. Das, was wir den Fortschritt nennen, ist dieser Sturm.»

Der «Sturm vom Paradiese her» hat eine lange Geschichte: In Kafkas «Ein Bericht für eine Akademie» erzählt der Varieteekünstler Rotpeter von seinem «äffischen Vorleben» und führt seine Entwicklung in einem ähnlichen Bild und ihm nahen Worten vor Augen:

«War mir zuerst die Rückkehr, wenn die Menschen gewollt hätten, freigestellt durch das ganze Tor, das der Himmel über der Erde bildet, wurde es gleichzeitig mit meiner vorwärts gepeitschten Entwicklung immer niedriger und enger; wohler und eingeschlossener fühlte ich mich in der Menschenwelt; der Sturm, der mir aus der Vergangenheit nachblies, sänftigte sich; heute ist es nur ein Luftzug, der mir die Fersen kühlt; und das Loch in der Ferne, durch das er kommt und durch das ich einstmals kam, ist so klein geworden, dass ich, wenn überhaupt die Kräfte und der Wille hinreichen würden, um bis dorthin zurückzulaufen, das Fell vom Leib mir schinden müßte, um durchzukommen. Offen gesprochen, so gerne ich auch Bilder wähle für diese Dinge, offen gesprochen: Ihr Affentum, meine Herren, sofern Sie etwas derartiges hinter sich haben, kann Ihnen nicht ferner sein als mir das meine. An der Ferse aber kitzelt es jeden, der hier auf Erden geht: den kleinen Schimpansen wie den großen Achilles.»

Benjamins Bild der Geschichte – geht es zurück auf Kafkas Bild von der menschlichen Evolution?

Als ich auf einer Tagung der Mainzer Akademie diese Verbindung des Engels der Geschichte zu Kafkas «Bericht für eine Akademie» zog, machte mich der Mediävist Kurt Gärtner (Trier) auf das schmale Versepos «Diu urstende» (Die Auferstehung) Konrads von Heimesfurt aufmerksam. Es entstand um 1230 und stellt das Motiv des Paradieses, seines Engels und des Windes in noch einmal ganz anderer Beleuchtung dar:

Der alte, schwache, vom Tod bedrohte Adam hat seinen dritten Sohn Seth auf den Weg zum Paradies entsandt, um ihm vom dortigen Baum des Erbarmens heilendes Öl zu bringen. Der Engel hat ihm den Zugang verwehrt, das Tor ist verschlossen, aber ihm kommt aus dem Paradies ein milder, süßer Duft entgegen, der ihn heilsam labt und aufrichtet, ein Frühlingswind (Vers 1930–1001): «der quam mit einem winde / so sanfte und so linde, / alsô (gleichwie) diu süeziu meienzît».

Der Wind aus dem Paradies als süßer stärkender Wohlgeruch.

Im März 1987 habe ich Fanja Scholem in Jerusalem besucht. «Entschuldigen Sie, dass ich die Tränen nicht zurückhalten kann», sagt sie. «Ich habe die ganze Zeit in Berlin solche Angst um meinen Mann gehabt. Immer, den ganzen Tag. Die Ärzte in Berlin sagten: Es ist nichts. Auch in Zürich sagten sie's. Er glaubte auch, dass er gesund sei – aber ich hatte diese starke Angst ... Ich hab es gespürt.» Sie hatte ihren Mann überredet, die Einladung nach Berlin anzunehmen, er hatte schon die Absage geschrieben.

Ich erzähle von seinen letzten Tagen in Berlin bis zum Abschied auf dem nächtlichen Zürcher Flughafen.

«Wäre ich doch nicht vor ihm abgereist!», sagt sie, sie habe sich von den irrenden Ärzten beruhigen lassen. Es quält sie. Sie weint. «Er ist noch hier. Die fünf Jahre sind wie ein Tag.» Er habe nicht mehr viel gesprochen, als er zurück war. Von Berlin hat er einmal gesagt: «Du warst so weich; hast du geglaubt, ich habe Krebs?»

Sie war mit ihm im Krankenhaus, blieb im Krankenhaus von 7 bis 23 Uhr. «Ich bin innen ganz und gar zerrissen», habe er gesagt; er sei nicht mehr sicher, ob er das Krankenhaus verlassen werde. – «Aber du hast doch noch so viele Pläne, du hast doch gestern davon gesprochen, was du alles tun willst.» – «Geb es Gott», habe er gesagt. Das waren seine letzten Worte.

«Nachts um 2 hat er sich aufgerichtet und sich umgesehen. Da war nur die Nachtschwester da. Ich war nicht da, als er starb. Das frisst an mir», sagt sie.

Ich spreche über Scholems Gedicht nach der Lektüre von Kafkas «Prozess». Welchen Eindruck es auf die Studenten meines Seminars gemacht hat – «Kann dein Wort denn so verklungen / in der Leere Zions sein?» – «Ich habe gestern die Scholem-Ausstellung gesehen, da liegen Gedichte aus seiner Gymnasialzeit in der Vitrine.»

«Er hat immer Gedichte geschrieben», sagt sie, «auch als Älterer noch. In den fünfziger Jahren ein Gedicht auf Ingeborg Bachmann.»

Sie bestreicht mir trockene, luftige Schnitten mit Avocados. – Karlfried Gründer aus Berlin kommt. Wir gehen in Scholems Zimmer, wo jetzt alles ausgelagert ist und die Bücher fehlen.

Illichs Seminar

Aztekische Verse – Gender-Fasching – Ivan auf dem Prüfstein

Sonntag, den 22. Februar 1982. – Bin mittags bei Ivan Illich. Er ist erholt von seiner fiebrigen Erkältung nach dem Vortrag über «Genus und Sexus». Schlägt vor, wir sollten uns, außerhalb des Kollegs, duzen. Ich habe einen neuen Freund – und was für einen!

Mittwoch, 25. Februar 1982. – Zum Mittagessen drüben in der Beerenstraße bei Frau Duden. Gemüsesuppe.

Wir sprechen über Madonnenbilder. Die schwangere Madonna von Piero della Francesca. Dann über den «Genus-Fasching» am 12./13. März im Kolleg. Ivan und Barbara Duden wollen, dass aus Monreale die Freunde, drei Geigenbauer, kommen, die dort unter der Apsis der Riesenkirche wohnen. Es wird bunt werden. Ein Herr Thomas wird vielleicht berichten über die Brüste der Kirche, Frau Rettenbeck über Trauergestus und den Schrei der Frau im Mittelalter. Frau Duden will ein wenig zusehen, dass das Ernste, Wissenschaftliche nicht zu kurz kommt. Ivan aber meint: Hauptsache lustig.

Ein Betrunkener hat nachts den alten Käfer von Frau Duden auf die Schnauze genommen, mitgeschleift und in den Zaun geschoben. Er ist wohl perdu. Es war so laut, dass Nachbarn glaubten, ein Flugzeug sei abgestürzt.

Am Donnerstag kommt Illich zum Abendessen ins Kolleg. Wir sitzen unten im Essraum. Unsere elfjährige Tochter Sibylla will als Indianerin zu ihrem Schulfasching in Freiburg gehen und bittet Ivan um ein indianisches Gedicht. Wir sind zu mehreren am Tisch. Er springt auf: «Dazu brauchen wir aber Wein.» Holt zwei Rotweinflaschen und entkorkt sie.

Dann diktiert er aus dem Stegreif:

Nur für eine kurze Zeit hast du uns einander geborgt.
Denn durch dein Uns-Ritzen haben wir Profil angenommen.
Durch dein Uns-Malen haben wir Fleisch angenommen.
Durch dein Uns-Singen haben wir Atem angenommen.
Nur für eine kurze Zeit hast du uns einander geborgt.
Denn so wie auch das was in den kristallinen Obsidian geritzt wird,
So wie selbst die Schwanzfedern des Quetzatl ausbleichen,
So wie auch im Sommer der Wasserfall zum Schweigen kommt,
So auch wir.
Nur für eine kurze Zeit hast du uns einander geborgt.
Also lasst uns saufen.

(Ob die letzte Zeile noch zum Gedicht gehört, bleibt offen.)

Aufgeschrieben von dem Franziskaner Bernardino de Sahagun, der 1532 nach Mexiko kam, zugeschrieben dem Prinzen Nezalhuacoytl, Herrn von Cautla, gerichtet an einen Gott, an XOXIPILI (x = tsch), der alle Säfte fließen lässt, übersetzt nach Garybay, einem mexikanischen Spanier. Die Sprache ist Nahuatl, ein Altaztekisch.

Donnerstag, 11. März 1982. – Wir sitzen, reden lebhaft. Die Abendessen im Kolleg sind manchmal schön, besonders fröhlich. Und der Gender-Fasching, Illichs «Genus-Fasching», wird vor allem ein Fest. Eine Susan («Ivan wants me to study economics») ist aus den USA gekommen, aus Palermo die drei Musiker jener alten Geigenbauerfamilie, die unter der Apsis des Doms von Monreale wohnt: die sehr schöne Vannina und ihre beiden Brüder, dazu ihr Freund Franco. Sie sollen zum Tanz aufspielen. Claudia von Werlhof, schon mehrfach gegen Illich zu Felde gezogen, ist erschienen, und eine Philosophin aus Wien, die das Ganze ein wenig verwundert betrachtet. Ilichs Seminare zeichnen sich dadurch aus, dass er Menschen aus verschiedenen Ländern, Berufen, Schichten, unterschiedlichen Alters zusammenruft. Das ist nachgerade eine Arbeitsmethode, die Stimmenvielfalt ist sein Instrument: ein Funkenanimator! Der Generaldirektor des Volkskundemuseums in München, Lenz Kriss-Rettenbeck und seine Frau Ruth. Groenevelds aus Göttingen (Landwirtschaft und Schule), Gunhild aus Freiburg.

Ivan Illich im Gespräch mit Karlfried Gründer

Der Nachmittag war ungezwungen, fröhliche Ankunft in der Beerenstraße, der «adventus», möchte man sagen, von sizilianischer Musik unterlegt; einige saßen auf dem Fußboden.

Freitag, 12. März 1982. – Es beginnt Freitagmittag im Clubraum des Kollegs. Thema ist – Kritik an Illichs jüngster These. Dazu hat er eingeladen. Er begrüßt lebhaft, schnell, zieht die Hand der Damen fliegend an seine Lippen. Hauptsache lustig, sagt er auch jetzt und lacht, als Frau Duden nicht zum letzten Mal versucht, sich ordnende Gedanken über das Unternehmen zu machen.

Barbara Duden beginnt in klarer Linienführung mit der Frau im 18. Jahrhundert. «Das schöne Eigentum» sei sie im Verlauf dieser Zeit geworden, in der Epoche, in der aus der vernunftbestimmten Ehegemeinschaft eine «Liebesehe» wurde und die Liebe der Frau sich in den Dienst daheim verwandelte, in Hausarbeit als «Schattenarbeit», während die Arbeit des Mannes sich in den Beruf außer Hauses veräußerte, in bezahlten Beruf und Karriere. Haus und Beruf, Frauenarbeit und

Männerarbeit seien immer weiter auseinandergetreten, wurden verschiedener zentriert und geartet als je. Er steht im Licht, sie waltet züchtig im Schatten. So etwa sprach sie und warf einen Blick auf die ungleiche Scheinwelt in der Epoche der «Gleichheit».

Wolfgang Sachs, damals Mitarbeiter an einem Projekt «Energie und Gesellschaft» der Technischen Universität in Berlin, zurzeit befasst mit einem Buch über das Auto – später wird ihn kennen, wer mit dem Club of Rome, dem Klimaforschungsinstitut in Wuppertal oder mit Greenpeace in Kontakt ist –, Sachs sucht Zweifel an Illichs Geschichtsbild ins Spiel zu bringen. Er hat sich Illichs Manuskript noch einmal vorgenommen und zweifelt gründlich. Ist das getrennte Gegenüber von Frauenwelt und Männerwelt tatsächlich die Barriere gewesen, die fallen musste, damit eine ungebremste Produktionsgemeinschaft sich schrankenlos und losgelassen entwickeln konnte? Gibt es dafür ein einziges Zeugnis? War nicht die ständische Gliederung viel eher ein Hindernis? Der Ordo? War es nicht noch mehr, was Jacob Burckhardt in den «Weltgeschichtlichen Betrachtungen» annimmt: das Jahr 1815? Die Aufhebung des Zunftzwangs? Ab da darf doch jeder alles werden und der Schmied seines Glücks sein (so wie zugleich bei Napoleon jeder Soldat auf einmal «den Marschallstab im Tornister» trägt)?

«Die andere Frage, Ivan, will ich doch auch nicht übergehen», sagt Wolfgang. «Wie hältst du's mit der Freiheit? Wie stehst du zur Geschichte des Individuums als einer Geschichte der Freiheit, der zunehmenden Befreiung aus den Kasten und Kisten, in denen es gelebt hat?»

Ivan reibt sich das Kinn: «Ich glaube, *ich* halte es mit der Freiheit – fürchte aber, wenn wir hier zu reden anfangen, entsteht leicht ein semasiologischer Buhmann. Du weißt sicher nicht, musst es auch nicht wissen: Als ich noch in Norditalien auf dem Weg zum Monsignore war, in unserer Gruppe, zu der als Wichtigster Prodi gehörte, gerieten wir auf die Spur, dass die Kirche der Vorbereiter des Absolutismus, des absolutistischen Verwaltungsstaates gewesen ist. Paolo Prodi, der geniale Historiker in Bologna, ist dem nachgegangen, wie die ausgeklügelte Heilsverwaltung der Kirche des Spätmittelalters in die systematische Glücksverwaltung durch den Staat überging, wie sie zum Vorbild des

Absolutismus wurde. Das war nicht unbedingt Freiheitsgewinn; der religiöse Mensch des Mittelalters war freier als der politische heute.

Was veranlasst dich anzunehmen, dass das heutige frei geborene Individuum, das mit 21 oder auch 18 Jahren in Vierjahreszyklen eine Stimme abgeben darf für eine eventuelle Richtung der Politik des Landes, ein besonders freier Mensch ist? – In welcher der Weltkulturen wurden Männer und Frauen das erste Drittel ihres Lebens in eine Anstalt gezwungen, die sie als Produzent und Konsument auf das weitere Dasein vorbereitete?

Es geht, hör bitte zu, es geht gerade mir um Freiheit. Die ‹Asymmetrische Komplementarität› der Geschlechter ist eine soziale Grundregel in allen Kulturen, von denen ich weiß, in tausend Varianten. Sie unterscheidet sich vom absoluten Unterwerfungs- und Herrschaftsverhältnis dadurch, dass es Zuständigkeitsbereiche gibt, in denen der andere Teil nichts zu suchen hat. Das ist der Punkt.»

Ludolf Kuchenbuch, der Mittelalterhistoriker, vertraut vor allem mit der Landwirtschaft und landgebundenen Ökonomie des frühen Mittelalters, geht aus von dem seltsamen Sonntagsarbeitsverbot für Frauen und Männer zur Zeit Karls des Großen – «Alles in die Kirche!» – und spricht über «Bäuerliches Genus im Frühmittelalter»: die Ehe als asymmetrische, komplementäre Arbeitsgemeinschaft: Die Frau hat den Hausdienst, der Mann den Außendienst, die Verantwortung scheint gleichgewichtig im fast geldlosen Zeitalter – ein Zustand, der während des 20. Jahrhunderts, in dem dieser Berufsstand verschwindet, noch erkennbar ist.

Am Ende des Abendessens greift Kuchenbuch zum Saxofon, er ist durch diesen Griff in Berlin nicht unbekannt, und führt eine Polonaise an, die sich durch die Räume des Hauses bewegt und bei der auch der lange Rektor Peter Wapnewski freundlich lächelnd mittänzelt, nachdem er zunächst zu Recht ungehalten war: Er war erst am Donnerstag von diesem festlichen Überfall auf das Kolleg unterrichtet worden. Eine erste Tanzrunde folgt, die Sizilianer sind längst mit ihren Instrumenten eingefallen.

Jetzt ist Freiburg dran. Gunhilds und mein Part ist das höfische Paar im Ritterepos, vor allem im heiklen «Tristan» Gottfrieds von Straßburg. Das hebt die Stimmung.

Es wird nur noch getanzt.

Am Samstagmorgen beginnt Claudia von Werlhof. Ihr Arbeitsfeld ist zurzeit die Hausfrauisierung Südamerikas, die lateinamerikanische Debatte und Quellenlage, aber sie ist zornig und nicht eigens vorbereitet, spricht martialisch, indem sie sich gegen Illichs Bild der Geschlechtergeschichte zur Wehr setzt. Er vernachlässige völlig die Geschichte des Verhältnisses von Frau und Mann als die einer blutigen Unterdrückung durch das Patriarchat. Sein Terminus für den Geschlechtergegensatz sei eine Verharmlosung, eine romantische Verniedlichung. Sie bleibt leider allgemein, spricht gekränkt, als trage sie die Geschichte der Unterdrückung auf den Schultern – ohne auf eine seiner Thesen einzugehen.

Illich äußert sich nicht.

«Entschuldige! Ivan», sagt Wolfgang Sachs, «lass mich's noch einmal sagen, deine Genusthese stellt ja nicht nur das Geschichtsbild der Feministinnen, sondern auch die neuzeitliche Geschichte der Emanzipation, der Erringung der Freiheiten, der neuen Position des Subjekts infrage.»

«Nun musst du Farbe bekennen, Ivan», ruft Ruth Kriss-Rettenbeck. «Was sagst du dazu? Zu unserem Heute. Nun musst du etwas sagen.»

Und was sagt Ivan? Er schlägt Gunhilds und mein Bändchen auf, die Übersetzungen mittelhochdeutscher Gedichte, und sagt, er traue unserem Gehör viel zu. Aber:

«Warum haben Sie in dem Gedicht, wo ein Unbekannter darüber spricht, wie das Kind im Mutterleib entsteht – dies Gedicht ‹Im langen Ton Regenbogens› –, warum haben Sie nur das Wort ‹Wovon die welt› wiedergegeben als ‹Wie der Mensch› und die Zeile ‹herquicket er das leben in den lüten› als: ‹erweckt er das Leben in den Menschen›? ‹welt› heißt doch sicher Welt, oder nicht? ‹lüte› sind Leute. Nach meiner Überzeugung gab es damals noch keine ‹Menschen›, sondern nur Männer und Frauen und Leute.»

Wir waren darüber schon öfter im Gespräch. Ich bezweifle das. Menschen gab es doch schon in der Antike, «anthropoi». Im Christentum wendet sich Paulus z. B. bewusst universal an die Menschen auf seinen Reisen. Eine abstrakte Anthropologie ist alt.

Seine Frage ist eine echte Ivan-Antwort. Er tischt eine Gegenfrage auf. In der arabischen Sprache soll es in manchen Dialekten kein Wort für «das Kamel» geben, nur Jungtiere oder Ausgewachsene, weibliche oder männliche usw. «Gab» es um 1300 noch keine «Menschen», nur Männer, Kinder, Weiber und Leute?

Eine junge Holländerin spricht gegen Ende der Sitzungen von ihrer Angst, nicht nur von Sorge, sondern von der Angst, durch die Suggestion des Illich'schen Themas, durch seine von Geschichte okkupierte Fragerichtung – sie vermeidet es, von seiner magnethaften Person zu sprechen – ihr Anliegen und das der Frauen allgemein aus den Augen zu verlieren. Es erscheint in diesem Augenblick als ihr «persönliches Problem». Aber die aus Wien angereiste Philosophin, eine alte Freundin Illichs, hat auf der Tagung nur ein paar Sätze gesagt und ihm später genau dies vorgehalten, hat dem «Zauberer» und seiner magischen Rolle die Leviten gelesen, wie er mir danach erzählt hat.

«Ich habe viel gelernt in diesen Tagen», sagt er.

Der Ausklang des Gender-Fasching in der Beerenstraße. Ich werde gebeten, Gedichte des Mittelalters vorzulesen – sie sind weniger umständlich als heutige Liebesgedichte –, die Sizilianer spielen spontan eine Begleitmusik. Wir haben ihnen Schallplatten mit den Carmina Burana und anderem besorgt, alle haben unterschrieben, sie werden übergeben und die drei Spieler, ganz Form, stehen auf, gehen zu jedem, küssen ihn auf beide Wangen und danken ihm. Ivan küsst Beppo auf den Mund und ruft laut, das sizilianische Temperament ihrer Brüder nachahmend: «Vannina!»

Sie werden noch heute Nacht abfliegen und spielen so lange wie möglich.

«Mit der Frau Farías musst du einmal tanzen», sagt Illich. «Die Südamerikanerinnen tanzen steif wie ein Stock.» – Es stimmt: ein ganz anderer Partner. Nichts Wiegendes und Wägendes. Steif wie ein Stock. Er selbst tanzt, halbhoch, in den Knien, eckig, im Kreis mit den anderen. Sein weißer, mexikanischer Kittel. Irgendwann im Lauf des Abends ist er verschwunden. Er ist plötzlich ohnmächtig geworden. Barbara ist bei ihm. «So wehrt sich manchmal sein Körper.»

«Der Indianer!», sagt Wapnewski am Montagmorgen, während er zu ihm und einigen noch verbliebenen Tagungsgästen hinübersieht. «Diese Mischung aus Sekte, Folklore und ernster Wissenschaft. – Da kommen die Leute bis von Übersee. Warum kommen sie nicht zu uns?» – Ist das Illich? Es ist ein echter Wapnewski: Ironie und Spott, Ablehnung und Bewunderung, ernstgemeinter Respekt und sogar ein wenig eingestandener Neid auf einmal. Er ist nicht ambivalent. Er ist ein Meister der Multivalenz.

Der Systemanalytiker

«Vorschlag nicht ablehnbar» – «Billiger als Krieg»

Kurz darauf ereignet sich etwas in der Weltpolitik, was Dror auf den Plan ruft und uns in Atem hält. Argentinien unternimmt einen Versuch, die Falklandinseln zu inkorporieren, die dem Vereinigten Königreich angehören, und England entsendet einige Kriegsschiffe. In der *FAZ* steht ein Aufsatz, der den Aufbruch der Königlichen Flotte rauschhaft begeistert feiert.

Der Englandkorrespondent Karl Heinz Bohrer, ein verspäteter Jüngerjünger – Jünger selbst hielt, was in der zweiten Jahrhunderthälfte «Krieg» genannt wurde, eigentlich nicht mehr für Krieg –, hatte ein anachronistisches Kriegskostüm angelegt. Man schüttelt den Kopf. «Er war besoffen», meint Wapnewski.

Die Sache selbst, die Auseinandersetzung vor Südamerika, schien ernstere Formen anzunehmen und Yehezkel Dror – oder war es Gauger? In meiner Aufzeichnung Dror – erfand eine Lösung.

Dror war eine sehr ausgeprägte Figur. Er sah aus wie ein Generalstäbler, ein kleiner Herr mit kahlgeschorenem Kopf und hoher Stirn, die er beweglich nach links und rechts drehte, rasch und ruckartig, kluge dunkle Augen, ein knapp argumentierender Systemanalytiker. Er hatte unter anderem schon versucht, die Regierungsparteien in Jerusalem zu beraten. «Ineffektiv», sagte er. «Beeinflussung durch Sachverstand bei Parteien unerwünscht.»

Er lebte hier meist zurückgezogen, man sah ihn eigentlich nur mit seiner Frau auf der Straße. «Wie geht es?» So trat er ins Sekretariat, um gleich einen Auftrag zu erteilen, rief täglich an, ob der Auftrag ausgeführt sei, brachte manchmal ganze Stöße von Post und stand dann am Kopierer oder gab Kopieraufträge mit genauesten Angaben.

Je näher man ihn kennenlernte, umso mehr gewann er, gefielen sein analytischer Verstand und vielleicht noch mehr seine Sprechweise. Dror verzichtete nämlich auf Verben. Er sprach mit melodischer Stimme, sah einen an mit seinen schwarzen Augen und hatte die Angewohnheit, wenn er einen Fall analysierte, seine Sätze dichotomisch zu bauen, nach dem Ja/Nein-Prinzip, und dabei die Verben nach Möglichkeit ganz zu vermeiden. Dabei hielt er die beiden Hände, Zeigefinger und Mittelfinger nebeneinander vor der Brust, senkte und hob sie federnd und sagte mit weichem, fast musikalischem Tonfall, was die Analyse ihm eingab, während das enorme Haupt ruckartig zur Seite schnellte.

Was er von Begin halte. «Charismatische Begabung», sagt er auf der Linken. «Bin nicht seine Partei», lässt er es rechts melodisch ausklingen. Was er unter «charismatisch» verstehe. «Nicht definierbar» – «Wesen dieses Begriffs.»

«Im Konflikt zwischen Iran und Irak ist eine friedliche Lösung ausgeschlossen!» «Ausgeschlossen heißt: Wahrscheinlichkeit gering», erwidert Dror melodisch. «Die Möglichkeiten: Irak siegt – Iran siegt. – Patt.» «Patt zwei Möglichkeiten: langes Patt – kurzes Patt.» Und wieder sieht man die vorgestreckten Fingerpaare steigen und sinken. Zur ersten Bombardierung von Beirut sagt er, ohne Alternative: «Klimax erreicht!» Das würde er vermutlich noch beim Weltuntergang dem abstürzenden Globus nachrufen: «Klimax erreicht!»

Aber wenn ich einen Konfliktlöser suchen sollte, würde ich ihn fragen: Er denkt schnell, trocken und human. Nicht ohne Humor. Am Tag der Besetzung der Falklandinseln, als wir mittags am Tisch saßen, Nowotny und Illich und Montinari – Dror, wie meist, still daneben –, stand er als Erster auf, um zur Arbeit zu gehen, und sagte melodisch: «Keiner spricht von den Falklandinseln.» Und dann machte er seinen berühmten Vorschlag: Jedem der englischen Bewohner eine halbe Million Pfund auszuzahlen, damit sie als Reiche nach England gingen. Ohne englische Untertanen wäre der Konfliktstoff aus der Welt (von Ölbohrungen und anderen Ressourcen war noch nicht die Rede). «Vorschlag nicht ablehnbar» – «Aber Zeitpunkt versäumt.» – «Ja», meine ich, «jetzt ist der Krieg nicht mehr vermeidbar, schlimm!» – «Wenn man Krieg für schlimm hält.»

Montinari glaubt, er verarscht uns. Das wäre herrlich. Wir sitzen hier und lachen über die kontrastierenden Spielfiguren seiner Systemanalyse, die er in jeder Unterhaltung vorführt, und er lacht heimlich über unseren Gedankenbrei.

Er weiß viel über die Geschichte politischer Beratung, über die Fürstenspiegel des Mittelalters, die Jesuiten an den Höfen des Barock, liest hier die im englischen Raum unbekannte deutsche politologische Literatur, befasst sich mit Goethe als Staatsmann.

«Auch mit seiner Metaphorik in politischen Äußerungen?», frage ich. «Sehr interessant», sagt die steigende und die fallende Feder: «Muss mich beschränken.»

Krassen Meinungen tritt er sofort entgegen. Als Illich bemerkt, Palo Alto, dieses nordamerikanische «Institute for Advanced Studies», sei platt, antwortet er: «Nur eine Meinung.» – «Es gibt andere.» Und als Hentig Michal Ginsburg nach ihrem Vortrag über Flaubert scharf attackiert: «Was ist eigentlich der Status Ihrer Sätze?», erwidert er energisch, fast schon heftig: «Metaphysische Frage.» – «Lösung nicht erreichbar!»

Seine Frau arbeitet mit ihm zusammen. Sie wirkt eher unscheinbar und soll eine hervorragende Autorin sein, ihr Aufsatz über israelische Erziehung wird dort seit längerem überall erörtert. Man sieht das Paar oft zusammen. Er kauft ein, schon der Sprache wegen.

Sie haben drei Söhne, zwei stehen vor Beirut, einer ist Berufsoffizier. Dror hat eine Zeitlang mit Peres als Berater im Verteidigungsministerium gearbeitet.

«Was sagen Sie zur Lage?»

«Keine guten Ideen.» – «Selektiver Radikalismus?»

Gründonnerstag

Vorblick und Rückblick – Bei Nettelbecks

Schon in der ersten Phase am Kolleg, der Zeit vor Weihnachten, habe ich mir gesagt, es wäre doch nichts für mich, es hier zu machen wie scheinbar Coleman. Der hat sich am Nachmittag, als er herkam, an den Arbeitstisch gesetzt, die Tür abgeschlossen und sie wieder aufgeschlossen, als er abreiste. Es war in seinem Fall vermutlich klug. Hier war ihm nichts neu und er hatte Termine. Die polnischen Kollegen Biskup, Labuda und Zielnica arbeiteten und kopierten, erweiterten ihre Bibliothek um in Polen schwer zugängliches Material des Westens. Dietz Bering, Yehezkel Dror und Helga Nowotny saßen am Schreibtisch, reisten vielleicht auch einmal. Selbst Hans-Martin Gauger, dem das Mannheimer Projekt «Kontrastive deutsch-spanische Grammatik» im Nacken saß, klagte einmal: «Wir können wohl nichts anderes als arbeiten.»

Auch ich hatte eine termingebundene Aufgabe zu erledigen: für ein «Handbuch zur Geschichte der deutschen Sprache» einen Artikel über «Deutsche Sprachgeschichte und die Entwicklung der Naturwissenschaften. Aspekte einer Geschichte der Naturwissenschaftssprache und ihrer Wechselbeziehung zur Gemeinsprache» zu schreiben, und habe mich im Dezember, Januar und Februar gründlich damit befasst. Es war lohnend, anschließend mit Labuda über «Typen sprachlicher Entwicklung und der Kulturinnovationen» zu sprechen, und es war ergiebig, weiterführend und ein unerwartetes Feld eröffnend, mit Wolf Lepenies zu diskutieren. Im Sommer habe ich dieses Thema ausgeweitet auf Schlüsselbegriffe der Gegenwart, im Gespräch mit Illich fortgesetzt und in manchem Sommer danach.

Soll ich jetzt dem «Übergang der Naturwissenschaften vom Lateinischen in die Volkssprache» weiter nachgehen oder meine Habil.-Schrift druckfertig machen? Ich begann damit, aber ich «sollte» gar nichts. «Sie haben keine andere Aufgabe als die, die Sie sich selbst stellen.» Die Atmosphäre der Stadt und die Gesellschaft im Kolleg luden dringend dazu ein, sich umzuschauen und sich aufzuschließen. Ich konnte hier Joachim Günther besuchen, den Herausgeber der *Neuen Deutschen Hefte*, und Rudolf Hartung, dessen *Neue Rundschau* ein Treffpunkt der Zeit war, konnte im Grunewald den verlassenen Bezirk Wassersleben aufsuchen, in dem meine Erzählung «Abi Nadek» spielen sollte, lernte Harald und Freia Hartung kennen, bei ihnen den stillen Oskar Pastior, und konnte mich mit Caroline Neubaur über Aby Warburg unterhalten, kurz, mir schien der weite Horizont am Platz zu sein.

Eine Sache wollte ich noch fertigbringen, eine Internatsgeschichte, die am Beispiel eines «Landerziehungsheims» im nördlichen Schleswig-Holstein erleben ließ, wie Anfang der siebziger Jahre eine respektabel geführte Reformschule unter dem Eindruck der 68er-Bewegung, die längst auf die Schulen übergegriffen hatte, in eine ernste Krise geriet, wie die Forderung der Demokratisierung sie spaltete und eine kleine Gruppe anführender Schüler durch einen einzigen Satz in einem Heft des *Merkur* aus dem Häuschen geriet: «Eine lockende Natur, die als Libido im Einzelnen präsent ist, hat sich aus dem Funktionskreis der Selbsterhaltung gelöst und drängt nach utopischer Erfüllung.» Sie verstanden den Satz nicht so ganz, aber er gefiel ihnen. «Es gibt eine Kraft der Reflexion ...»

In jener Schule, dem Schloss Louisenlund an der Schlei, hatte ich 1962/63 ein Jahr als Studienreferendar gearbeitet und war dort, wie sich am ersten Tag meines Hierseins herausgestellt hatte, Joachim Nettelbeck begegnet. Er war nicht mein Schüler gewesen, stand schon vor dem Abitur, hatte aber aufgrund seiner Begabung und loyalen Skepsis eine gewisse Sonderstellung, und ich lernte ihn nur in einem, allerdings zukunftsträchtigen Punkt kennen. Die Französischlehrerin «Mademoiselle» empfahl ihn mir, als ich an meiner sogenannten Assessorenarbeit mit dem Thema «Lernort Louisenlund» schrieb: Er habe über dieses Internat seine eigenen Ideen.

Es war der Fall. Er nannte mir eine Reihe von Punkten, an denen er die Spielregeln der Schule bzw. deren Umsetzung für bedenklich hielt und Verbesserungsvorschläge hatte; auch sie waren übrigens ein Ausdruck seiner Loyalität. In jenem Jahr erschien dort einmal aus Berlin der Direktor des Max-Planck-Instituts für Bildungsforschung Hellmut Becker, der nicht nur zum Vorstand dieses Landerziehungsheims Louisenlund gehörte, sondern auch Joachim Nettelbecks Wahlvater war, in dessen Berliner Haus er vor Louisenlund Jugendjahre verbracht hat. Dass von dem Sekretär des Wissenschaftskollegs zu Berlin, von Joachim Nettelbeck, bisher kaum die Rede war, ist auch für mich überraschend. Es könnte sein, dass es sich nicht zuletzt aus seiner Person und Aufgabe erklärt; er gehörte zu den «unauffälligen Machthabern» des Kollegs.

Die Internatsgeschichte «Die Missunder Uhr», in der diese Schule eine Umwälzung erlebt, wie sie in Varianten seit Beginn der siebziger Jahre auch Odenwald und Salem, Maulbronn und Bielefeld erlebt haben, spielt neun oder zehn Jahre nach unserem dortigen Aufenthalt und Gespräch. Ich war längst am Deutschen Seminar in Freiburg, wo zugleich, ohne dass wir voneinander wussten, Joachim Nettelbeck Jura studierte. Die zweite Fassung der Erzählung hatte ich fertig nach Berlin mitgebracht. Jetzt wollte ich mir die dritte und letzte Fassung noch einmal vornehmen und vor Ostern anfangen.

Die Missunder Uhr
Die Sonne sieht keinen Schatten
(Versteckte Inschrift)

I
Es begann unauffällig. Der Szene war nichts anzusehen …

Es klopfte. Joachim Nettelbeck schaute ins Zimmer und fragte, ob ich ihn und seine Frau Annie heute Abend besuchen wolle. Sie hätten mich längst einmal einladen wollen …

Es wurde ein langer Nachmittag und Abend, ein freundliches Sichkennenlernen. Seine Frau war eine Überraschung, Annie, die Lebensgefährtin aus Rouen und Mutter dreier Kinder. Ein unverwechselbares Gesicht, klein, blond mit dunklem Haaransatz. Sehr pfiffig, gelegentlich verwirrend wie eine Pariser Filmfigur, zugleich menschlich klug und warm. Imponiert mir sehr. Sie arbeitet als Ärztin und Psychologin in einer Klinik, hat mit epileptischen Kindern zu tun und solchen, die Pattex aus der Plastiktüte geschnüffelt und sich zerstört haben. Es klingt verheerend. Sie hat ein Problem mit dem Chef. Er will die Kinder halten, aber aus kommerziellen Gründen. Sie findet, die Kinder sollten so bald wie möglich in ihre Umgebung zurückkehren, «rehabilitiert» werden. Wir sprechen über das Thema gemeindenahe Psychiatrie, das gewagte Experiment in Italien, die Anstalten zu öffnen. Dann kommen wir auf das Kolleg – tauschen uns aus über einzelne Fellows, Hausmeister Riedel, die Küche. Es ist kein Streitobjekt, mit keinem Wort, obwohl, für mich nicht ganz auszublenden: vor ein paar Wochen hatte eine weiße, aufgebauschte Bescherung vor dem Eingang zu Joachims Büro gelegen: Laken, Kissen und Decke, sein ganzes Bettzeug, und eine Stimme hallte durch die Stockwerke: «Wer mit dem Kolleg verheiratet ist, sollte da auch schlafen!»

III. TEIL
Verankert

Die Macht der Unauffälligen
Joachim Nettelbeck

Das Ganze

Joachim Nettelbeck hat sich seit Bestehen des Kollegs, nein, seit Mai 1981 so in die Aufgabe eingearbeitet, den Wagen des Berliner Wissenschaftskollegs, dieses zunächst luftige Gestänge, in Bewegung zu setzen, ist so darin aufgegangen, dass er nach einem halben Jahr schon ganz im Zentrum steht – nicht im Zentrum der Inhalte, beileibe nicht. Darauf wird er sehr bald Wert legen: Er enthalte sich der Inhaltsseite, seine Sache sei es, für die bestmöglichen Arbeitsbedingungen zu sorgen.

So ganz lässt sich beides vielleicht nicht trennen. Bei ihm meldete man sich im ersten Stock als neu ankommender Fellow, stellte sich vor, fragte nach Raum, Tagesablauf, Reisekostenabrechnung ... Er war schon halb unterrichtet und fragte nebenher, interessiert, was zuletzt das Thema war und was man hier vorhabe. Dies Nebenher konnte sehr viel bedeuten. Dazu fiel ihm dies und jenes ein, was er gelesen hatte oder wozu er jemanden kannte, er setzte sich ins Bild, um vielleicht schon eine erste Verbindung vorzuschlagen oder herzustellen. Aber es trifft zu: Sein Interesse galt dem Arbeitsfeld des Fellows und dessen offenen Flanken, dem Rahmen, und war insoweit «praktisch».

Ihn hatte ja schon in der Schulzeit die Frage beschäftigt, wie eine externe pädagogische Provinz wie das Landerziehungsheim funktioniert. Dessen strikte «Regeln» kannte er aus dem ff und neigte zu der Ansicht, verstärkt durch sein juristisches Studium, dass soziale Spielregeln grundsätzlich einen Freiheitsspielraum schaffen, nicht verhindern. «Strenge Regeln befreien», sagte er mir einmal.

Er hatte seinen Posten als Sekretär am 15. Mai 1981 angetreten und war auf verschiedene Weise vorbereitet. Joachim Nettelbeck hatte in

Freiburg und Berlin während der siebziger Jahre Rechtswissenschaft und Soziologie studiert und mit einer vergleichenden Doktorarbeit «Zur Berufung von Hochschullehrern in der Bundesrepublik und in Frankreich» abgeschlossen, war in Berlin vorübergehend Verwaltungsleiter einer ‹Fachhochschule für Wirtschaft› gewesen und von 1979 bis 1981 Vorstandsassistent des Deutschen Akademischen Auslandsdienstes (DAAD) in Bonn. Hier in Bonn lernte er Christoph Schneider kennen, der als Planungsreferent der Deutschen Forschungsgemeinschaft und Assistent des Berliner Senators Peter Glotz – des Erfinders des Wissenschaftskollegs – den Auftrag hatte, gemeinsam mit Joachim Stoehr die «Denkschrift» vor der Gründung zu verfassen. Stoehr war der für die Forschung zuständige Berater des Senators Peter Glotz.

Nettelbeck war längst überzeugt, dass die Verwaltung einer Institution, deren Verbindung zu ihren Trägern und ihr Haushalt, ihr Personal und die Spielregeln ihrer Arbeit das Geheimnis des Funktionierens seien. Die entstandene Denkschrift wurde sein geheimes ABC.

Sie liest sich wie ein Wunderwerk, enthält bereits das ganze Wissenschaftskolleg bis in unerwartete Details, klar geordnet und klug argumentierend, sachlich wie ein Uhrwerk. Peter Wapnewski, der als Gründungsrektor berufen war, sagte zu allem ja, jaja. Die «Verfassung» gab ihm, dem Rektor, eine sehr weitgehende Vollmacht, sah auch einen Sekretär vor, gab aber hier keinerlei Beschreibung des Amtes und seiner Befugnisse, sah ihn als Organ und rechte Hand des Rektors. Joachim Nettelbeck fraß offenbar einen Narren an dieser Denkschrift, kannte sie aus- und inwendig, by heart, praktizierte sie an allen Stellen, wo die Anwesenheit des Rektors nicht erforderlich war. «Bis auf eine Ausnahme, einen einzigen Krach, ging das gut.»

Sein rasches Vorrücken in eine zentrale Rolle der Verwaltung scheint vorwiegend «sprachlos» vor sich gegangen zu sein. Er trug die Idee der Institution nicht auf den Lippen, war kein Propagator, sondern ein Meister der Umsetzung, verkörperte sie. «Der Körper ist zurückhaltender als der Geist», liest man bei einem Franzosen afrikanischer Herkunft.

Nettelbeck verstand sich als Übersetzer des Rektors für die Fellows und hebt im Rückblick Wapnewskis kaum erwartete Qualitäten als

Verwalter und Manager hervor; er habe gut die Balance gehalten zwischen den Angelegenheiten und Gegebenheiten, wo er gefragt war und in die Bütt musste und wo er delegieren konnte; er nahm aber gezielt wahr, was seine Sache zu sein hatte, er beherrschte, ihn faszinierte auch das gesellschaftliche Protokoll und Ritual bis hin zum Ritual der angemessenen Orden und Geschenke, der Renommeespiele und Ränkespiele: der Dominanzverhältnisse.

Ihn selbst, den Sekretär, habe es zunehmend gereizt, erzählt mir Nettelbeck, einen Haushaltsplan zu entwerfen («man kann per Haushalt Institutionen lesen») – Kooperationspartner zu gewinnen und dabei oben anzufangen –, die geschriebene, durchdachte Organisation, ‹Advanced Studies› zu ermöglichen, im praktischen Alltag zu erfinden und zu erproben, sie hier konkret zu «erleben».

Zu seinen Vorgängern gehörten zwei Abenteurer im üblichen Sinn: Joachim Nettelbeck (1738 – 1824), der Seefahrer und Sklavenschiffkapitän, Branntweinbrenner und Patriot, der Kolberg 1807 gegen Napoleon verteidigte und den Turm des Doms vor dem Feuer rettete. Und sein Bruder Uwe Nettelbeck (1940–2007), der aufsässige Schüler und journalistische Provokateur, Popmusiker und Filmkritiker, Ankläger der Republik und Leuchtturm der Neuen Linken.

Beide waren auffällige Abenteurer. Der dritte Nettelbeck und zweite Joachim wurde auf dem Weg der Unauffälligkeit zum Abenteurer: Den Mund nicht zu weit aufmachen, wenn man spricht, eher etwas locker zwischen den Zähnen hervorlächeln, hervorschwächeln, humoristisch-skeptisch …

Für das Geländer sorgen, innerhalb dessen optimal gearbeitet werden kann, für die Planken.

Wie erreichen wir den Punkt, an dem etwas Neues sich auftut?

«Meine Stelle legt mir Zurückhaltung auf und erlaubt eine enorme Anwesenheit.»

Von Macht nicht klar zu unterscheiden.

Den Gärtner sieht man nicht.

«Ich halte hier keinen Vortrag. Ich habe doch nichts zu sagen.» (Stimmt übrigens nicht.)

Gesine Bottomley

Die Bibliothek

Frau Bottomley war der gleiche Jahrgang wie Joachim Nettelbeck und trat am 1. August 1981 an. Deutscher Herkunft, war sie soeben nach einem zweifachen Studium aus Kanada zurückgekehrt und wurde als Bibliothekarin ausgewählt, weil sie dort zuletzt den «Magister of Library and Information Science» erworben hatte – «besser als jede Ausbildung in Deutschland» – und weil sie im Englischen und Französischen zuhause war. Es war eine Anstellung auf ‹Bewährung›.

Noch war ja nicht einmal sicher, ob das Kolleg die Gründungsjahre überleben würde, klar war dagegen eins: die eingeladenen Fellows sollten gut arbeiten können, unter zeitsparenden Bedingungen. «Die Fellows sind ja so wertvoll. Was immer sie wollten, wir hätten's gemacht.»

Wie das ins Werk setzen? Nach kurzer Zeit kam ihr der Gedanke: Wäre es nicht das Beste, angesichts der zahlreichen Bibliotheken Berlins neben der Staatsbibliothek und der Verschiedenheit der Fellows und ihrer Arbeitsfelder, wenn sie, Gesine Bottomley, die Ausleihzentrale bilde und mit ihren Mitarbeitern alles Technische übernehme: das Leihgut herausfinden – es bestellen und abholen, es zurücksenden.

Gemeinsam mit Joachim Nettelbeck suchte sie einige Bibliotheken auf, fand Entgegenkommen, schrieb ihren Vorschlag in einem Memorandum nieder. Peter Wapnewski stimmte ganz und gar zu. Der Rektor hatte allerdings einige Stellen rot angestrichen – und zartfühlend hinzugefügt, das solle sie nicht allzu sehr bekümmern. Auch seine Frau sei Legasthenikerin.

Es gab noch etwas, was sie mit dem Rektor verband. Das war der ausgeprägte Sinn für elegante, mehr noch, für erlesene Kleidung. Nicht, dass sie auch der Meinung war, neue Halbschuhe kaufe man in London. Aber sie überraschte immer wieder durch ein in Schnitt und Farbkonstellation wechselndes, reizvolles Äußeres und gewann durch ihre Umgangsformen auch dann, wenn sie unterfordert wurde.

Die Methode, dass die Kollegbibliothek den Leihverkehr übernahm, wurde nicht angeordnet, sondern probeweise eingeführt und bewährte sich sofort. Besonders die polnischen und deutschen Fellows, die eine unglaubliche Zeitersparnis erlebten, waren ungemein dankbar. Als die Polen erwarteten, dass die Bibliothek auch das Kopieren der von ihnen bestellten Aufsätze und Bücher übernehme, und sie sich weigern wollte, befand Nettelbeck: «Dann sind Sie hier nicht am Platz». Es war aber angesichts der Massen nicht möglich. Die Amerikaner, Coleman, Ginsburg, Dror, auch Holthusen, waren von dort die Freihandbibliothek gewohnt und insgesamt «bibliotheksaffin».

Peter Wapnewski stellte seinen Fahrer und Wagen zur Verfügung. Da Herr Volck bald überlastet war, kam ein vom VW-Werk gestifteter gebrauchter roter Polo hinzu und der fahrtüchtige stud. phil. Andreas Kurz, den Herr Volck damals «der laufende Meter» titulierte und der heute ein Archiv leitet.

Als Generalspielregel empfand Gesine Bottomley das Erlebnis des Zusammenwirkens, das sich an der Grenze sonstiger Realität bewegte: der Stab, und das hieß, nicht nur das Sekretariat und die Bibliothek, sondern das ganze sich vergrößernde und zu verwaltende Haus und die Fellows bildeten eine Gemeinschaft auf Zeit, waren aufeinander angewiesen. Man betätigte sich für ein Gemeinsames, das hieß: jene Punkte zu finden, von denen aus anderes Licht auf eine Sache fallen könnte, angeregt durch die neue herausfordernde Nachbarschaft. Alle Mitarbeiter des Hauses waren gleich wichtig, alle wurden bei Festveranstaltungen eingeladen. Es war zunächst nichts Individuelles – die Gesichter waren freundlich verschwiegen und ließen Unstimmigkeiten oder Ablehnung grundsätzlich nicht zum Ausdruck kommen. Jeder Fellow ist ein guter Fellow.

Am Tag der vorläufigen Eröffnung, dem 16. Oktober 1981, stellte sich ihr einer der Fellows vor: «Are you Gesine Bottomley, the librarian? Then you are the most important person for me at the Kolleg. I am Ivan Illich, come along and let's talk about the library!»

Das war, hat sie geschrieben, der Beginn einer zwanzigjährigen Unterhaltung über Bücher und Kataloge, Nachschlagewerke und Enzyklopädien – ihre Benutzung, die Besonderheit ungezählter Hilfsmittel und ihre Qualität –, über das Vergnügen, sich in einer Bibliothek aufzuhalten, sei es in Mexiko oder den Vereinigten Staaten, im Vatikan oder hier, in der Berliner Staatsbibliothek.

Sie waren sich sofort einig, was sie als die Bibel aller Guides zu den Findeinstrumenten des Bücheraficionados ansahen – Eugene Paul Sheeky, und ihr war nach einer Stunde klar: wenn sie Illichs Erwartungen an den Bibliotheksdienst gerecht werden würde, wäre sie auf dem Standard, der auch den übrigen Fellows genügen würde.

Während er über Gender arbeitete, sandte er ihr kleine Zettel, auf denen Textbezeichnungen aus etlichen schreibkundigen Jahrhunderten, Weltgegenden und Themenkreisen herüberwehten mit genauen Angaben zur Sache («Attention! Year is uncertain...») und zu dem Termin, an dem er den Text brauchte.

Es kam zu einer jahrzehntelangen Unterhaltung über die Qualität von Quellen, er wies sie hin auf phänomenale Neuigkeiten, z.B. auf dem Gebiet Sanskrit, oder er urteilte: «You do not need the ‹Propyläen Kunstgeschichte›». Er kenne deutsche Studenten, erzählte er, die des perfekten amerikanischen Bibliotheksdienstes wegen in die USA reisten, um sich für ihre geplante Arbeit das bibliographische Fundament zusammenzustellen – nicht nur, weil die Bibliotheken 24 Stunden geöffnet waren, sondern weil die Findeinstrumente, vom Schlagwortregister angefangen, unvergleichlich brauchbarer waren.

Er bat sie, einen Einführungskursus in die Benutzung der Marburger Universitätsbibliothek zusammenzustellen und zu halten, erklärte dem dortigen Rektorat, ohne einen solchen Kurs würde er dort mit den Studenten nicht arbeiten können, seine Gastprofessur nicht annehmen. Es sei ein Höhepunkt gewesen, wenn er als ‹Gast› dazukam,

Bücher knieend oder auf eine kurze Leiter steigend aus den Regalen zog und kommentierte. Niemand scheint sie so wie Illich in dem Vergnügen an ihrem Beruf bestärkt zu haben.

Monica Wapnewski

*Die schwere Entscheidung – Berlin kommt nicht mehr in
Frage! – Die rosa Teppiche des Kollegs*

«Unauffällig» ist nicht das richtige Wort, wenn man erfährt, in welcher
Weise Frau Wapnewski an der Entscheidung ihres Mannes beteiligt
war, als Gründungsrektor des Wissenschaftskollegs nach Berlin zurückzukehren. Es ist einfach unbekannt.

Hellmut Becker, der Direktor des Max-Planck-Instituts für Bildungsforschung in Berlin, hatte im Jahr 1979 bei Peter Wapnewski in Baden-Baden angerufen und wollte ihn in einer dringenden Angelegenheit
sprechen. Das war nicht möglich, er befand sich auf einer Asienreise,
aber seine Frau war anwesend. Ihr war der Anrufer nicht vertraut, aber
da die Sache so dringend schien, war sie neugierig und bat ihn ihr zu
sagen, worum es sich handle. Hellmut Becker sagte, man wolle in Berlin ein «Institute for Advanced Studies» nach dem Vorbild von Princeton gründen und habe sich auf ihn als Gründungsrektor geeinigt. Dies
sei die Anfrage.

Sie war sofort begeistert. «Wie toll!», sagte sie. «Das macht er bestimmt.» Karlsruhe, von dem er gelegentlich sagte, dass es «in der Tat
sehr öde» sei, die altgermanistische Randstelle an einer Technischen
Universität, sei doch eigentlich nichts für ihn. Der Herr am anderen
Ende der Leitung, offenbar ein erfahrener Mann, meinte: Wenn die Ehe-
frau einem Ruf des Mannes zustimmt, dann wird meistens etwas daraus. Das war ermutigend und stellte fast schon ein Bündnis zwischen
ihnen her. Sie freute sich schon jetzt auf Berlin; ihr 15-jähriger Sohn
würde dort in der Oberstufe des Gymnasiums anfangen. Auch das wäre
günstig.

Als Peter Wapnewski ein paar Tage danach von seiner weiten Reise zurückkam, empfing sie ihn sofort damit, welch wunderbares Projekt ihn in Berlin erwarte und hatte vollkommen vergessen, dass schon der Name «Berlin» Ekelgefühle und nichts als Abwehr bei ihm auslösten. Sie nahm erst jetzt so ganz wahr, welche Wunden die Studentenrevolte bei ihm hinterlassen, wie sehr es ihn getroffen hatte, dass sie ihm den seit den Heidelberger Jahren zur Legende gewordenen Resonanzraum seiner Vorlesungen zur Literatur des Mittelalters genommen hatten. Berlin war eine schmutzige Stadt geworden, die Universität heruntergekommen, ihre Hörsäle für ihn tabu. Das stand felsenfest.

Von Berlin aus begann jetzt Hellmut Becker, der Gott und die Welt kannte und im Zwischenbereich an so manchem Faden zog, seine Überzeugungsarbeit. Es erschienen kleine Verhandlungsdelegationen aus Berlin, wurden erste Programme vorgetragen, auch schon über eventuelle Fellows nachgedacht. Frau Monica gewann den Eindruck, so ganz abgelehnt war die Sache wohl doch nicht.

Gelegentlich erwiderten sie gemeinsam den Besuch aus Berlin, lernten Hellmut Becker und seine faszinierende Frau Toto kennen, die große Familie, in ihr Joachim Nettelbeck, besuchten Peter Glotz, machten sich auf zur Schaubühne und zur Akademie der Schönen Künste, und ihre Begeisterung stieg. Nicht die ihres lieben Mannes. Es gab heftige Auseinandersetzungen nach dem Motto: «Nimm du doch den Ruf nach Berlin an! Ich werde es nicht tun!» An einem besonderen Diskussionstag wäre in dieser vom Leben abgeschnittenen Stadt fast ein Badezimmer vom Hotel Kempinski zu Bruch gegangen. Umso versöhnlicher und überzeugender war danach die Parisbar.

Die Vorbereitung der Gründung des Wissenschaftskollegs zu Berlin – auf dem «zu» hatte Wapnewski bestanden – machte Fortschritte. Die Villa in der Wallotstraße musste umgebaut und -gestaltet werden, man hatte die erfahrene, geschmackssichere Architektin Dorothea Haupt gewonnen.

Dass Peter Wapnewski in die Rolle des Gründungsrektors hineinwuchs, erkannte seine Frau nun auch daran, dass er fand, wir Baden-Badener müssten doch die ästhetischen Entscheidungen dort zumindest kennen, und seine Frau bat, von Zeit zu Zeit nach Berlin zu fliegen und gemeinsam mit «Dorle», so wurde Frau Haupt genannt, die Lampen und Stühle, Tische und Regalwände, das gesamte Mobiliar auszusuchen. Die Teller und das Besteck. Dabei begleitete die Frauen mit dem Blick auf die Kasse der zweite Sekretär Reinhard Prasser, auch er ein wesentlicher Vorbereiter des Kollegs, der manchmal zusammen mit Wapnewski musizierte. Prasser war ein freundlicher Mann. Es waren freundschaftliche Unternehmungen, bei denen die Damen gemeinsam beschlossen, Rosa zur Leitfarbe des Hauses zu machen, weshalb auch heute die Fellows auf rosa Teppichen gehen und eine rosa Eingangshalle sie empfängt.

Die große Blumenvase wurde dort aufgestellt, und im ersten Halbjahr, bis zur Ankunft der Wirtschaftsleiterin Frau Klöhn, war es Frau Wapnewskis Sache, dort Woche für Woche den grandiosen Strauß zu arrangieren, der einen seither begrüßt.

Es war nun Zeit zum Umzug nach Berlin, wenn Sohn Philipp dort die Oberstufe der Schule antreten sollte, sie fanden eine sehr schöne Wohnung. Nur Peter Wapnewski konnte sich noch nicht entschließen, zögerte, der Umzugswagen im Frühjahr fuhr ohne seine Bücher, seinen Schreibtisch, seine Wohnmöbel.

Die Begeisterung der Familie für Berlin und die seine bei der Arbeit im Kolleg, die Macht des Faktischen führte dazu, dass der Spagat mit Baden-Baden aufgegeben wurde, die Bücher und das Mobiliar nachzogen. Aber es dauerte Jahre, bis er sich mit der Stadt versöhnt hatte und dankbar auf seine zweite Berliner Zeit zurücksah.

Christiane Kiesewetter

Die Küche

«Ik koche jern. Och für die Familje. Wenn ik meene Kocharjen habe, koch ik im Voraus und frier ein.

'S war schon janz jemütlich. Kam mal ne Reisejesellschaft, um halb elf wollten die weiter. Wurden verwöhnt mit Wein, Kaffee, Tee. Die wollten jar nich mehr weg. So anjenehm war det hier: ‹Man kann sich so richtig fallen lassen.› Die fühlten sich wohl, und das iss schön.

Anfangs gab es auch Abendessen für die Fellows. Doppelschicht. Um zehn, elf saßen sie noch, war Ende für sie, aber da konnte ich doch nicht weggehen. Rigoros aufräumen gab es bei mir nicht abends. Oft ging's weg mit dem letzten Bus.

Es hatte begonnen in einem Büro in der Kantstraße mit Frau Koch, der Sekretärin Herrn Wapnewskis.

Herrn Nettelbeck und Herrn Reinhard Prasser, den Sekretären.

Felix Volck, dem Fahrer.

Gerhard Riedel, dem Hausmeister.

Erbia Yigit, der Putzfrau.

Inge Kujawski als Wirtschaftsleiterin und Christiane Kiesewetter für die Küche wurden für die ersten Fellows angestellt.

Die Küche bestand aus dem Haushaltsherd, zwei Kühlschränken und ein paar kleinen Kochtöpfen. Sie wurde 1981 komplett eingerichtet. Das Mittagessen lieferte Herr Schätzle (auch das für das Personal, aber günstiger). Danach gab es Kaffee im Clubraum zum besseren Kennenlernen. Herr Schätzle hatte mich dem Kolleg empfohlen, und Herr Nettelbeck stellte mich ohne eine weitere Empfehlung ein.

Frau Wapnewski bestand auf pünktlicher Essenslieferung, das Kolleg wurde aber als Letztes in einer Kette beliefert. Das Essen war fast kalt und musste schnell gewärmt werden.

Es war Selbstbedienung vorgegeben, hat aber nicht funktioniert. Die ersten Gäste hatten zu viel, die letzten zu wenig auf dem Teller. Ohne jemanden zu fragen, habe ich dann die Gäste bedient.

Am Mittwoch, dem Kolloquiumstag, gab es ein feierliches Abendessen. An dem Tag kochte ich fürs Personal und einige Fellows ein einfaches Mittagessen. Dieses Ritual wurde auch in den kommenden Jahren beibehalten.

Das Essen kostete anfangs für die Fellows 16,50 DM.

Nach einem halben Jahr wurde Christine Klöhn als Wirtschaftsleiterin eingestellt. Der Strauß im Eingang war ab da von ihr. Mit Frau Klöhn hatte ich die gleiche Wellenlänge.

Und der neue Koch hieß Spoerl. Herr Spoerl kochte nur vom Feinsten, aber knapp. Da hat Frau Klöhn die Speisen mehr aufgewertet.

Ich habe mit vierzig Jahren im Kolleg angefangen, nicht mehr jung. Dadurch haben die Fellows sich an mich gewandt, wenn es ihnen nicht gut ging.

Zum Mittagessen stellten wir die Tische und Stühle zur T-Form zusammen. Das wollte der Rektor.

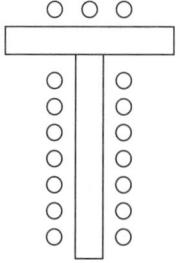

Wir nannten das: ‹König Arthus und seine Tafelrunde›.

Zum Stil gehörte das Sakko. – Im Pullover sollte man nicht kommen. Der Rektor wurde zuerst bedient.

Zum Mittagessen gab es nur Wasser; nur wer sich Wein besorgte, bekam ihn. – Zum Abendessen gab es Wein, Wein in Massen.

‹Sind Ihnen einzelne Fellows von damals in Erinnerung?›

Mein Gedächtnis! Vielleicht. Ich habe ja bedient.

Einmal nahm ich Rudolf zur Lippes hier geborenen Sohn auf den Arm, hinterm Tresen, damit seine englische Amme, die mit am Tisch war, in Ruhe essen konnte.

Herr Dror. Oh! Ein Kampfhahn! Wo er saß, ging es ganz schön her. Immer Streitgespräche.

Eine Aushilfskraft saß viel bei den Fellows, eine ewige Studentin, noch mit 50.

Ich sagte ihr: ‹Sie sollen sich nicht zu denen setzen.›

Sie: ‹Aber ich bin doch Biologin.›

Da habe ich gesagt, ‹also, ich habe Standesdünkel, ich kann mich doch nicht mit Professoren auf eine Stufe stellen.›

Herr Illich stand öfter im Clubraum mit Herrn Wapnewski zusammen und wollte Kaffee mit Schlagobers. Ich holte und machte das schnell in der Küche.

Einmal habe ich bei Wapnewskis gekocht, da war Herr von Weizsäcker zu Besuch und bedankte sich am Ende bei mir.

Auch Klaus Schütz, der Bürgermeister, fragte nach meinem Namen, ich war ihm sympathisch.

Ich belieferte gerne Sonderwünsche, die Fellows brauchten bei Tisch nicht aufzustehen. Ich wusste, was mit den Einzelnen war, ob Hunger oder Unpässlichkeit. Wer gerne aß, kriegte, was er brauchte. Es wurde immer etwas mehr gemacht. Auf Reserve.

Mit Herrn Lepenies hatte ich ein Erlebnis. Ein Fellow wollte dies nicht, das nicht, und bekam von mir besondere Sachen. Herr Lepenies fragte: ‹Frau Kiesewetter, was muss man tun, dass man auch so etwas Schönes kriegt?› ‹Mäkeln!›, habe ich gesagt.

Joachim Nettelbeck liebte ausgefallene Kost. Er war gerne in Frankreich und kam oft mit einem kranken Magen zurück, der erst einmal durch eine andere Ernährung geheilt werden musste. – Ich kannte seine Kinder. – Er wollte nicht alt werden. Ärgerte sich über eine Geburtstagsfeier, die man für ihn vorbereitet hatte. Man hatte Sekt aufgefahren. Er war ärgerlich.

Einmal kam ich zum Abschiedsfasching mit einer roten Federboa. – ‹Warum nicht immer?›, fragte Frau Wapnewski. ‹Das steht Ihnen.› – ‹Dann müsste ich den Männern immer Nein sagen›, habe ich gesagt … Aber das war später. Sie fragen ja nach dem ersten Jahr.

‹Was war das Schönste am Beruf?›

Kontakt mit den Menschen. Wenn sie sich wohlfühlen oder nicht – da konnte man was machen. Alles war bald da. Ein Tee …

Das Wohlgefühl. Man konnte sagen, wenn man etwas nicht mochte.

Zuerst habe ich alles alleine gemacht. Da lief ich zuletzt schon auf dem Zahnfleisch. Am Ende der Saison, wenn ich kam, sagte mein Mann: ‹Renn nicht so!› ‹Jaja›, sagte ich. ‹Ne Schnecke läuft schneller.›

36 Jahre waren wir verheiratet, seit 13 Jahren ist er tot. Im Sommer haben wir lange in einer Laubenkolonie gewohnt, manchmal den ganzen Sommer. Es war ein Holzhaus mit Spitzdach in einer Hufeisensiedlung. 250 Quadratmeter war der Garten.

‹Haben Sie eine Nation besonders gern in Erinnerung?›

Die Russen mochte ich besonders gern, das waren alle so väterliche Typen. Einmal ließen sie mir eine Schale mit Konfekt hier. Man war angehalten, nichts anzunehmen, aber das war nur ideell: eine Bonbonniere.

Die Leute mit ‹Herr› und ‹Frau› anreden und keine Geschenke annehmen, hieß die Regel.

Einmal schenkte mir einer ein silbernes Herz, ein österreichischer Fellow schenkte mir's, mit rotem Samt ausgeschlagen. Darin liegen jetzt meine Eheringe.»

Zweimal Frieden

Waldbühne – Werner Kraft über Karl Kraus –
Schweigen für den Frieden

9. Mai 1982. – Heute komme ich ungern ins «Internat» zurück. Allmählich lockt Freiburg, die Wiehre, durch die Gunhild und ich gestern bei herrlichstem Maiwetter, an jeder Ecke jemanden treffend, spazierten.

Claus' Familie holt mich ab am Flughafen Tegel, und wir fahren zum Friedensfest in der «Waldbühne». Es beginnt mit einer Kette von Sängern für den Frieden, der Erklärung einer Gruppe Künstler für den Frieden und einem großartigen, alten italienischen General.

Luftballons, rote, blaue, goldene, stecken treppauf im ganzen Amphitheater, jetzt erscheint vorn eine holländische Gruppe: «Wer eine bessere Welt will, soll aufstehen» – die 2 300 erheben sich und klatschen rhythmisch. Es ist mir sehr unheimlich bei dieser im Grunde so ganz unpolitischen Veranstaltung.

Udo Lindenberg tritt auf. Ich wusste vorher nicht, wie laut Musik sein kann. Er, ganz Ledertiger, springend, sich biegend in dem zu tausend Phon verstärkten Rhythmus der Musik, die Gitarristen fahren die Hüften seitwärts aus, bewegen sich mechanisch. «Wir sind das Gesetz», singt er. Er hat vorher von Schweinegesetzen gesprochen, solchen, gegen die man durch Hausbesetzungen vorgehe. Wir sollen Druck von unten machen. Den Reagan in die Wüste schicken. Die da oben wegpusten. Er röhrt wie aus dem Urwald. Schwarze, enge Lederhose, rotledernes offenes Jäckchen, schwarzes Hemd, die Haare lang – er wirft sie nach hinten, schleudert das Mikrofon an der Schnur wie einen Colt und fängt es auf.

«Weiches Wasser ist stärker als Stein», haben die sympathischen Holländer gesungen.

Und um halb sechs wird ein revolutionärer Akt angekündigt, der mit dem Luftfahrtsamt abgesprochen ist. Auf die Ansage «Fünf, vier, drei, zwei, eins – alle Luftballons, fliegt» steigen die Luftballons aus allen Rängen auf, und das ist nun tatsächlich ein lustiger, schöner Anblick, wie da ein riesiger Pulk blau-rot-goldener Luftballons steigt und hinter uns in der weiten hohen Ferne entschwindet.

Bin noch bei Claus, der Wachteln gebraten hat.

Man kann auch vom Frieden «schweigen», es war in unseren Städten zu sehen. Anfang Juni schrieb ich an Werner Kraft:

«In den letzten Tagen habe ich versucht, in Verbindung mit Ivan Illich etwas zum Thema ‹Frieden› zu schreiben. Erinnern Sie sich, wie wir in Waldbrunn mit Frau Kütemeyer über die Demonstration in Bonn sprachen? Ich bin dann dort gewesen. Inzwischen hat dieser Aufbruch ein bisschen gewirkt, und es gibt etwas, was mich besonders anspricht; an bestimmten Stellen, an Verkehrsknotenpunkten oder vorm Münster, versammeln sich seit dem Winter immer wieder Gruppen, stehen eine Stunde zusammen und schweigen. Sie antworten nicht, behindern niemanden, sind gekleidet wie jedermann. Sie schweigen, weil sie ‹über atomare Vernichtungswaffen nichts zu sagen haben›. Sie schweigen öffentlich zum Frieden. – Erst in diesem Augenblick, wo ich Ihnen das schreibe, denke ich an das Wort von Karl Kraus, das er am Anfang des 1. Weltkriegs gesprochen und 1933 wiederholt hat. Hätte ich nur Ihr Gedächtnis, dann wüsste ich es genau auswendig!»

Werner Kraft antwortete aus Jerusalem, dass «die schweigenden Leute vorm Dom, als Zeichen des Protestes» tiefen Eindruck auf ihn gemacht hätten! «Karl Kraus hatte 1914 geschrieben (und, vorher, gesprochen): ‹Wer etwas zu sagen hat, trete vor und schweige!› Aber das war *dialektisch* gemeint. Und ich glaube, auch diese schweigenden Leute müssten durch das Geschwätz hindurch suchen, die Sprache zu finden, die mehr als Schweigen wäre, im Sinne etwa jenes tiefsinnigen Satzes, der auch in jener Zeit in der *Fackel* stand: ‹Ein Sprichwort entsteht nur auf einem Stand der Sprache, wo sie noch schweigen kann.› 1933 war es anders. Da erschien 1934 eine hauchdünne *Fackel*, die außer dem Nachruf auf Adolf Loos am Grabe nur das Gedicht ohne Titel enthielt:

Man frage nicht, was all die Zeit ich machte.
Ich bleibe stumm;
Und sage nicht, warum.
Und Stille gibt es, da die Erde krachte.
Kein Wort, das traf;
Man spricht nur aus dem Schlaf.
Und träumt von einer Sonne, welche lachte.
Es geht vorbei;
Nachher war's einerlei.
Das Wort entschlief, als jene Welt erwachte.

Dann aber erschien im Juli 1934 ein Heft von 315 Seiten mit dem Titel ‹Warum die Fackel nicht erscheint›, und es erschienen darin umfangreiche Auszüge aus der ‹Dritten Walpurgisnacht›, die erst 1952 ans Licht kam, vor allem der berühmte, immer falsch zitierte erste Satz ‹Zu Hitler fällt mir nichts ein›, der eben *auch* dialektisch gemeint war.»

Illich ist Anfang Mai in Klagenfurt gewesen, danach längere Zeit in Tokio. Als er nach zwei Wochen zurückkommt, steht Wapnewski hoheitsvoll groß im Clubraum, im Gespräch mit einem Gast: «Den Herrn kenne ich doch.» – Illich ist ja kaum im Kolleg, höchstens einmal die Woche, und nun verbeugt er sich tief, hält etwas in den Händen vor sich – eine Visitenkarte? – und verbeugt sich wieder, indem er rückwärts geht, japanische Nang-Laute nasal von sich gebend. Wir lachen. «Verstehe», sagt Wapnewski. «Den Japanern ein Japaner geworden.»

Er hatte in Tokio vor 15 000 Menschen eine Rede über das Recht auf würdiges Schweigen gehalten und mir den Text gezeigt. Ich fand ihn großartig. Er zuckte zusammen, als ich es ihm sagte, und sah mich an: Ob wir da etwas zusammen formulieren wollten und anonym in die Welt setzen? Marion Dönhoff, die ihn vor Jahren in Cuernavaca besucht und in der *Zeit* gerühmt hatte, habe die Rede gelesen und ihn flehentlich gebeten, den Text nicht zu veröffentlichen. *Reden solle man miteinander.* Das Rezept, es bleibe nur noch das Schweigen, weil man seinen Status als Sprecher entwürdige, wenn man über den Einsatz atomarer Waffen rede, den Verzicht des Einsatzes diskutiere, sei inhuman. Seine Antwort: «Die Inhumanität hat damit begonnen, dass man darüber redet. Sozusagen damit rechnet.» Er habe von Hellmut Becker gehört, dass Carl Friedrich von Weizsäcker, derzeit Friedensforscher, in seinem Garten einen atomsicheren Bunker gebaut habe: da habe er gesagt, dass er jetzt nicht mit ihm sprechen wolle.

Auch Gunhild kennt die Rede und hält sie für vorzüglich, wir versuchen uns an einem Flugblatt, sie schlägt ein Wanderblatt vor, eine Art Kette, die sich ergänzen lässt: «Ich schweige, weil ich mich in kein Gespräch über Völkermord hineinziehen lasse, weil, weil», zum Schluss dies Wörtchen und eine leere Zeile. Zum Weitergeben. Wir hatten am Sonntagabend ein Blatt fertig:

Auch ich schweige hier öffentlich
    weil ich mich in kein Gespräch über Völkermord hineinziehen lasse
    weil atomare Waffen keine Waffen, sondern Völkermordinstrumente sind
    weil ich im Zusammenhang mit atomaren Waffen weder von Krieg noch von Frieden sprechen kann
    weil ich in einer Diskussion über Bedingungen, unter denen ich auf den Einsatz von Völkervertilgungsmitteln verzichten würde, zum Verbrecher werde
    weil ich nicht mit Selbstmord drohe
    weil ich nur durch Schweigen in der Zone des Redens beredt sein kann
    weil Schweigen nicht integrierbar und nicht regierbar ist
    weil
    weil

Der Text ist ganz gut, denke ich. Aber ich schwanke. Er klingt so drohend. Zieht mich ein schwarzer Messias, denke ich kurz, da in etwas hinein? Ich nehme das Blatt am Montagmorgen nicht mit zu unserem

Vierertreffen im Kolleg. Rufe mittags in Freiburg an. – «Nein!», sagt Gunhild. «Die Sache ist richtig.» Die *Sache*. – Wir sprechen von Hans Henny Jahnns Atomdrama, das ich 1961 in Berlin bewundert habe. Von Günther Anders, seinem Briefwechsel mit dem amerikanischen Hiroshima-Piloten. Dem Raketenaufbruch Russlands nach Kuba, der Kennedy an den Rand des Atomkriegs führte ...

Fahre unruhig zu Claus ins Graue Kloster. Dort sind Schülertage. Projekttage. Das meiste haben die Schüler selbst angeregt, er, der Vertrauenslehrer, hat mit etlichen ab morgens um halb vier eine Radtour durch Berlins Landschaften gemacht, ist ziemlich in Schwung – ich sitze kurz in seiner Schulklasse, ritze die Zeichen der Linea B vom Knossospalast in Kreta in eine weiche Tonscheibe, unten malen Claus' Schüler eine Eule auf die Schnauze seines VW-Busses, eines abgehalfterten, dunkelblauen Polizeibusses, Elefanten und Wale auf die Seitentüren. Er zeigt mir die ganze Schule.

Wollte ich seinen Rat? Ihm unser Blatt zeigen?

Mit Claus verbindet mich ein starkes Doppelband. Seine mit Eberhard Lämmert vereinbarte Magisterarbeit über die Wirkungsgeschichte des Romans «Der Untertan» stockte seit Ohnesorg, seit 1968, den Kämpfen an der Freien Universität und dem Fortgang Lämmerts nach Heidelberg. Mein Bruder hatte das Deutsche Seminar nicht mehr betreten und saß zuhause vor einem weißen Blatt, ein Jahr, ein zweites. Kein Einzelfall.

Da ergab es sich nach einer Frankreichreise mit Mady, dass er auf der Rückfahrt in Freiburg blieb, mir, der eher ein Verehrer Thomas Manns war, den Bruder Heinrich Mann nahebrachte und dabei zunehmend gewann, in der Vorhand war. Mein Respekt wuchs, je mehr mir klar wurde: Heinrich war politisch zehn Jahre vor seinem Bruder auf dem Plan, war 1914 nicht in einen «Schicksalsrausch» verfallen wie sein ständig rivalisierender Bruder, menschlich sympathischer, souverän, die verquasten «Betrachtungen eines Unpolitischen» von Bruder Thomas hatte er nicht einmal gelesen. Kurz: Claus setzte sich unters Dach und konnte plötzlich schreiben, schrieb seine Magisterarbeit.

Eberhard Lämmert war so fair, die Berliner Arbeit, nach Jahren, in

Heidelberg anzunehmen, lobte sie – und mein Bruder gewann die Möglichkeit eines Berufs, in dem er zuhause, viel mehr noch, in seinem Element war. Die Schüler übermalten seinen Bus. –

Ich fahre zurück zum Kolleg. «Da ist ja dieser Mensch!», sagt Illich freundlich, ich gebe ihm den Text und zeige ihn Barbara Duden, als er drum bittet. Sie findet ihn gut. Noch will ich ihn nicht in Umlauf bringen. Mir liegt immer noch so etwas wie ein Klotz im Bauch.

Was will Illich?

Illich bei den Grünen – Schlüsselwörter der Verknappung?

Abends in der Technischen Universität. Es ist ein Experiment. Ich will Illich einmal in einer anderen Umgebung hören, zusehen, von außen in Aktion kennenlernen. Es ist eine Sitzung von Bürgerinitiativen zur Stadtplanung, der «Grüntangente», einer Tangente im Tegeler Forst. Sie tagen im Audimax. «Straßen sind auch für die Fahrräder da», sagt eine Sprecherin. Beifall. (Es ist zu der Zeit eine Neuigkeit.) Man wendet sich gegen den geplanten Rangierbahnhof im Südgelände, da hat sich eine Tier- und Pflanzenwelt entwickelt, im Wasserturm nistet ein Turmfalke, 2000 Tierarten gibt es dort ... Einige von diesen grünen Initiatoren, die aus den Straßen die Autos wegretuschieren und grüne Bäume hineinzeichnen, haben etwas von bürokratischen Ökoplanern. Studieren Landschaftsplanung, sympathische Leute. Die Strecke der stillgelegten S-Bahn soll Grünanlage werden.

Illich in Aktion – stellt Fragen, gibt zu überlegen. Redet von etwas ganz anderem. «Der Mensch ist das Wesen, das wohnt. Man lebt wo, heißt, man wohnt dort. Der Mensch, der wohnt, hinterlässt Spuren. Er ist das Wesen, von dem Spuren zeugen. Die Garagierung des Menschen erträglicher machen, seinen Wohnknast, ist nicht, was ich will. Der Mensch als unzulängliches Transportgut, das eingepfercht wohnt und fährt und irgendwo rennt, joggt, um nirgends anzukommen, ist nicht mein Gegenstand. Mutiger müssen wir werden. Wieso braucht der Oberbürgermeister in Berlin oder irgendwer anders hier ein Privatauto?» Viele hängen lächelnd an seinen Lippen, hören überrascht zu, andere sind entmutigt, verärgert, kopfschüttelnd entrüstet.

Illichs ganz und gar gründlicher Bruch mit den Ökoverwaltern, die noch schlimmer seien als die, die Boden in Ressource, in Produktionsraum verwandeln, weil sie aus dem Denken und der Lebensform nicht aussteigen, ihm eher eine Brücke bauen, dieser Bruch ist ja in der Tat bedenkenswert. Nur – ?

«Wie soll man, ohne die Waffen der Rationalisierer zu kennen und zu benutzen, gegen sie argumentieren und durchkommen?», fragt jemand.

Nachher beim Griechen mit Wolfgang Sachs und Otto Ulrich vom Traube-Institut. Wir essen Weinblätter, trinken Retsina. Illich erzählt von jemandem, der in den USA Blindheit erforscht und feststellt, die Hälfte der Blinden ist nicht wirklich blind, sondern trägt nur das soziale Stigma der Blindheit, übernimmt es.

Otto Ulrich sagt: «Sie entwerten das Tun der Verbesserer. Ist es nicht doch richtig?»

Ich frage ihn: «Ivan, du denkst revolutionär. Aber du bist kein Revolutionär mit einem Ziel. Ein Ziel formulierst du nicht. Bist auch kein Revisionist. Wohin willst du? Was bist du?»

Er stimmt zu. Lacht: «Es geht zuerst einmal darum, dass die Welt überlebt», sagt er.

Ein behaltenswerter Abend: Der Mann hat ein anderes Thema, ein gründlicheres. Es gilt einer zur Zeit bodenlosen Frage der anderen Lebensform.

«Warum untersuchst du nicht, was du bei Darwin und Freud herausgefunden hast, auch einmal für die Gegenwart?», fragt er mich kurz darauf. «Was passiert bei dieser Verwissenschaftlichung der Umgangssprache, was geschieht mit den Wortflüchtern, die sich in der Alltagssprache einnisten, wie es der ‹natürlichen Zuchtwahl› geschehen ist oder der ‹Libido›?»

22. Juni 1982 – Mittags bei Hortense von Heppe in der Bleibtreustraße.

Der Illich-Kreis ist eingeladen. Herrliche Kirschen stehen auf dem Tisch und starker Kaffee. Die Kirschen nass und knackig. Sie ist eine Malerin, ihr Freund Dieter Kittsteiner ein Historiker.

Wir wollen über Freud sprechen. Ich soll beginnen und beziehe mich auf die Debatte mit Wolf Lepenies im Medizinischen Institut. Kittsteiner spricht von einer Heils- und Gnadenanstalt der Psychoanalyse.

«Aber Freud hat doch wirklich entdeckt, dass das Ich nicht Herr im eigenen Hause ist, dass das Unbewusste …», sage ich.

Illich ist ärgerlich: «Könntest du das Wort ‹wirklich› streichen? Lassen wir einmal die Frage, was wahr ist an Darwins oder Freuds wissenschaftlicher Arbeit, ganz auf sich beruhen und überlegen: Was passiert beim Übergang der anerkannten wissenschaftlichen Termini in die Umgangssprache, die alltägliche Gebrauchssprache. In meinen Augen entsteht Hierarchisierung und Knappheit. Die Begriffe erzeugen ein Gefühl, da ist ein Bereich, in dem man alles weiß und die anderen hinterherhinken.»

«Ja», sage ich, «in der Umgangssprache sind Termini Wortautoritäten, mit denen man, ohne zu zweifeln, als fixe Größen umgeht, in dem Gefühl, unterinformiert zu sein.»

«Und nachdem Freud dem Menschen ‹Libido› zugeschrieben hat, und mit ihr Sexualität als Heils- und Glücksbedarf, nachdem dies als sein öffentliches Bild dasteht», sagt Illich, «entsteht Knappheit. Zuschreibung erzeugt Knappheit …»

Ich sage: «Da kommt mir aber die Frage, ob dieser Begriff der ‹Knappheit› noch spezifisch genug ist, um eine Epoche zu kennzeichnen. Ist die ‹Wissensgesellschaft›, von der man jetzt redet, sofort eine der Knappheit?»

Ivan: «Das ist das Thema für mich hier. Daran glaube ich. In den Gesellschaften neben der europäischen, in der sich seit dem 12. Jahrhundert der ‹homo oeconomicus› herausbildet, gibt es Mangel. Seltene Vögel sind in ihnen selten, aber nicht knapp. Es gibt Kommunen, da wird der letzte Sack Reis, den man in einer Hungersnot hat, vergoren und verschwendet; in der genusgesonderten, vernakulären Subsistenzgesellschaft gibt es nicht die in der europäischen Zivilisation auf allen Ebenen erzeugte Knappheit: in der Erziehung, im Bereich der Waren, der kirchlichen Dienstleistung etc. –»

Ich verstehe: «Das könnte man auch von ‹Sexualität› sagen. Es gibt sie noch gar nicht so lange, die ‹Sexualität› als kanonische gesellschaftliche Norm. Unsere Eltern haben das Wort nicht gebraucht – eine der tatsächlichen Revolutionen von 1968 war die ‹sexuelle Leistungsgesellschaft›. Das Wort ist jünger in dieser Ausstrahlung als ‹Energie› oder das Donnerwort ‹Entwicklung› in der DDR.»

«Ja!» sagt Illich. «Entwicklung. Underdevelopment. – Was passiert bei dieser Verwissenschaftlichung der Umgangssprache, was geschieht mit diesen Wortflüchtern, die sich in der Alltagssprache einnisten wie – ich weiß nicht was ...?»

Die Frage saß fest, wir haben sie in Gesprächen weiterverfolgt, hierzulande und in Mexiko. 1988 erschien bei Klett-Cotta mein Buch «Plastikwörter. Die Sprache einer internationalen Diktatur». Unversehens war daraus die Beschreibung des sprachlichen Baukastens der «Wachstumsgesellschaft» und der «Globalisierung» geworden, des Werkzeugkastens einer Zwangsjacke. Illich war der weitsichtigste von uns Fellows.

PW zu Pfingsten

Tischszenen – Pfingstmontag mit Heinz Pö

Zurzeit gibt es ständig bei Tisch, scherzhaft, aber mit scharfen Antithesen, ein Hickhack. «Ich soll Sie grüßen, Hans-Egon, von Ihrem Freund Walter Jens; er hofft, Sie werden auch sein nächstes Buch in der *Welt* verreißen, sonst wäre er wirklich verunsichert.»

Es ist, was Wapnewski sagt, immer hochgetrieben, zugespitzt. Jedes Zusammensein ist ein Anlass, etwas Geistreiches schnell zu platzieren. Dietz Bering und Bruno Hillebrand sind schnell, wenn es ums Plänkeln geht, Wapnewski ist schneller.

Er schafft kaum einmal eine entspannte Atmosphäre. Würde man sich erlauben, über ihn nachzudenken, würde einem vermutlich traurig und vielleicht sogar elend zumute – warum? Irgendetwas an ihm ist sympathisch. Mir ist er es sehr. Aber wo Nähe, Vertrautheit aufkommen will, wird er meistens etwas Erkältendes, Distanzierendes sagen.

Ein Offizier, fand Tomaszewski, dessen Vater Offizier gewesen ist. «Ich zeige Krawatte.» Er hält auf Form. Dass sich jemand nicht ordentlich an- oder abmeldet, seinen Gast vorstellt, ist auf eine deutsch-konservative Weise wichtig. «Gerade sitzen!», hieß es bei uns.

Liebenswert, wie er einführen kann. Den Prinzen vor seinem Vortrag im Schloss Charlottenburg:

«Er spricht von der Ruhe der Geborgenheit in einer Tradition, die einer in aller Gediegenheit noch kennengelernt haben kann, und der Unruhe des Fragens in der gleichen Person, die alle Geborgenheit weit hinter sich lasse. Auch so, vielleicht gerade so könne ein neuer Blick entstehen. Zu sehen, wie eine ganze Epoche eine geometrische Gestalt annehme, von der Körperbewegung beim Tanz wie auf dem Exerzierplatz, in der Gartenlage rings um ein Schloss oder in einem Spiegelzimmer, bis ein Endpunkt der Erstarrung den Augenblick hervorbringe, in dem ...» – so ähnlich, mit einer warmen Stimme, suchte er Rudolf zur Lippes architektonischem Epochenbild zuvorzukommen, sodass zur Lippe erschüttert war.

Konnte es doch auch passieren, dass er die Äußerung dieses Tischnachbarn mit einer so vor Ironie zitternden Weise aufgriff, dass es dem Gegenüber die Sprache verschlug und Mazzino Montinari nach seinem Aufbruch eine Zornesarie gegen solche Kälte anstimmte.

Wagner liebte er sehr. Und der Gedanke, dass das Kolleg für ihn sein Bayreuth sei, war nicht aus der Luft gegriffen. In dieser *Nach*zeit, der Zeit nach den 68ern, war nicht nur Nietzsche in erheblicher Breite wieder möglich, sondern avancierte auch Wagner neu, wurde Bayreuth auch innerhalb der Bundesrepublik wieder ein Zentrum.

Mir war seine Musik in der Regel schwer zugänglich, gelegentlich aber zu sehr, viel zu plausibel – wenn der Schmied sich vor Siegfried gleisnerisch stellen soll, wird die Musik so gleisnerisch, dass man weglaufen möchte, und als ich in Wapnewskis Buch «Der traurige Gott» las, Richard Wagner behaupte, dass Wolfram von Eschenbach den Parzival «nicht verstanden» habe, war mein Urteil fertig: Wer das behaupte, könne nicht bei Trost sein.

Für Wapnewski ist es aber nicht in erster Linie die Figur, ihre Selbstinszenierung; was ihn bannt, scheint das Musik gewordene Wort zu sein. Er liebt Wagner und wird weich, wenn er ihn hört, sensibel, ernst. Er hat mich eingeladen, ihn beim Besuch des «Tannhäuser» zu begleiten. Im ersten Teil geht es mir wie sonst, ich habe kein Ohr für ihn. In der Pause erzählt er mir den Inhalt, geistreich, es ist eine lebendige Interpretation. Eine halbe Stunde gehen wir hin und her. Ab da höre ich diese Musik mit anderer Aufmerksamkeit, als wäre mir ein Pfropfen aus dem Gehörgang gezogen. Es ist ein schöner Abend, präraffaelitisch vielleicht in manchem. Aber ich verstehe, was ihn so weich macht. Das Hirtenlied. Das Phänomen des Künstlers.

Ich ahne sehr wohl, was es ist, das ihn mir sympathisch macht. Erzähle von Oskar Loerkes Gedicht «Winterliches Vogelfüttern», das den mittelalterlichen Sängerwettstreit 1936 zum Thema macht, sozusagen im frostigen Winter. Es steht im Schlussteil von Loerkes siebtem und letztem Gedichtband «Der Wald der Welt», den er noch veröffentlicht und nach dem keine Gedichte mehr von ihm erscheinen, erscheinen können, er sich zurückzuziehen hat. Loerke lässt in der Eiszeit der späten dreißiger Jahre die einstigen Sänger an der winterlichen Futterstelle antanzen, «Die Gereisten, die Gescheiten / Fabelnd ihre alten Zeiten», den von Singenberg, den von Landegg.

2

Aber Walther sehn wir nie.
Wie er sang, ging er zur Ruhe:
«Er ging schleichend wie ein Pfau,
Drückte ein die Kranichschuhe,
Und sein Haupt hing ihm aufs Knie.»
Er versank im Himmelsblau.

Dieser Absturz ins Himmelsgewölbe gefiel Wapnewski.

Es war die Zeit, in der Südamerika als Literaturkontinent entdeckt worden war und Berlin bekannte Autoren zu einem Pfingstkongress eingeladen hatte. Das Kolleg wollte am Pfingstmontag einen Empfang geben, Siegfried Unseld und Vargas Llosa wurden erwartet.

Am Pfingstmontag, dem Tag des Empfangs südamerikanischer Autoren in der Wallotstraße 19, hatte ich einen Teil meiner Familie animiert, mitzukommen, meine älteste Schwester Gönke, Bruder Claus, den Neffen Jan und seinen Freund, wir kamen früh, Peter Wapnewski ging uns auf dem leergeräumten Parkett des Vortragsraums im festlichsten Ornat entgegen, rülpste laut und sagte:

«Örksen, seggt Pörksen. So hat mich euer Onkel Heinz immer begrüßt, wenn wir uns in Kiel auf der Straße trafen», sagte er. Wir gingen auf die Terrasse des Kollegs. Er könne leider nicht so auf Kommando rülpsen wie Heinz es gekonnt habe, lachte er. «Wir haben damals für dieselbe brasilianische Sängerin geschwärmt und gemeinsam den ‹Dienst› geschwänzt.»

Meine älteste Schwester begann von ihm zu erzählen, wie er sie, wenn er Milch holen fuhr, hinten auf seinem Motorrad mitfahren ließ und immer so scharf um die Straßenecken fuhr, dass Milch verschütt ging. «Niemals wurde er gescholten, niemand tat es. Einmal durfte ich ihm Zöpfe flechten, er hatte doch so lange Haare.»

Peter Wapnewski machte ihr vor, wie Freund Heinz seine Haare zurückstrich – die Handbewegung. «Genau so!», rief sie mit feuchten Augen.

Er war beunruhigt, fast aufgeregt, weil Vargas Llosa noch nicht gekommen war.

«Er kommt nicht vor zehn», sagte Gönke, «Herr Professor Wapnewski. Das ist so in Südamerika, ich bin im vergangenen Jahr mit meinem Mann in Südamerika gereist. Wenn sie einen auf acht Uhr einladen und man tatsächlich um acht Uhr vor der Tür steht, sitzen sie noch in der Badewanne.»

Er lachte. «Siegfried Unseld wollte mit ihm kommen!»

Ein Confellow hatte die Szene miterlebt. Sie bedurfte einer Erklärung:

Im Dezember 1979, als Peter Wapnewski noch eine Professur in Karlsruhe versah, hatte er mich zu einem Vortrag eingeladen. Das Thema, «Die mythologische Kindheit der Helden mittelalterlicher Epik», hatte es ihm angetan, noch war keine Rede von Berlin, aber er fragte beim anschließenden Zusammensein, ob mir der Name Heinz Pörksen etwas sage.

Es war der jüngste Bruder meines Vaters, 1922 in Kiel geboren. Sie waren Freunde gewesen, Klassenkameraden in der Kieler Gelehrtenschule, er habe ihn vor dem Schulabschluss, vor Beginn des Kriegs, aus den Augen verloren, erzählte er.

«Er ist vom Frühjahr 1939 an in unserer Familie gewesen, in einem Dorf nördlich von Husum, wohin er auf dem Motorrad zur Schule fuhr. Er war bei uns Kindern unglaublich beliebt, ließ uns zwischen seinen Armen auf dem Motorrad sitzen und fuhr mit uns um den runden Rasen. – 1940, noch vorm Abitur, hat er sich freiwillig zur Wehrmacht gemeldet, wurde Stukaflieger, Sturzkampfflieger, und ist gefallen – im Dezember 1942 nördlich von Leningrad.»

Auf einmal öffnete sich ein weiter Raum. Wapnewski war sehr bewegt. Schwieg. Das glaube er, dass wir ihn mochten. Es war diese besondere Art der Treue – was ihn einmal nah berührt, ganz überzeugt hatte ...

An einem der nächsten Abende sitzen wir im Clubraum, Peter Wapnewski und seine Frau sind noch geblieben, wir bechern Rotwein, sprechen von den Falklandinseln, Montinari meint, dann könne Italien doch auch, wie Argentinien, auf etliches Anspruch erheben.

Wapnewski: «Mazzino, hinter Ihrer reinen Stirn reift der Plan, Korsika zu erobern.»

Das Gespräch springt. Englands Thatcher. – Monica Wapnewski sagt, auch im Westen habe man nicht die Freiheit, werde man manipuliert. Wir zweifeln nicht. Aber ihr Mann braust auf: «Das ist ja entsetzlich, grauenhaft, was du da sagst» – wir trauen unseren Ohren nicht.

Die Tür öffnet sich. Dietz Bering schaut herein, sagt, seit Tagen schlage draußen eine Nachtigall, bis weit in die Nacht. Sie sei wieder da.

Wir gehen auf die Terrasse im Rücken des Hauses. Hören sie. Es ist unglaublich. Wapnewski hört zu, hingegeben. Bleibt auf der Treppe stehen. «Bering», sagt er, «das werde ich Ihnen nicht vergessen.»

Helga Nowotny
Wie männlich ist die Wissenschaft?

Die männliche Wissenschaft als wissenschaftliches Thema –
«Das Manifest der Pilgermütter»

Helga Nowotny hatte mit diesem Thema keinen leichten Stand. Ihr erster Punkt betraf die Schwierigkeit, im Kreis der männlichen Kollegen Anerkennung dafür zu finden, dass es sich bei der Frage «Wie männlich ist die Wissenschaft?» um eine wissenschaftliche Frage handle. Sie erschien, wenn ich mich richtig erinnere, überwiegend und ohne Zweifel auch mir als «Frauenthema», ein politisch parteiliches und praktisches Problem – nicht als eines der wissenschaftlichen Sozialgeschichte. Infolgedessen hatten die weiteren Argumente bei uns männlichen Fellows nicht das Echo, das ihnen zukam. Frau Nowotny, eine Schülerin von Norbert Elias, betonte die Möglichkeit der Blindheit, die eingefahrene Gassen mit sich bringen, sie sprach von «Geschlechtsblindheit».

Ihr zweites Argument ging dahin, dass die einstige «Mutter Natur» von der neuzeitlichen Naturwissenschaft zu einer mechanisch angelegten, kontrollierbaren, beherrschbaren Veranstaltung vermännlicht worden sei, in der Macht und Wissen zu Dominanten wurden. Von dieser einseitigen Perspektive waren Frauen unter anderem aufgrund ihrer zunehmend geringen gesellschaftlichen Position ausgeschlossen, auch als «Beobachtungsgegenstand»: Sie waren und blieben weiterhin der alten, anziehenden, aber schwer berechenbaren Natur angehörende Wesen.

Sie blieben auch, Punkt drei, seit Frauen zum Studium und dann auch zu wissenschaftlicher Betätigung zugelassen wurden, draußen vor. Ihre wissenschaftliche Autorität war – hier tauchte Illich auf – «asymmetrisch und komplementär» nur insoweit, als sie als Zuarbeiterin, Sekretärin und seelische Gehilfin in Betracht kamen. 1979/80 gab es innerhalb der Professorenschaft der bundesrepublikanischen Hochschulen drei Prozent Frauen, innerhalb des Mittelbaus (inklusive Lehrbeauftragte) nicht mehr als zehn Prozent.

Ein vierter Gesichtspunkt galt dem Bereich, den Frauen seit einiger Zeit zum Thema ihrer wissenschaftlichen Untersuchung machten, zunächst ihren ungenannten, die Epochen hindurch verschwiegenen Anteil an der wissenschaftlichen Arbeit ihrer Männer, dann aber auf breiterer Ebene ihren der Männerwelt entgegengesetzten Lebens- und Arbeitsbereich. Sie begannen, die Lebenswelt der Frau historisch zu erschließen. Eine solche Verwissenschaftlichung, sagte Helga Nowotny, habe das Potential, den von Illich für die industrialisierte Arbeitswelt prognostizierten Genusschwund aufzuhalten und die Geschlechterbeziehung vernünftig neu zu ordnen.

Ihrer letzten Frage, ob es eine weibliche Wissenschaft gebe, auf die es derzeit ein Spektrum von Antworten gab, ging sie nach, indem sie verschiedene vorhandene Auffassungen anführte und daran den Schluss knüpfte: Die de facto ein paar Jahrhunderte existierende männliche Wissenschaft sei verstärkt auf dem Weg, sich zu verzweigen, auszudifferenzieren. Innerhalb dieser Vielfalt seien die Frauen eine zunehmend mächtige Stimme.

Der Vortrag hatte nicht das Echo, das ein zweifellos neuer Gesichtspunkt erzeugt, wenn er aufgegriffen wird. Ihm folgte weder an dem Abend noch nachträglich eine Debatte. Die Stimmung war eher unwillig – die offenbar polemische Frage «Wie männlich ist die Wissenschaft?» war «kein richtiges Kollegthema» und entsprach damals nicht dem dominanten *Stil des Hauses*.

Michal Ginsburg wählte als ihr Vortragsthema die Erzählstrategien und das Problem der Ichkonstitution im Werk Flauberts – ein anerkanntes literaturwissenschaftliches Thema, das Hans-Martin Gauger fürsorglich erklärend einführte. Die von Helga Nowotny angeschnittene Frage lag ihr gleich nahe. Der vom Rektor erbetene Abschlussbericht ist von Michal Ginsburg und Helga Nowotny gemeinsam verfasst worden. Sie haben ihr «Manifest der Pilgermütter» Peter Wapnewskis «Manifest der Pilgerväter» (21. Mai 1982) an die Seite gestellt. (Worum es sich bei dem Letzteren gehandelt hat, ist bisher nicht aufzuklären, auch nicht mit Hilfe von Helga Nowotny.)

Manifest der Pilgermütter
[geringfügig gekürzt]

Punkt 1. Einleitung:
Unseren durchweg konstruktiv gemeinten Anregungen liegen gemeinsam gemachte Erfahrungen zugrunde, die

1. aus der zu geringen Anzahl von weiblichen und jüngeren Wissenschaftlern am Wissenschaftskolleg resultieren und
2. die nach Öffnung und Stärkung der intellektuellen Atmosphäre am Wissenschaftskolleg verlangen.

2. Die Erfahrungen einer Minderheit
Die Erfahrung, Teil einer extrem kleinen Minderheit zu sein, verschärft für die Betroffenen das Problem, aufgrund ihrer professionellen Kompetenz als gleichwertig akzeptiert zu werden. Der Mehrheit wiederum wird es leicht gemacht, den Frauen am Wissenschaftskolleg einen Sonderstatus einzuräumen, den wir nicht wünschen.

Es ist uns bisweilen schwergefallen, in einer Atmosphäre, die nicht überwiegend auf das Erbringen professioneller Leistungen hin orientiert ist, sondern ein diffuses, wohlmeinendes unverbindliches Klima ausstrahlt, primär in unserer Eigenschaft als Wissenschaftlerinnen – als die wir uns verstehen – wahrgenommen und behandelt zu werden.

Die Asymmetrie in den Umgangsformen und im Ton (...) schaffen bisweilen eine Atmosphäre, die der eines Männerclubs näherkommt als einer sich der Optimierung wissenschaftlicher Kreativität verpflichtenden wissenschaftlichen Institution.

Die Diskussion anläßlich unserer beiden Colloquien erfolgte in einer ungewöhnlich gespannten und vergleichsweise aggressiven Stimmung. Eine ausgewogenere Anwesenheit von Frauen und Männern im Wissenschaftskolleg würde in Zukunft wesentlich zu einer sachlicheren und ausgewogeneren Diskussion beitragen und insgesamt die professionellen Bewertungskriterien stärken.

3. Für eine intellektuelle Öffnung des Wissenschaftskollegs

Es ist unsere tiefe Überzeugung, daß das Wissenschaftskolleg seine innovative Funktion – nämlich die einmalige Möglichkeit des eigenständigen, vom üblichen Druck befreiten wissenschaftlichen Arbeitens mit der Ausstrahlungskraft neuer intellektueller Impulse und Anregungen zu verbinden – nur dann wird erfüllen können, wenn es gelingt, im Kolleg selbst und um uns herum eine erweiterte, intellektuell offene Gemeinschaft aufzubauen.

Dazu bedarf es sowohl einer innovativen Rekrutierungsstrategie wie der stärkeren Strukturierung des intellektuellen Rahmens:

3.1 Das Wissenschaftskolleg braucht mehr weibliche und jüngere Fellows

Dazu gehört – als Voraussetzung – mehr Heterogenität in der Zusammensetzung der Fellows, d. h. mehr Frauen, mehr Jüngere, mehr Ausländer.

Das Kreativitätspotential ist im allgemeinen bei jüngeren Wissenschaftlern, die ihre Karriere noch vor sich haben und oft auch mutiger sind, unkonventionelle Forschungsfragen anzugehen, höher als bei älteren. Frauen gleichen aufgrund ihrer oft verzögerten oder unterbrochenen Karrieremuster in ihrem Kreativitätsverhalten den jüngeren Wissenschaftlern.

3.1.1 Dem oft gehörten Einwand, daß es nicht genügend qualifizierte Frauen gebe, möchten wir entschieden entgegentreten.

Aus diesem Grund sollte sich der Wissenschaftliche Beirat nicht scheuen, qualifizierte Frauen um die Nominierung von Frauen zu ersuchen.

Der oft bemühte Vergleich mit Princeton wäre in dieser Hinsicht ebenso lohnend!

3.2.2 Es hat sich bald herausgestellt, daß Mittagessen als vorgegebene Gelegenheiten für ernsthafte Gespräche nicht funktionieren. Sie verleiten vielmehr zu «small talk» und einem angenehmen Nebeneinander, das beibehalten werden, aber keine anderen Erwartungen wecken sollte.

3.2.3 Colloquien könnten unserer Meinung nach vor allem im Hinblick auf eine fokussiertere Diskussion dadurch gewinnen, daß neben dem Moderator ein Ko-Referent eingeladen wird.

4. Wie deutsch (preußisch) soll das Wissenschaftskolleg sein?

4.1 Der Kulturschock, den Ausländer erleben, wenn sie das erste Mal das Funktionieren einer deutschen Institution – am Beispiel des Wissenschaftskollegs – von innen her sehen, sollte nicht unterschätzt werden. Auffassungen von Hierarchien und vom hierarchischen Umgang miteinander, wie wir sie hier kennengelernt haben, oder der Hang zum Konservativismus etwa in der Einstellung Frauen gegenüber, sind anderswo nicht im selben Umfang anzutreffen.

4.2 Wir sind der Meinung, daß eine Institution wie das Wissenschaftskolleg, das sich als Pionierschöpfung versteht, zumindest nicht als Bastion eines vergangenen, aber längst überholten Ideals einer universitären Kultur fungieren sollte, sondern sich im Gegenteil bemühen muß, der Zeit einen Schritt voraus zu sein.

4.3 Dazu gehört sicherlich die Öffnung hin zu internationalen Strömungen in der Wissenschaft und eine deutliche Distanzierung von Provinzialismus aller Art. Dazu gehört die Öffnung gegenüber innovativen Potentialen, wie sie weibliche und jüngere Fellows darstellen.

Erzählte Erfahrung

Hartmut von Hentig

Hans-Martin Gauger hatte in der letzten Zeit erreicht, dass drei unseres Jahrgangs an drei Abenden aus ihrem Leben erzählten. Hartmut von Hentig war der Erste.

Er ist ein schauspielerisches Talent. Das wurde mir schon klar, als ich mit Holthusens bei ihm zu Gast war. Er hantiert am Kochherd, hört uns, die entfernt am runden Esstisch sitzen, über Vorzüge und Nachteile der Waldorfschule sprechen und kommt flach am Boden mit ausgreifenden Schritten und Armbewegungen auf uns zu, indem er tief guttural singend rezitiert: «Füllest wieder Busch und Tal – Still mit Nebelglanz – Lösest endlich auch einmal – Meine Seele ganz.» Eurythmie?!

Am Erzählabend, als er vom Lateinunterricht spricht, wiederholt sich das «Learning by Seeing». Er macht vor, wie er schon in der ersten Stunde ohne ein deutsches Wort auskommt, indem er rückwärts auf jemanden mit dem Daumen zeigt, der etwas trägt – «portat» –, der hin und her spaziert – «ambulat». Dann spaziert er selbst – «ambulo». Erst vormachen, dann erklären. Er zelebriert eine phantastische Schulstunde.

Schön, fast schon verführerisch, wie er Philosophie vermittelt, von Plato spricht. Das Höhlengleichnis. Vom Fassen der Idee: «Ist es *das*, was ich zu sehen meine?» Da liegt sein Zentrum. Dann spricht er von seiner «Laborschule», davon, dass er in letzter Zeit dem Idealismus näherrückt und wie die Spielregeln sozialen Lernens von der Schulbürokratie verdorben werden.

Vieles aus seiner jüngsten Lebensgeschichte berührt sich mit meiner Geschichte des Landerziehungsheims bei Schleswig, das von dem Internat Salem geprägt war und von dessen Umkrempelung durch die 68er-Bewegung ich in der «Missunder Uhr» erzähle. Ich hatte ihm die Geschichte noch vorgelegt. Unser Gespräch darüber ist missglückt, auch das spätere, briefliche. Er wollte, dass ich aus der Geschichte einen Roman mache und schien zu meinen, nicht zuletzt seinen Bielefelder Roman und dessen Geschichte. Wenn nicht etwas daraus würde wie Thomas Manns «Zauberberg», schrieb er, solle ich die Finger davon lassen. Tatsächlich hatte ich eine andere Erfahrung, ein anderes Thema und antwortete höflich, dass ich mich unter dies Schwert nicht setze.

Illichs Verschwinden

Illich hatte, schon vor Wochen, seine waagerechten Hände vorwärts streckend, eine plötzliche Bewegung aufwärts in die Luft gemacht und war entschwunden, ohne sich zu verabschieden.

Zuletzt hatte Barbara Duden mit einer großen runden Torte, von 118 brennenden Kerzen umstanden, den Abschluss seiner 118 Anmerkungen zu seinem Buch über «Genus» gefeiert. Diese Anmerkungen waren Kurzessays und öffneten ruhiger, sachlicher, konkreter den Blick für die soziale Spielregel der Geschlechterverschiedenheit, von der er meinte, dass sie bis zur Neuzeit den Kulturen der Welt gemeinsam war und von der europäischen Zivilisation auf ihrem Sonderweg so folgenreich verabschiedet worden sei.

Diesem Teil hätte eine eingehende, sachlich klärende Erzählung und Darstellung am besten gestanden. Illich war längst mehr in Mexiko und Südamerika, durch das er ein Jahr gewandert war, zuhause als in Europa, und der Blick seines Buches war mehr auf die Kulturen gerichtet, die, seit es das «Underdevelopment» gibt (Truman 1948), «Dritte Welt» und «Zweite Welt» (bzw. Schwellenländer) heißen, während sie ihm als «Erste Welt» und als ihr folgende «Schwellenländer» erscheinen. Ihn faszinierten die primären Formen der asymmetrischen Haushaltung, deren Grundregeln er für praktisch hielt. Die «Anmerkungen» stellten sie dar, kaum, um zu ihnen zurückzukehren, eher, um sich von ihnen anregen zu lassen und in «Entwicklungsländern» vor ihrer Zerstörung zu warnen. Diese 118 «Anmerkungen» sollen von der späteren «Genderforschung» gerne genutzt und weniger gerne genannt worden sein. Allzu sehr hatte die erste, pamphlethafte Hälfte, seine «historische Kritik der Gleichheit», das Buch ins Abseits gestellt.

Das Jahr im Wissenschaftskolleg markierte in seinem Fall eine Zäsur: Illich verabschiedete das Pamphlet, das die Entlarvung des Kontraproduktiven der industriellen «Produktivität» zum Hauptgegenstand hatte. Bis dahin war er, seit den lapidaren «Declarations of Awareness», den «Klarstellungen», als weltweit beachteter Warner aufgetreten. Seine Themen und Thesen, die in Büchern wie «Deschooling Society», «Tools for Conviviality», «Medical Nemesis» und in zahlreichen Übersetzungen verbreitet waren, galten der Entmündigung der Gesellschaften durch institutionalisierte Verschulung und den Aufstieg der «Experten», er attackierte die praktizierte industrielle Entwicklungspolitik als Zerstörung von Kulturen, erntete Verachtung und massive Drohungen für die Kritik an der medizinischen Totalerfassung und -überwachung des Menschen und deren unproportionale Unkosten, hob die Hände angesichts des uferlos anwachsenden Transports und Verkehrs, kurz: er formulierte rhetorisch geschliffen und erstaunlich breit recherchiert ein Krisenbewusstsein, das seinerzeit erwachte, teils verlacht und verdrängt wurde und heute anerkannt und vorwiegend verdrängt wird.

Zur Zeit des Berliner Aufenthalts war er verunsichert durch die trotz des weltweiten Echos geringe Wirkung seiner Streitschriften. Der Blick in die Geschichte erschien ihm jetzt als ein Weg, den «Selbstverständlichkeiten» der Gegenwart den Boden zu entziehen. Der Übergang zur Geschichte war kein Ausweichen, sondern die Fortsetzung der Gesellschaftsanalyse mit anderen Mitteln. Er suchte die Nahtstellen auf, die Wendepunkte, an denen der Sonderweg der europäischen Kultur einsetzte, die Ur-Sache, versuchte, die Gewissheiten der Moderne durch Geschichte fraglich zu machen und vorsichtig andere Denkwege freizulegen, ohne, wie er es nannte, den Schatten einer zukünftigen oder vergangenen Utopie auf diese Untersuchungen fallen zu lassen. Das Buch «Genus», «Gender», stand als Zwitter zwischen diesen Arbeitsphasen. «Der Weinberg des Textes» wurde danach sein schönstes Ergebnis.

Auch er hatte, wie erwähnt, einen Erzählabend. Ich hatte eigentlich gedacht, er könne nicht erzählen – er ziehe alles zu sehr hinein in die Mangel seiner Ideen. Er war fast immer überaus rasch, sprunghaft, deutete nur an. Aber dann erzählte er einmal, Scholem habe zu ihm gesagt, die Sippe der Tibons, der großen jüdischen Übersetzer seit dem Mittelalter, seien ja ausgestorben; da musste er widersprechen:

«In Mexiko lebt seit vierzig Jahren ein Nachfahre. Er hat seine Casa in Cuernavaca, stammt ursprünglich aus der Lombardei: Gutierre Tibon. Er ist heute achtzig Jahre alt. Sein Großvater besaß bis 1914 mehrere Millionen Dollar, die er als guter jüdischer Patriot im Ersten Weltkrieg durch Kriegsdarlehen verlor. Sein Enkel war ein Neuarmer, wurde ein Hausierer, erfand mit einem Ingenieurfreund die Hermes-schreibmaschine, das Hermes-Baby, reiste mit ihr, verließ 1933 Deutschland, 1940 die Schweiz, wo er die florierende Firma dem Freund überließ, landete in Mexiko. Und da, sagt er, hat ihn jeder Tag stimuliert. Er ist dort ein bekannter Schriftsteller. Gutierre Tibon hat mir», sagte Ivan, «Mexiko erklärt. Er hat mit einem Freund Pilze gegessen, die als Droge wirken, weil man dann erst die alten aztekischen Gedichte versteht, die einen doppelten Boden haben.»

Ein anderes Mal erzählte er, er habe einmal bei einem Perser in Teheran Gold getrunken, in einer Teetasse aufgelöst. Der Gastgeber war ein Alchemist. Und ein Dichter sei ihm dort beigesellt worden, ein Verseschmied, der ihn begleitete, in seiner Nähe schlief und beim Gang durch die Stadt in Versen sagte, «was ich sah».

Sein Erzählabend war nicht weniger seltsam.

Er glaube nicht an Kindheit, sagt er, nicht an Entwicklung. «In Heiligkeit wachsen», hieß es 1500 Jahre.

Loyal, kritisch, institutionell: so seine Auffassung.

Er könne nicht, wie ihm das bei Holthusen aufgefallen sei, auf sein Leben in einer abgeschlossenen Epoche zurückblicken. Er sei älter geworden an diesem Nachmittag, wo er des Erzählabends wegen auf sein Leben zurückgeblickt habe.

Nicht auf sein Leben wolle er sehen, sondern auf eine Commemoratio der Freunde: Er sei ein Plagiator, arbeite mehr wie ein Dichter als wie ein Wissenschaftler.

«Babette las mir zuhause in Wien, dem Neunjährigen, Tolstoi und Dumas vor.

Auguste, die mir Lafontaines Fabeln einpaukte und von Heilpflanzen besessen war, verließ das Haus, weil ich unerziehbar war.

Beim Großvater in Wien, dem Bankmann und Vater der Mutter, gab es die Sitte der Jause: Ich saß als Kind unterm Tisch, spielte mit Messerbänken und hörte reden vom Russelkreis, von Schauprozessen in Russland, von der Krise. Die ‹Weltkrise› war ein großes graues Tier …

Beim anderen Großvater, dem Vater des Vaters, der einer Grundbesitzerfamilie auf einer kleinen Adriainsel vor der kroatischen Küste, nahe bei Split, entstammte, las ich eine Zeitschrift: Gespräche über Ernährung mit Nonno Sandome.

Einer der Lehrer in Wien war Gustl, der Künstler.

Und wichtig wurde Marion Stantschow, die Zoomorphe kopierte, 16 000, eine Linné der Zoomorphen. Diese Frau war dünn wie eine Nadel, zum Umblasen, und ist lebendig bis heute, dort in London, wohin sie emigrierte und 85-jährig lehrt.

Dr. Knöpfelmacher, ein Freund Freuds, nahm mich achtjährig mit in die Umgebung von Wien und machte mir die Welt der ‹Bestiarien› bewusst. Als die Nazis einmarschierten, nahm er eine Morphiumspritze, die nicht genügte. Fünf Tage dauerte seine Agonie. –

Der Bruder meiner Mutter, Onkel Paul Regenstreif, der Astronom war und dann Astrolog wurde – Ende des Ersten Weltkriegs hatte er ein mystisches Erlebnis im Zusammenhang mit Rudolf Steiner gehabt und wurde dessen jüngster Mitarbeiter –, hat mich an Albertus Magnus herangeführt. Auf unseren Spaziergängen zitierte Regenstreif Rilke. Durch ihn kam ich auf kristallografische Versuche, ‹Steigbilder›, den Vergleich des Organischen mit dem Anorganischen, machte mit 17 Jahren meine erste Publikation.

Die Mutter las erst später, um 1948 in New York, Rudolf Steiner. Als ich dort anlangte, war ich zunächst angezogen von ihrem Kreis. Astrologie war auch hier ein Thema, Hildegard von Bingen. Künstler stießen dazu. Ich war zuerst voller Ehrfurcht, dann entstand Distanz zur Mutter. Zwietracht.»

Illich sprach nicht darüber, dass sein Vater ein Kroate katholischer Religion war und seine Mutter eine Wiener Jüdin, die sich dem christlichen Glauben angeschlossen hatte. Erwähnte nicht, dass er 1951 in Salzburg über «Die philosophischen Grundlagen der Geschichtsschreibung bei Arnold Joseph Toynbee» promoviert worden war, sprach nicht von seiner Arbeit über diesen «brillanten Universalhistoriker».

Erzählte auch nicht, dass er, als er 1951 in New York auftauchte, zum Priester geweiht und von seinem Orden in die USA entsandt war, um sich über Albertus Magnus in Berkeley zu habilitieren.

Nicht, dass er im Puerto-Ricaner-Viertel New Yorks, wo er Messe gehalten und auf der Kanzel gestanden hatte, die Berufung spürte, hierbleiben zu sollen.

Er sprach von den «Hebammen» seines Lebens.

Eine halbe Million Puerto Ricaner lebten in New York. Was passierte da – bei dem Übertritt aus ihrer Heimat nach New York? Er interessierte sich für Soziologie, schulte sich an Fitzpatrick. Die Leute im Stadtteil wurden seine Lehrer.

Er war schockiert, ging nach Puerto Rico, berichtete, dass er dort den nordamerikanischen Sozialisten und Ökonomen Reimer kennenlernte, der ursprünglich aus der Chemie kam und mit dem er acht Jahre lang Gespräche über Schule und Universität führte und dessen Erziehungsidee er plagiierte.

Dass er dort zuerst Konrektor der Universität geworden war, dann als Rektor hinausflog, weil er die Ausbildungskapazität reduzieren wollte.

Zwischen 1951 und 1965 habe er bis zum Hals in der politischen Praxis gesteckt. Sei schuldig geworden.

Erzählte nicht, dass er in Brasilien zusammen mit dem bekannten Bischof Hélder Camara den Arbeiterführer Juliao durch Erpressung mit einer klerikalen Geheimsache aus dem Gefängnis befreite, dass er 1960 mit ein paar Freunden nach Cuernavaca in Mexiko ging, dort in einem leer stehenden Hotel das Centro Intercultural de Documentación (CIDOC) begründete, leitete, zu den Themen Pädagogik, Transport, Stadtplanung, Medizin ... einlud – wohl aber, dass der Schweizer Jean Robert, von Haus aus Architekt, ihm den Schlüssel zum Thema Transport in die Hand gab, der Mensch als «homo transportandus».

Erzählte, dass er dort die Absicht hatte, eine kritische Postgeschichte zu schreiben, dass ihn aber Mrs. Lindheim, Berkeley, «zwang», über Medizin zu schreiben.

Kein Wort über die 93 Fragen des Heiligen Offiziums der Inquisition, die ihm vorgelegt worden waren, nachdem er am 17. Juni 1968 nach Rom gerufen worden war:

«3. Was sagen Sie gegenüber jenen, die sagen, dass Sie ‹streitsüchtig, abenteuerlustig, unklug, fanatisch und ein Hypnotiseur› sind; dass Sie ‹ein Rebell gegen jegliche Autorität, mit der einzigen Ausnahme jener des Bischofs von Cuernavaca› sind?

4. Warum sagen Sie, dass die Unterstützung für die USA in Lateinamerika durch die Hierarchien der Kirche garantiert wird?

9. Ist es wahr, dass im Umkreis Ihres Instituts CIDOC Versammlungen und Parties veranstaltet werden, sogar bei Nacht und in den Privaträumen junger Mädchen, Gäste oder Angestellter, wobei Priester und Ordensschwestern anwesend sind?

33. Ist es wahr, dass Sie Mitglied der staatlichen Kommission für Geburtenkontrolle in Puerto Rico waren und in den Pfarren sowie in Gesprächen mit Laien den Gebrauch der ovulationshemmenden Pille anrieten?

54. Ist es wahr, dass Sie eine neue Kirche wollen – ohne ideologische Voraussetzungen, ohne Hierarchie, ohne Klerus und Hirten?

73. Ist es wahr, dass Sie gegen den Zölibat sowohl des Klerus wie der Ordensgeistlichen sind?»

Das Dokument gibt an, dass Illich dieses «Inquisitorium» als rechtswidrig ablehnte und im Januar 1969 den Priesterberuf niederlegte.

Das Fest der 118 Kerzen in der Beerenstraße endete mit einem Tanz.

Er sprang lachend umher, schenkte mein Weinglas randvoll und sagte, sozusagen im Abflug: «Ich möchte euch gerne noch drei, vier Jahre amüsieren.»

Es war das unglaublichste Zusammentreffen auf meinem Lebensweg, auf unserem, denn mit Rudolf zur Lippe hatte er gemeinsam, dass ihm die Frau des Freundes ein sehr werter Gesprächspartner war und er ihr Mitdenken nicht weniger erhoffte. Er war nicht nur der weitsichtige Warner, er war feurig mitreißend, ein Pädagoge, wie er im Buche steht, kluger Ratgeber und Freund, der ernsteste und lustigste Mensch, der mir begegnet ist.

«Nur für eine kurze Zeit hast du uns einander geborgt.»

Aufbruch

Freitag, der 30. Juli 1982

Abschiedsreden – Holthusen und Wapnewski

Es ist so heiß wie in all den letzten Wochen, wo wir morgens im Halensee gebadet haben, Nowotny, Bering, Gauger und ich, und der See uns nur wenig erfrischte.

Gestern war ich noch mit Caroline Neubaur und Karin Kersten bei Henning Ritter im Garten, wo das Wasser in einem Schwimmbecken kreiselte; auch Wolf Lepenies war da. Es ging vergnüglich zu, Lepenies fing die Zuckerstücke mit dem Mund auf, die ihm die Frauen zuwarfen.

Die Frühstücke in letzter Zeit, manchmal im Freien, waren etwas angespannt, Gauger schickte Bering Bemerkungen entgegen und war verhakt mit Helga Nowotny. Thea Schwarz kam hinzu und residierte, kurz, wir waren ferienreif.

Nur Montinari thronte unverändert in mythischer Menschlichkeit. Er wird ein zweites Jahr bleiben, es ist schon klar, links oben im zweiten Stock mit dem Blick auf die Straße, und seine Zigarre wird nach dem Mittagessen im Clubraum links glühen. Er ist wohl auch ein drittes Jahr geblieben. – «Ich bin schon 1944, mit 16 Jahren, verlobt gewesen», hat er mir vor einiger Zeit erzählt.

«Es gab eine Krise, die Verlobte wurde Nonne und ist wie Arturo Paoli in Südamerika tätig. Ein tiefer Einschnitt.

Arturo hat damals für mich eine große Bedeutung gehabt, der junge Priester der Oblati del Volto Santo, der Oblaten vom Heiligen Antlitz ...

Er hat damals auf mich diese Wirkung gehabt, obwohl ich kein Christ wurde, sondern gerade damals zu den anderen ging; das wissen Sie. Hat Greve ihn erreicht?»

·

Eine Runde um Hans Egon Holthusen

Also der Abschied. Die Polen, Labudas Tochter ist da, aus Genf gekommen. Zielnica stellt seinen Besuch in Freiburg in Aussicht. Dror ist aufgestanden und zum Kopieren gegangen, der Meisterkopierer. Wapnewski hat vorgestern beim feierlichen Abschiedsabend mitgeteilt, es seien 370 000 Kopien gemacht worden. Davon geht der Löwenanteil auf das Konto der drei Polen, die ein enormes, ihnen schwer zugängliches Quellenmaterial über die Grenze schleppen werden, nicht Tomaszewski. Der ist ein Aristokrat, viel zu fein, zu französisch und zu wenig Emse, um sich an der Schlacht um den Kopierapparat zu beteiligen. Oder weiß er bereits, dass er hier bleiben wird?

Beim Mittagessen hat sich heute Wapnewski noch einmal kurz erhoben, verabschiedete die noch anwesenden Fellows, dunkel gekleidet auf dem Weg zum Flug nach Hamburg, ging um den Tisch und gab jedem die Hand, sagte mir, ob ich noch eben mit heraufkomme, wir hätten längst mal klönen sollen.

«Letzter Segen?», fragte Bering, als ich zurückkam.

Auch Hans Egon Holthusen hat vor Kurzem aus seinem Leben erzählt. Er lebt sehr in dem Bewusstsein, einer heute nicht mehr angesehenen Epoche anzugehören.

«Seit Mitte der sechziger Jahre blüht mein Weizen hier nicht mehr», sagte er.

Illich meinte nachher, das habe ihn besonders beeindruckt, dass hier ein Mann wisse, er habe sich selbst überlebt. Labuda fand, es sei der schönste Abend im Kolleg gewesen.

Hans Egon Holthusen, der einem so schöne Sachen ins Fach legen konnte wie die Erinnerung an seinen Vater, den Pastor von St. Andreas Nord (Hildesheim), und mich auf die stärkste und modernste niederdeutsche Lyrikerin aufmerksam gemacht hat, Waltrud Bruhns, die Frau des Glückstädter Bürgermeisters, hat auch vor zwei Tagen, am 28. Juli, die Abschiedsrede im Namen der Fellows gehalten. Sie gehörte nicht zu seinen Sternstunden. Sie charakterisierte Montinari witzig, klatschte ein wenig, erging sich über romanschreibende Schöngeister und Illich, diese «Kunstfigur schon seit seiner Geburt», den «öffentlichen Schweiger für den Frieden», hob Peter Wapnewskis rhetorische Begabung hervor ... – Nachher zeigte er vergnügt eine Postkarte von Gottfried Benn herum mit einer Beauty im Bikini auf der Ansichtsseite, ihm von Benn gewidmet mit den Worten Hölderlins:

Wer das Tiefste gedacht,
Liebt das Lebendigste.

Peter Wapnewski ruckelte die Veranstaltung zurecht. Er dankte Holthusen. Schon 1963 habe er ihn in Heidelberg gehört. Er habe mit Verve gesprochen, eindrucksvoll. Er wisse nicht mehr, was er gesagt habe, aber es sei gewesen wie die Paraphrase zu dem Satz: «Ist der Januar schön und klar, ist's ein schöner Januar.»

Er gestand: Ihm sei dieser Jahrgang ans Herz gewachsen. Er habe sich klargemacht, dass er jeden von uns so gut kennengelernt habe, dass er auch einen jeden nachahmen könne.

Das sei der Würde dieses Augenblicks nun wahrlich nicht angemessen. Wenn er auf den Anfang zurückschaue, diese noch unsicheren, chaotischen Wochen: Welch Jahr! Was sich herausstellte, habe nicht nur zu *seinem* Glück beigetragen, sondern – und das sei nun in der Tat entscheidend – zu dem, was mit dem Vorhaben hier in der Wallotstraße gemeint sei.

Er dankte.

Nachwort

«Sie haben keine Aufgabe, die Sie sich nicht selbst stellen, keine Verpflichtung zu einer bestimmten Leistung. Es gibt keine Evaluation. Wir erwarten die Selbstverpflichtung, am Mittagessen teilzunehmen.»

Unvergesslich, wie die kleine Gruppe acht deutscher und zehn ausländischer Wissenschaftler am 16. Oktober 1981 in Berlin-Grunewald von Peter Wapnewski begrüßt wurde. Das Wissenschaftskolleg zu Berlin war eben gegründet, noch nicht eröffnet, sein Bestand bisher nur für drei Jahre gesichert, und man war für ein Jahr eingeladen in ein überdimensionales einstiges Wohnhaus am Halensee. Die Arbeitsbedingungen bedeuteten einen Ausnahmezustand, der damals sehr verlockend war und heute wie ein Märchen klingt.

Es waren einige weltbekannte Namen eingeladen, wie der israelische Kabbala-Forscher Gershom Scholem oder der Weltenwanderer und Zivilisationskritiker Ivan Illich, aber auch unbekannte wie zum Beispiel ich, vier angesehene polnische Historiker, der italienische Nietzsche-Forscher Mazzino Montinari («Was hat Nietzsche wirklich gesagt?»), eine deutsche Soziologin und ein amerikanischer Soziologe. Der Gründungsrektor, Peter Wapnewski, war ein bekannter Kenner der deutschen Literatur des Mittelalters und Richard Wagners. Zwei Frauen und 16 Männer waren hier versammelt als «Fellows», so wurden wir genannt, denn das amerikanische Princeton Institute for Advanced Study war Vorbild.

Alles Praktische wurde einem abgenommen, vom Wohnraum und Arbeitsgerät über die Versorgung durch die vorzügliche Küche im Untergeschoss bis zur Ausleihe aus den Berliner Bibliotheken. Der Stab arbeitete zuvorkommend und unauffällig. Alles Zeitraubende hatte sich davongemacht. Und ob einer Angefangenes fortsetzte, sein Hauptwerk in Angriff nahm, Aufsätze oder Kritiken verfasste, eine Kriminalgeschichte schrieb oder nur still seinen Horizont erweiterte, war freigestellt. Die Arbeitsfelder lagen weit auseinander, vor einem stand ein großer Zeitraum.

Wie arbeitete, was wollte das Institut?

Die Herausforderung war enorm, die entschiedenste und reizvollste, die ich am Rand der beruflichen Arbeit erlebt habe, und die Zeit in Berlin erscheint mir im Rückblick als das ergiebigste akademische Jahr. Zum Mittagessen gehörte von selbst die gelegentliche Frage: Woran sitzen Sie? Was ist hier Ihr Thema? Hat sich dies oder das geklärt?, und man erlebte nicht selten, dass aus den entfernten Fachgebieten die interessanteren neuen Fragen kamen. Je entfernter das Fach, umso leichter sprang ein Funke, veränderte sich der Blick darauf, was an dem eigenen Fach interessant sein könnte. Es gab drei Sprachwissenschaftler am Ort, aber was diese Kollegen fragen würden, war zu vermuten. Was die Soziologin einwarf, war mehrfach neu. Es wurde ein zentraler Punkt meines Interesses: Wann springt der Funke? Wie ergibt sich ein veränderter Blick auf die Sache, erschließt sich ein neues, vielseitigeres oder einseitig zusammenfassendes Gesichtsfeld? Querschläger sind nützlich. Umdenken kann ein langsamer Vorgang sein, ein Anstoß erst nach Jahren sich auswirken.

Mit Verblüffung las ich das dreißigseitige «Memorandum zur Gründung eines internationalen Institute for Advanced Study in Berlin» (Berlin, 7. Januar 1980), das Peter Glotz, der Senator der Stadt für Wissenschaft und Forschung und entscheidende Erfinder dieses Kollegs, nach langen Beratungen in Auftrag gab, an dessen Kontur Joachim Stoehr, sein Mitarbeiter in der Abteilung Forschung, entscheidenden Anteil hatte, und das sein damaliger Assistent, Christoph Schneider, in knapper klarer Eindringlichkeit niedergeschrieben hat. Da ist die Rede davon, dass die internationale Forschung einen «Bedarf an Synthesen» habe (S. 4), dass in anspruchsvoller Umgebung die Leistungen sich steigern (6), von «freier Interaktion», aber auch «schöpferischer Muße» und «Einsamkeit». Und es wird festgestellt, «daß die Kontakte zwischen Wissenschaftlern mit verschiedenen Forschungsansätzen Voraussetzung für Innovation in der Forschung» seien – bei Instituten dieser Art

*Das Wissenschaftskolleg war einer der intellektuell anregendsten
Orte der «alten» Bundesrepublik*

gebe es keine «Programmvorgaben» (11). «Die Eingeladenen haben meist Residenzpflicht, sind aber im übrigen in ihrer Tätigkeit vollständig frei. Neben wissenschaftlichen Veranstaltungen spielen für die Kommunikation gemeinsame Mahlzeiten eine wesentliche Rolle». «Programmplanung ist selten ... Korrelat dazu ist der Verzicht auf die in der Forschungsförderung geläufigen Formen der Erfolgskontrolle. Allenfalls wird der Eingeladene verpflichtet, einen Vortrag oder ein Kolloquium über seine Arbeiten zu halten» (15).

Das Ganze ist ein Entwurf, der eine Praxis gewordene Utopie Punkt für Punkt beschreibt. Von erhöhtem Interesse dabei:

«Das Institut muß international sein, und es bedarf größtmöglicher Unabhängigkeit von außerwissenschaftlichen Einflüssen, etwa lokalen oder politischen Ursprungs» (19). «Jede Beschränkung auf Forscher bestimmter Nationalitäten oder Glaubensbekenntnisse wäre ebenso schädlich wie eine Verpflichtung auf Forschungsgegenstände oder Arbeitsprogramme, die nicht in der Verantwortung der Einzelnen bestimmt worden sind» (19).

Tatsächlich kein Wort von Projektanträgen und Evaluation, von Sponsorenwerbung?

Der Entwurf hebt die unzählbaren möglichen Konflikte und Friktionen hervor, denen Westberlin, diese Insel im Ostblock, zu dieser Zeit, also 1980, ausgesetzt sei. «Für den, der etwa eine Geschichte des 20. Jahrhunderts oder Beiträge zu ihr zu schreiben vornähme, ist eine intensiver anregende Umgebung kaum denkbar» (17). «Tradition und geographische Lage schaffen in Berlin engere Beziehungen zu den Ländern Osteuropas, als sie in Westdeutschland im allgemeinen möglich sind. Das Institut könnte in Berlin einen Beitrag dazu leisten, unbeschadet der politischen Zerrissenheit Europas seine wissenschaftliche Einheit zu stärken» (17).

Es dürfte selten sein, dass die Wirklichkeit einem Papier so genau auf dem Fuße folgt.

An dem ersten Jahr des Wissenschaftskollegs hat die Zeit mitgeschrieben. Das Institut wurde angefeindet, die Freie Universität forderte den Rektor heraus, der von der Massenuniversität gesprochen hatte, welche zu herausragender Forschung nicht mehr in der Lage sei, und dabei die Wörter ‹Exzellenz› und ‹Elite› gebraucht hatte – nicht nur Unwörter, sondern geradezu Tabuwörter in jenen Jahren. – Die Studentenbewegung bebte nach, die überfüllten Säle, in denen Professoren lehrten, standen vor Augen.

Die Zeit spielte mit. Westberlin lag damals als Insel, von einer Mauer umgeben, in der DDR und wurde per Flug oder durch zwei Grenzübergänge erreicht. Die vier polnischen Fellows erlebten schon im Dezember 1981 von hier aus die in Warschau sowjetisch durchgesetzte Jaruzelski-Diktatur. Die Errichtung eines atomaren Raketenschirms auf deutschem Boden hatte in der Bundesrepublik eine heftige Debatte und die Friedensbewegung hervorgerufen.

Aber noch in einem anderen Sinn hat sich im Rückblick, aus dem Abstand von mehr als dreißig Jahren, der Eindruck einer intensiven Zeit verstärkt. Einige Vorträge, damals gehört und jetzt wieder gelesen, wurden anders zugänglich und gewannen dabei eine historische Tiefenschärfe.

Die vier polnischen Historiker hatten nicht nur eine gemeinsame, von den anwesenden Westlern abweichende Methode, sie hatten auch ein einziges Thema gemeinsam, ein kaum erwartet zukünftiges: den Rückblick auf ein noch nicht durch Nationalismus zerrissenes, gemeinsames Europa. – Osteuropa, die mentale Osterweiterung, wurde in den achtziger Jahren, während des Rektorats von Wolf Lepenies und seither, seit den Rektoren Dieter Grimm und Luca Giuliani, ein konstantes Arbeitsfeld.

Gershom Scholems Eröffnungsvortrag über den Einfluss der sich häretisch, ketzerisch auswirkenden Kabbala auf die europäische und vor allem deutsche Geistesgeschichte hat ein Thema angeschlagen, das, erweitert um das Gebiet des christlichen abweichlerischen Einflusses auf das Judentum, bis in die Gegenwart verfolgt wird und inzwischen auch das Verhältnis der jüdischen und christlichen Religion zum Islam einbezogen hat.

Montinari hielt vierzehntägig ein Kolloquium «Nietzsche lesen», in dem er die Wirkungsgeschichte Nietzsches auf sich beruhen ließ und den Aufklärer ins Blickfeld rückte. Auch das war ein Zeitphänomen.

Ivan Illich war wohl der weitsichtigste Fellow unseres Jahrgangs, dem Gespräch mit ihm verdanke ich lange anhaltende Anregungen. Er war auf dem Weg, seine zu der Zeit heftig befehdeten und später meist eingetroffenen Zeitdiagnosen hinter sich zu lassen, weil sie trotz ihrer Bekanntheit nicht zu wirken schienen, und die Geschichte des Sonderwegs der europäischen Zivilisation zu erkunden. Sein öffentlicher Vortrag über die Geschichte des Geschlechterverhältnisses, «Genus. Eine historische Kritik der Gleichheit» bewegte sich am Rand des Skandals und hinterließ Unverständnis und Ratlosigkeit. Heute gewinnt das Furiosum von damals eine neuartige Lesbarkeit, wie man z. B. dem Vorwort der neuen italienischen Ausgabe entnehmen kann (Agamben).

Diese Erinnerung an das akademische Jahr 1981/82 ist unvermeidlich fragmentarisch. Was ich festgehalten habe, ist kein objektiver Bericht über die Anfänge eines in Deutschland neuartigen Instituts oder gar seine allgemeine Beurteilung, sondern eine subjektive Erzählung von den Anregungen, die von der durch dieses Institut geschaffenen Situation ausgehen können. 18 Fellows stehen für mindestens 40 Perspektiven. James Coleman nannte, was bei Tisch vorging, Smalltalk. Helga Nowotny hatte schon in ihrem Vortrag «Wie männlich ist die Wissenschaft?» die Erfahrung gemacht, dass ihre ziemlich genaue Analyse des Anteils der Frau an der Geschichte der Wissenschaft als feministische Politik missverstanden wurde. Gemeinsam mit Michal Ginsburg hat sie einen brisanten Abschlussbericht hinterlassen, ein «Manifest der Pilgermütter», das auf ein unbekanntes Manifest der Pilgerväter antwortete: Es ist ein im Ton ganz und gar sachlicher, glasklar und klug auf den Spielregeln der Wissenschaft bestehender, herber Blick auf unsere Männergesellschaft, die sich ganz überwiegend anders erlebt hat – eine kleine Bombe, die durch Verschweigen entsorgt wurde. Dieser Text ist hier an geeigneter Stelle aufgenommen worden, genauso wie Jörg Mettkes *Spiegel*-Beitrag, «König Artus in Dahlem», der ein exaktes Bild von Absicht und Struktur des Kollegs zeichnet, um dann den Stil des Rektors und die überdurchschnittliche, beruhigende Normalität des ganzen Unternehmens auf den Arm zu nehmen – eine amüsante Satire mit Langzeitwirkung. Noch vor Kurzem wurde ich gefragt, ob wir tatsächlich wie Gralsritter in einer Kutte zu Tische gesessen hätten. Wenn man sich in dieses vor dreißig Jahren besuchte Traumgebäude am Halensee für Monate zurückversetzt hat, kann es einem geschehen, dass man sich draußen in der Welt, einem gänzlich anderen Traumland gegenüber, beide Augen reibt. Die Wörter «Exzellenz» und «Elite», die Peter Wapnewski bei der Gründung des Wissenschaftskollegs zu gebrauchen wagte und von der Freien Universität heftig bekämpft wurden, klingen, sind zu Fahnenwörtern geworden. Ihr Inhalt hat sich allerdings geändert. Sie bedeuten nicht zuletzt «Geld». Man erlebt einen extremen Gegentraum, wenn man den beschriebenen Bezirk verlässt und in einer Umgebung sich umschaut, in der Drittmittel zum Hauptwort geworden sind.

Das Wissenschaftskolleg zu Berlin ist kein Modell von Universitäten. Es erhebt meines Wissens keinen Anspruch in diese Richtung. Mich hat dieser Ort wie kein anderer daran erinnert, was man den «wissenschaftlichen Moment» nennen könnte. Von ihm wollte ich erzählen.

Die Anregung dazu verdanke ich Reinhart Meyer-Kalkus, dem wissenschaftlichen Koordinator am Kolleg. Er entdeckte, wie eingehend ich in jener Zeit Tagebuch geführt habe, und hat diese Arbeit in voranbringender, stimulierender und kritisch nachfragender Weise begleitet. Ich danke Maike Voltmer und Kerstin Losert für die sorgfältige Herstellung des handschriftlichen Manuskripts und bin Rektor Luca Giuliani herzlich verbunden durch seine vertrauensvolle Einladung zu dem erneuten Arbeitsaufenthalt in der Wallotstraße 19 wie auch dazu, bei der Trauerfeier im Januar 2013 an die prägende Gründergestalt des Kollegs zu erinnern. Peter Wapnewski war am 15. Januar, dem ersten Tag meines hiesigen Aufenthalts, auf dem Waldfriedhof Heerstraße beigesetzt worden.

Fellows des Wissenschaftskollegs zu Berlin 1981/82

(Die Ortsangaben beziehen sich auf den Zeitpunkt der Einladung ans Wissenschaftskolleg)

Dietz Bering, geb. 1935 in Münster, Literatur- und Sprachwissenschaftler, Köln

Marian Biskup, 1922–2012, Geschichtswissenschaft, Polnische Akademie der Wissenschaften in Torún

James S. Coleman, 1926–1995, Soziologie, Chicago

Yehezkel Dror, geb. 1928 in Wien, Politische Wissenschaften, Jerusalem

Hans-Martin Gauger, geb. 1935 in Freudenstadt, Romanische Philologie, Freiburg

Michal Peled Ginsburg, geb. 1947 in Israel, Französische und vergleichende Literaturwissenschaften, Evanston/Illinois

Hartmut von Hentig, geb. 1925 in Posen, Pädagogik, Bielefeld

Bruno Hillebrand, geb. 1935 in Düren, Germanistik, Mainz

Hans Egon Holthusen, 1913–1997, Schriftsteller und Germanist, Evanston/Illinois, München

Ivan Illich, 1926–2002, Schriftsteller und Philosoph, Cuernavaca/Mexiko

Gerard Labuda, 1916–2010, Geschichtswissenschaft, Poznán

Rudolf zur Lippe, geb. 1937 in Berlin, Sozialphilosophie und Ästhetik, Oldenburg

Mazzino Montinari, 1928–1986, Germanist und Philosoph, Florenz

Helga Nowotny, geb. 1937 in Wien, Wissenschaftsgeschichte und Soziologie, Wien

Uwe Pörksen, geb. 1935 in Breklum bei Husum, Germanist und Sprachwissenschaftler, Freiburg

Gershom Scholem, 1897–1982, Religionswissenschaften und Philosophie, Jerusalem

Andrzej Tomaszewski, 1934–2010, Kunst- und Architekturgeschichte, Warschau

Krzysztof Zielnica, 1936–2012, Geschichtswissenschaft, Wrocław

Sonstige Personen

Hellmut Becker, 1913–1993, Bildungsforscher und Bildungspolitiker, Direktor des MPI für Bildungsforschung, Berlin

Alexander von Bernus, 1880–1965, Schriftsteller und Alchemist, Stift Neuburg und Schloss Donaumünster

Margherita von Brentano, 1922–1995, Philosophie, Berlin

Joachim Bumke, 1929–2011, Germanistik, Köln

Giorgio Colli, 1917–1979, Philosophie, Pisa

Barbara Duden, geb. 1942, Geschichtswissenschaft, Berlin

Víctor Farías, geb. 1940 in Santiago de Chile, Philosophie und Germanistik, Berlin

Luca Giuliani, geb. 1950 in Florenz, Klassische Archäologie, seit 2007 Rektor des Wissenschaftskollegs

Peter Glotz, 1939–2005, Soziologe und Politiker, Senator für Wissenschaft und Forschung in Berlin 1977–1981

Ludwig Greve, 1924–1991, Schriftsteller und Bibliothekar, Marbach

Dieter Grimm, geb. 1937, Rechtswissenschaft, Rektor des Wissenschaftskollegs 2001–2007

Karlfried Gründer, 1928–2011, Philosophiehistoriker

Dorothea Haupt, Architektin, Berlin

Werner Kraft, 1896–1991, Schriftsteller und Bibliothekar, Jerusalem

Ludolf Kuchenbuch, geb. 1939, Geschichtswissenschaft, Berlin

Dorothea Kuhn, geb. 1923, Germanistik und Editionsphilologie, Weimar und Marbach

Eberhard Lämmert, geb. 1924, Germanistik, Präsident der Freien Universität Berlin 1976–1983

Wilhelm Lehmann, 1882–1968, Schriftsteller und Pädagoge, Eckernförde

Wolf Lepenies, geb. 1941, Soziologe, Rektor des Wissenschaftskollegs von 1986–2001, Berlin

Leo Löwenthal, 1900–1993, Germanistik und Philosophie, Berkeley

Everett Mendelsohn, Wissenschaftsgeschichte, Cambridge, Mass.

Reinhart Meyer-Kalkus, geb. 1949, Wissenschaftlicher Koordinator am Wissenschaftskolleg 1992–2014, Potsdam

Joachim Nettelbeck, geb. 1944, Sekretär des Wissenschaftskollegs 1981–2012

Friedrich Ohly, 1914–1996, Germanistik, Münster

Paolo Prodi, geb. 1932, Geschichtswissenschaft, Bologna

Wolfgang Sachs, geb. 1946, Umwelt, Forscher und Publizist, Berlin

Hans Dieter Schäfer, geb. 1939, Germanist und Schriftsteller, Regensburg

Jürgen Schiewe, geb. 1955, Sprachwissenschaft, Freiburg

Christoph Schneider, geb. 1940, Planungsreferent der DFG, Assistent des Gründungsbeauftragten für das Wissenschaftskolleg Peter Wapnewski, Bonn

Ernst Simon, 1899–1988, Religionswissenschaftler und Pädagoge, Jerusalem

Joachim Stoehr, geb. 1937, Leiter der Abteilung Forschung beim Senator für Wissenschaft und Forschung in Berlin

Shepard Stone, 1908–1990, Historiker und Leiter des Aspen-Instituts, Berlin (1974–1988)

Jacob Taubes, 1923–1987, Religionssoziologe und Philosoph, Berlin

Peter Wapnewski, 1922–2012, Germanist und Gründungsrektor des Wissenschaftskollegs, Berlin

Claudia von Werlhof, geb. 1943, Politikwissenschaft und Frauenforschung, Innsbruck

Hanns Zischler, geb. 1947 in Nürnberg, Schauspieler, freier Schriftsteller und Forscher, Berlin

Abbildungsnachweis

Vorsatz- und Nachsatzblatt: Gerd van Rijn
Vorsatz von links nach rechts: Uwe Pörksen, Marian Biskup, Gershom Scholem, Gerard Labuda, Ivan Illich, Andrzej Tomaszewski, Hans-Martin Gauger, Peter Wapnewski, Yehezkel Dror
Nachsatz von links nach rechts: Hans Egon Holthusen, Michal Ginsburg, Dietz Bering, Krzysztof Zielnica, James S. Coleman, Bruno Hillebrand, Mazzino Montinari, Rudolf zur Lippe, Helga Nowotny, Hartmut von Hentig

Frontispiz: Archiv Wissenschaftskolleg

S. 25, 44, 47, 158, 216, 221: Elke Petra Thonke
S. 103: Isolde Ohlbaum
S. 137: Oscar Reutersvärd

Personenregister

Von Fellows des Wissenschaftskollegs

Ivan Illich
In den Flüssen nördlich der Zukunft
Letzte Gespräche über Religion und Gesellschaft mit David Cayley
Aus dem Englischen von Sebastian Trapp
2006. 277 Seiten. Broschiert

Gershom Scholem
Mutter und Sohn im Briefwechsel 1917–1946
Herausgegeben von Itta Shedletzky,
in Verbindung mit Thomas Sparr und Betty Scholem
1989. 579 Seiten. Leinen

Gershom Scholem
Briefe
1914–1983. Gesamtwerk in drei Bänden
Herausgegeben von Itta Shedletzky
1994–1999. Insgesamt 1393 Seiten. Leinen

Hans-Martin Gauger
Das Feuchte und das Schmutzige
Kleine Linguistik der vulgären Sprache
2012. 283 Seiten.
Beck'sche Reihe Band 6038

Verlag C.H.Beck München

Von Fellows des Wissenschaftskollegs

Jürgen Osterhammel
Die Verwandlung der Welt
Eine Geschichte des 19. Jahrhunderts
Historische Bibliothek der Gerda Henkel Stiftung
5., durchgesehene Auflage. 2010. 1568 Seiten. Leinen

Laurenz Lütteken
Richard Strauss
Die Opern
2013. 128 Seiten. Paperback
C.H.Beck Wissen Band 2222

Luca Giuliani
Meisterwerke der antiken Kunst
Herausgegeben von Luca Giuliani
2005. 185 Seiten mit 77 Abbildungen. Leinen

Friedrich Wilhelm Graf
Kirchendämmerung
Wie die Kirchen unser Vertrauen verspielen
3. Auflage, 2013. 192 Seiten. Paperback
Beck'sche Reihe Band 1950

Gustav Seibt
Goethe und Napoleon
Eine historische Begegnung
5., unveränderte Auflage. 2010. 288 Seiten mit 35 Abbildungen. Gebunden

Verlag C.H.Beck München